MIS RELACIONES
CON
MÁXIMO GÓMEZ

COLECCION CUBA Y SUS JUECES

EDICIONES UNIVERSAL, Miami, Florida, 1987

ORESTES FERRARA
CORONEL DEL EJERCITO LIBERTADOR

MIS RELACIONES
CON
MÁXIMO GÓMEZ

APÉNDICE
**MEMORIA SOBRE
LA GUERRA DE INDEPENDENCIA**
POR
LORENZO DES PRADEL

P.O. Box 450353 (Shenandoah Station)
Miami, Florida 33245 U.S.A.

© Copyright 1987 by Antonio Montoto

Library of Congress Catalog Card No.: 86-83193

I.S.B.N.: 0-89729-431-9

Tercera edición.

Reimpresión utilizando la Segunda edición de La Habana de 1942 (Molina y Compañía).

Foto de la portada: El autor, Orestes Ferrara, junto a Máximo Gómez (a caballo).

Foto de la contraportada: El autor, en Tampa, a su llegada a Italia, junto a Petriceione.

MIS RELACIONES CON MÁXIMO GÓMEZ

A

LUIS OCTAVIO DIVIÑÓ

Vanguardia de nuestras libertades, y de ellas constante defensor; símbolo de las mejores energías morales de nuestro pueblo, como expresión de la devota amistad que le profeso, dedico estas páginas, mi mayor homenaje a la Memoria del ilustre Máximo Gómez.

AL LECTOR Y EL CRÍTICO

Tenía virtualmente la pluma en la mano, escribiendo las primeras páginas de este libro, al alcanzarme unas balas homicidas el día primero de Marzo de 1940, en la esquina de San Miguel e Infanta, en la Habana, camino a la Convención Constituyente de la cual era miembro. La reciente elección popular, obtenida sin haberla solicitado y sin haber comparecido en un solo acto comicial, no detuvo la mano de mis desconocidos agresores. Y tampoco les habló al sentido democrático, la manifestación unánime de la Convención, en la que se sentaban tantos enemigos de la víspera y adversarios a la sazón, reclamando mi presencia en la magna Asamblea, al rechazar las dimisiones que había presentado. La sentencia fué ejecutada implacablemente, sin previo juicio, ya que no pudo haberlo, por no haber siquiera acusación, directa y concreta. En las horas de mayor pasión de una lucha fratricida, de la cual el atentado parece haber sido un corolario, nadie osó acusarme de haber concurrido, autorizado o alentado, un solo acto de violencia; y por el contrario, mi bien sentada reputación de hombre civilizado, y mis criterios amplios de hombre público, de cordial acogida a toda decorosa avenencia patriótica que evitara el odio entre los cubanos, eran sin duda, prendas y garantías, que hacía llegar a mi hogar a gran número de los que entonces se llamaban víctimas, y después se han elevado a héroes, pidiéndome defensa y apoyo, prontamente concedidos, contra abusos o errores, supuestos o reales, de las autoridades policíacas. Ningún daño hice. Sí mucho bien, después olvidado por el grupo de los favorecidos.

Pero, ¿quién puede fijar los límites de las pasiones humanas, ni escrutar sus extravíos y aberraciones?

La pluma cayó de mi mano, como el rifle cae de las del herido en la guerra.

La larga curación, perforado de espaldas a milímetros del corazón, salvándome un prodigio de mi naturaleza auxiliada por la Ciencia de los Dres. Lequerica y Simón, las meditaciones durante la gravedad, no tanto por la vida que se me iba, que por la enorme injusticia del alevoso ataque, y luego, el natural desencanto, me hicieron olvidar las pocas hojas ya trazadas. Me dije: ¿Qué importancia pueden tener para las nuevas generaciones, estos recuerdos y esta vívida figura del Jefe de los mambises, glorioso ejemplar de la raza humana y de la virtud de América? Y, pensaba, ¿qué interés podrán despertar, estos esforzados defensores de la Independencia y de la Libertad, en una hora en que poseer dignidad y honor, no doblegarse aceptando "capitis diminutio" inmerecidas e irritantes, decretadas a capricho, no recitar indebidos "meas culpas", significa temeridad o provocación y constituye delito que merece pena de muerte? Y, además, y sobre todo, otras veces me decía, ¿qué homenaje puedo rendir a mi alto jefe, respetado y querido, y a los otros compañeros admirados que reposan en un panteón, no de gloria sino de olvido, yo, desdichadamente, perseguido con rencor exclusivo hacia mí, en una tierra que anhelé libre con ansias de batallas, poniendo en la balanza del destino, la existencia de la Patria, o la inmolación de la mía? Y no digo más, porque ni por asomo intento aquí, una defensa vindicativa, pues me basta, el juicio de los no insensatos, y en todo caso, la aprobación de mi conciencia, segura de la ponderación de todos mis actos.

Mas, el tiempo curó también la herida moral. La comprensión elevada de los acontecimientos humanos, cura a la postre, cual medicina infalible, todas las heridas morales. Después de haber realizado algunos trabajos de un género menos personal y directo, esto es, investigaciones históricas de viejos tiempos, cayeron bajo mis ojos las páginas interrumpidas. Máximo

Gómez habló nuevamente a mi ánimo, y la fe en los altos destinos de nuestro pueblo se reafirmó en mi espíritu.

En un ambiente no tan amado, como esa sonrisa del Cielo que se llama "Loma de la Universidad", en la Habana, pero igualmente bello y gentil que responde al poético nombre de Costa do Sol, cerca de Lisboa, en este Portugal hoy noble asilo de infinitas desventuras, volví con febril entusiasmo al cumplimiento del patriótico propósito, reanudando lo comenzado allá en mi biblioteca, preparada amorosamente para tantos proyectos de la inteligencia activa en la vejez tranquila, en mi casa, que a tanta distancia insistentemente evoca mi mente, en inevitables nostalgias, que el ánimo fuerte domina.

Al dar a la publicidad cuanto he escrito, debo advertir al lector, que no me he propuesto hacer la historia de un período de la vida de Máximo Gómez. De mi pluma han salido sólo las impresiones personales de unas horas de lucha y de encanto, de sufrimientos y alegrías.

He considerado siempre que los relatos directos son fuentes de la Historia, no la Historia misma. Es más, por lo general, estimo que las memorias, las cartas, las autobiografías, las declaraciones de testigos oculares, deben ser sometidas a severo control en los detalles y tenidos por unilaterales en el conjunto. Este libro respeta este principio teórico muy arraigado en mi mente, principio que me ha servido de guía segura en las investigaciones sobre personajes de un pasado remoto. Todo lo expuesto en él responde a la verdad, pues no trato al jefe de nuestro Ejército Libertador, con fantasía de novelista ni con entusiasmo de poeta.

Cuanto reproduzco en estas páginas lo he visto y oído. Podrá haber algún error cronológico; podrá presentarse un nombre alterado; habrá ciertamente palabras sustituídas, y conceptos, de una conversación, completados con los expresados en otras posteriores; pero, repito, todo cuanto fué apuntado en su tiempo, recogido en mis notas y escritos, recordado luego y ampliado más tarde en confirmaciones de compañeros y amigos, se encuentra expuesto con la debida fidelidad. He tenido especial cuidado, sobre todo, en ser preciso al tratar de *las opiniones exactas del General en Jefe, y reproducir sus palabras; y los que directamente le conocieron, lo comprobarán.*

Ciertamente, hubiera podido presentar un material más completo, si mi vida no hubiese tenido tantos incidentes, y si tantas manos pecadoras, en distintas épocas, no hubiesen recorrido mis archivos, y además, si no hubiese viajado tanto a todo el mundo, por mi voluntad de peregrino a veces, y otras en contra de mi voluntad. Al terminarse la guerra de Independencia, cuando todos acudieron a sus hogares, yo que lo tenía tan lejos, y que por órden de Máximo Gómez no pude correr hacia el mío, o ir a otra noble aventura como pensaba, me retiré a Mapos y a Tunas de Zaza, en donde con Fernando de Zayas me dediqué a recoger recuerdos personales recientes a la sazón, para una publicación llamada "Páginas Sueltas de la Guerra de Cuba". Mi documentación llegó a ser abundante y mis datos muy precisos. Pero, un primer desalojo manu militari de la casa, en 1905; unas visitas posteriores de la Policía a mis oficinas durante la Revolución de 1906; persecuciones violentas en 1917 estando exilado cuatro años; y por último, la que podríamos llamar expropiación total o destrucción completa de mi archivo en 1933, mientras sufría otro destierro de más de cinco años, todos estos despojos en el curso de más de un cuarto de siglo, me han sustraído un tesoro histórico. ¡Oh, mi archivo, que me lacera el alma, sentirme desposeído de tantas reliquias, y recordarlo, profanado y disperso, perdidos tantos datos y antecedentes, reunidos celosamente en mucho, mucho tiempo, que era mi programa aprovecharlos para escribir la "Historia de 30 años de República".

Pero no se me han borrado los recuerdos del pasado que intensamente viví, y por eso, las ideas, las palabras mismas, quedaron en mi mente, porque durante todo el largo período de mi vida, he vuelto constantemente sobre aquél ayer siempre presente, sobre aquellas lecciones de viril civismo, sobre los primeros pasos dados al principio de la juventud, los más acariciados en la memoria de quien tiene aprecio de sí mismo y aspiraciones de gloria. Y además, algo pude salvar, entre ello afortunadamente, gran parte de lo relativo a la guerra, guar-

dado en otro lugar a que no llegaron las manos rapaces, y sobre todo, lo más, en New York y Washington, donde los había depositado en uno de mis destierros, dedicado precisamente, en el exilio o la Embajada, a ordenar y aclarar, apuntes y papeles de la Epopeya en que intervine para libertar la tierra, que unas veces me exaltaba concediéndome su más alta representación diplomática, y otras las persecuciones me expatriaban. Así he podido reunir, con las deficiencias aludidas, los elementos que han hecho posible esta publicación.

El lector y el crítico notarán al recorrer algunas páginas, que en ellas asoma un sentimiento banal de vanagloria, que no me hace del todo honor en esta edad madura. Mi preocupación de no desaparecer anónimamente; la resolución de morir si había que morir, en el momento oportuno; la pregunta íntima sobre lo que dirían mis amigos de Italia; son estados de ánimos de aquél entonces, que ahora ocultaría, si mi objeto fuera escribir algo apologético personal. No he querido sin embargo, dejar de revelar esta situación de mi espíritu juvenil, en tributo a la verdad. Si el que lee, condena esta pretérita vanidad, es que no comprende la psicología de los veinte años, o que no los ha tenido nunca.

En homenaje a la verdad también, he mantenido en estas páginas, tomándolo de mis vivos recuerdos, y de como lo fijé en mis apuntes, a Máximo Gómez como era en la guerra, no como lo elevó luego la victoria. Mi manera de escribir sobre el pasado no es la de Tito Livio. Yo no creo en el fanatismo nacionalista, sino en el amor patrio, y creo que sólo la verdad, de acuerdo con la vieja frase romana, nos pondrá la toga viril. Los hombres grandes, verdaderamente admirados, son los hombres reales, no los semi-dioses. La grandeza de Aquiles homérico está en su talón vulnerable; de lo contrario, sus luchas constituirían actos casi divinos sobre víctimas propiciatorias. Cicerón lava sus debilidades entregando su cabeza a los sicarios de Antonio. César, cayendo en el Capitolio bajo el puñal, dá los límites del poder dictatorial y prueba su valor ante el Destino. El acto puramente humano hablando directamente a nuestra sensibilidad, redime al personaje histórico que por meros espejismos tiende a fundirse, uniforme y monótonamente, en el concepto de la posteridad, con lo maravilloso y excepcional. Un incidente diario, grave o de poca monta, pero humano, muy humano, invita a la admiración, a la piedad, a la simpatía, al amor, a la imitación, mientras la oda estentórea de un crescendo de himno, gritada desde el Chimborazo a la inmensa cuenca de nuestra América, como es costumbre, resulta ensordecedora y vana, y mantiene a los héroes en el Sagrario, no en el alma popular.

Que Máximo Gómez fuera violento, y que por ello se le tuviera miedo—sí, miedo—, es una verdad que de ocultarse, alteraría las magníficas líneas de su personalidad. Que la violencia lo llevara a veces a la injusticia, por lo menos, en los primeros momentos, no puede negarse. Que sus ideas tomaban formas angulosas y exageradas, resalta evidente de sus mismas palabras. Que hablara en la vida diaria—no cuando debía tomar resoluciones—como si pensara en alta voz, sin freno alguno por lo que nosotros, sin tantos años de guerra, llamamos conveniencias sociales, es absolutamente cierto.

Siendo así, ¿por qué negarlo, cuando tuvo todas las virtudes, y dada la época, estas mismas actitudes, resultaban virtudes? Sería erróneo hacer de este hombre de tanto colorido, tan enérgico y distinto en sus múltiples facetas y expresiones, una obra de arte, o sea, una elaboración artificial con base en nuestro propio espíritu, más que en la realidad objetiva. Desfigurar su figura, de por sí inmensa, con el propósito torpe de engrandecerla o embellecerla, sería una profanación contraproducente, que la empequeñecía con el artificio adicionado.

Podrá, tal vez, un lector crítico no benévolo, acusarme de haber hablado tanto de mí como de Máximo Gómez, y también, de haber tratado con cierto detenimiento al General José Miguel Gómez, en un libro no dedicado a él. En cuanto a mí, hago notar que el título de la obra me justifica. No escribo sobre Máximo Gómez, sino sobre las relaciones que tuve con él; y ni siquiera hablo de muchos actos míos, de batirme en campo abierto múltiples ocasiones durante el período de que trato, que, naturalmente, hubiera deseado recordar. He intervenido en hechos que me agradaría dar a la publicidad, y no los menciono, para no presentar con más relieve que el indispensable mi actuación, indudablemente secundaria. Sólo el primer Capítulo y el sexto se separan de este criterio; me refiero en ellos, a mi paso de la Trocha y a la toma de Arroyo Blanco, y para esto hay una poderosa razón. En efecto, en 1898 y principio de 1899, como anteriormente indico, nos retiramos a Mapos y a Tunas de Zaza, Fernando de Zayas y yo; Guillermo Petriccione igualmente se hallaba con nosotros. Allí como ya he dicho, iniciamos la publicación de las "Hojas Sueltas de la Guerra de Cuba", publicando el primer fascículo de unas cien páginas, o más. Habiéndose agotado esta edición, mi primer trabajo en castellano, he creído que podía aprovechar esta ocasión de ahora, para no dejar desaparecer el relato de estos dos episodios. En cuanto al General José Miguel Gómez, ha de considerarse que mi afecto y devoción debían de complacerse, de que surgiera frecuentemente, con aciertos y éxitos, en los hechos que narraba, lo que me llevaba a destacarlo en la relación. Era mi Jefe, en su campamento estuve más de un año; mi trato diario se desenvolvía a su lado. He debido presentar su noble personalidad, y referirme también a los otros compañeros con quienes compartí los dolores y alegrías de aquel inovidable, tan intenso y accidentado período de mi vida.

Dejo bien explicado el punto.

No he escrito sobre la portentosa obra del "Generalísimo", aún en aquel período determinado de dimensiones que no caben en este modesto trabajo, ni tampoco nada de mis pasos desde que salí de Italia para consagrarme a la redención de Cuba. Ya en América, mi presentación a la Junta Revolucionaria de Nueva York, mis días esperando la expedición, primero en Jacksonville, después en Tampa, donde conocí a la familia Sánchez que laboraba por la guerra, y una de sus hijas, María Luisa, que años adelante sería mi esposa, ¡bendito destino deparándomela de compañera!, mi desembarco en las anheladas costas de la Isla cautiva y heroica, para incorporarme a sus libertadores; y precisamente, porque esto no es la historia de mi campaña insurrecta, comienzo con "El permiso para marchar a Occidente", y prescindo de los primeros meses que estuve en Oriente, asistiendo entre otras acciones, a la toma de Victoria de las Tunas, en que mi compañero desde Italia Guillermo Pettriccione manejó el cañón Hochkys, empezando la relación cuando me dirijo, solo con Sonville, hacia la Trocha, a atravesarla resueltamente, para llegar al Cuartel General de Máximo Gómez, que era toda mi fiebre, siendo el asunto principal del libro, y de ahí como lo titulo según antes indico, mis contactos con él en la guerra y en la paz.

Deseo hacer una última aclaración, a saber: que no me hubiese decidido a esta obra, si la hubiera debido circunscribir al campo exclusivo de los hechos. Este campo podrá ser arado más tarde con mayores datos y mejor dedicación. Ya un libro sobre Máximo Gómez ha sido dado a la publicidad por el ilustre Dr. Benigno Souza, y creo que en las actuales circunstancias no puede producirse una más admirable síntesis. Yo, en cambio, he escrito para dar lo que solamente los actores de nuestro gran drama nacional podemos darlo: las sensaciones del ambiente. Por desgracia, los Diarios de Campaña de nuestros Jefes, no presentan este ambiente, pues casi todos los que he leído, se limitan secamente a relatar actos oficiales y hechos escuetos. El tiempo va diezmando las vidas de los libertadores. Muertos ellos, no habrá historiador que pueda reconstruir la psicología de aquel pasado. Dejar algo de lo que se ha visto y de lo que se ha oído; revelar la forma de pensar y el sentido ético de la acción, me parece más útil aún, que presentar puntos de vista personales sobre hechos que pueden ser conocidos con más detalles en el porvenir, cuando esté lejos, aún más lejos, de la pasión y de la observación unilateral, el período en estudio.

Mi intención y finalidad ha sido pues, ofrecer a mis compatriotas lo que ví de sus mayores; dar a la mente juvenil la vida real y fecunda de un período digno de ser imitado; y decirles además a los recién llegados, presentándoles lo duro que fué el camino de la gloria: no estorbeis; compenetraos en la bienandanza futura, pero también en los sentimientos del pasado. Y todo esto he querido hacerlo, no relatando hazañas que invitan a la comparación con otras de lejanas tierras, sino reproduciendo hechos exclusivamente nuestros, íntimamente nuestros, evidenciando nuestra psicología tan espontánea y sincera, tan sencilla y compleja al mismo tiempo.

Los soldados de Napoleón, en su edad madura, en el hogar, al reparo de los vientos adversos, relataban a los nietos ansiosos de conocer las glorias de la Francia inmortal, las gestas tumultuosas de la gran Epoca. El compendio de la narración tenía por cumbre a un hombre. La celeridad, la pericia, el asalto impetuoso, la cólera bélica tenían un nombre: Napoleón. Los jóvenes, en cuya mirada relampagueaba ya la viril expresión del combatiente futuro, seguían con intenso interés, el asalto de Arcole, las peripecias de Egipto, las dudas de Marengo, la estrategia de Jena, los cantos de Austerlitz; pero el momento de la emoción viva, refrenado el aliento y estirados los nervios, les llegaba cuando el anciano repitiendo las cosas vistas, hablaba de las rápidas visitas del Petit Caporal en las hogueras nocturnas, de su físico desaliñado, de sus preocupaciones en las vísperas de batalla, de sus rápidos avances al frente de una tropa que lanzaba de lo más profundo del alma un "Viva el Emperador". Sus batallas y sus grandes paradas elevaban el espíritu, pero sus hábitos frugales, su interés por los soldados, sus conversaciones, su tez pálida, su bella cabeza, hasta su cuerpo pequeño, y todas las anécdotas de su vida creaban, a través del soldado superviviente, una intimidad afectuosa entre El Gran Hombre desaparecido y la joven generación aún no formada. La mente que empezaba a florecer decía para sus adentros: Este Napoleón lo conozco solamente yo; los otros conocerán al de la Historia. Aquella intimidad, avivaba en el corazón, más aún que en la mente, las glorias de la Patria.

No tengo hijos ni nietos a quienes narrar con cálida expresión lo que he visto en Máximo Gómez y los que le rodeaban. A falta de ellos, llevo al público este relato con el deseo de servir a la consolidación definitiva de nuestra Nacionalidad bajo el signo de las glorias propias, y no de exóticos principios o extrañas grandezas. Lo hago con el mismo espíritu de aquel Veterano de la hermana latina, y con el mismo método, en la esperanza y con la fe, de que la Historia de nuestro País sea sentida como verdad palpitante, que desde el Pasado ilumine las vías del Porvenir.

A esos fines, deben ser cumplidas las prédicas del Gran Libertador, de un cabal conocimiento de la vida y de la ciudadanía, algunas de las cuales he reproducido en estas páginas, como advertencias felices de profunda visión y de acendrado patriotismo. En las veces que tuve la afortunada oportunidad de oirle, para grabarse en mi espíritu permanente impresión, encontré en él, aspectos superiores, no divulgados lo bastante después ante el pueblo de Cuba, absorto por la radiante gloria del guerrero, tan deslumbradora y preponderante, que se explica eclipse, a la mirada general, las otras cualidades y méritos del gran hombre, en quien hasta los que alguien pudiera decir defectos, eran prendas de su magnífica integridad cívica. Y precisamente, por no haber sido aquellas suficientemente difundidas, no me detengo en sus hechos como militar sino solo incidentalmente, y las he preferido en este libro para que se conozca, su firmeza de convicciones, sus estrictos criterios de la lealtad y el deber para las realizaciones de lo emprendido, sus pensamientos políticos, su dignidad y videncia, su celo en la misión que se había impuesto, su cuidado en lograrla hasta el final, en una consagración noble de gran reflexión y modestia, con inmenso amor a la tierra que estaba libertando, y lo mismo después de haberla libertado, señalando el sendero para consolidar el triunfo y procurar su felicidad. Y no dichas sus ideas, en preparación para el gran público, sino expresadas con naturalidad y sencillez, como algo trivial y nociones o reglas elementales de la conducta, en conversación con el subalterno, cuando la guerra, y en el trato diario con todos, en la paz, porque eran sus sentimientos espontáneos y sus convicciones sincerísimas. He escrito este libro con ese objeto principal, esparcir esas enseñanzas, y porque he considerado a través de mi larga y movida existencia, en que he tratado tantos hombres, intelectual y moralmente grandes, y medianos y pequeños que se creían grandes, que aquel trato que me dió teniendo yo 21 y 22 años, ha sido uno de los mayores honores y satisfacciones de mi vida. Todos, todos, pueden aprender de sus máximas. Los jóvenes que empiezan a recorrer el mundo, para forjar reciamente el carácter, y animarse y sujetarse al buen camino. Los que ya adelantada la vida, subordinando la Patria a sus egoísmos, no observaron las virtudes republicanas que él recomendara, para rectificar, rendidos ante la incorruptibilidad mental y moral de Máximo Gómez.

....

....

Publico como Apéndice, unos Recuerdos de la Guerra de Cuba del ilustre dominicano Coronel Lorenzo Despradel, ayudante de Máximo Gómez. Conocí a Despradel en la guerra, lo admiré por su amor a Cuba, su gran espíritu de sacrificio, y su noble devoción al General Gómez.

La muerte le sorprendió joven aún, escribiendo esos recuerdos, en que circunstanciadamente describe aquella memorable campaña del General en Jefe del Ejército Libertador en 1897, con tal fidelidad y exactitud, que quien quiera penetrar íntimamente en nuestra guerra, debe conocerlos. El lector adentrándose en el relato, asombrado verá, como Máximo Gómez luchaba, arrancando la frase de un periodista americano, que al verle, con tan enorme diferencia de fuerzas, tener en jaque al poderoso Ejército español, exclamó, "este hombre es capaz de lo humano, y lo sobrenatural".

Todo patriota ha de agradecer a Despradel, no solo la abnegación y el valor probados en los campos gloriosos, sino también, la idea gentil de referirnos gran parte de lo que vió de las hazañas del pueblo cubano para conquistar la Independencia.

Orestes Ferrara.

Costa do Sol, Portugal, Enero 1942.

Párrafos de una carta dirigida al poeta Diego Vicente Tejera, publicada en "La Discusión", de Abril 26 de 1899.

"Orestes Ferrara desembarcó en Camagüey en la expedición de Arteaga. Penetrado de la calma de las operaciones en aquel territorio y enardecido por la campaña que se libraba en Occidente y cuyos rumores no podían apagar la formidable trocha de Júcaro, pidió y obtuvo pasar a las Villas. Y una noche, sin prácticos, a pie, con un solo compañero, Aurelio Sonville, cruzó la famosa Trocha, llevando su montura, su rifle, todo su equipo, faltando poco para que cayera prisionero en Ciego de Avila; y salvando gracias al sonido de un piano que les avisó a él y a su compañero, de que no era aquella masa confusa que en la oscuridad de la noche apenas distinguían, el dulce asilo de un rancho Cubano. Era la primera vez que la Trocha se cruzaba en condiciones tales y por hombres ignorantes de los secretos de nuestra guerra, de nuestro idioma, uno de ellos".

"Incorporado al General José Miguel Gómez, no faltó a un solo combate, distinguiéndose por su audacia y temeridad en la carga de Bacuino, en el fuego de la Peña, y por último, en el sitio y toma de Arroyo Blanco, donde ascendió a Coronel sobre el campo de batalla junto a Rodolfo Reyes Gavilán y Antonio Duque. Como Auditor de Guerra de la 1ra. División de las Villas, dictaminó en los procesos más notables y asesoró, no sólo a su jefe el General José Miguel, sino al propio General en Jefe, que solicitó en todo grave momento su autorizada y franca opinión".

"Como compañero, fué un modelo: desinteresado, cariñoso, desprendido, alegre, era el alma de aquel Estado Mayor que rodeó al General José Miguel, alrededor del cual se agruparon, Carlos y Pablo Mendieta, el generoso y valiente Matías Duque, su hermano Antonio, Pepe y Leandro Torriente, Silvera, Armstrong, Francisco, José y Enrique Pina, Regueira, Otazo, Luis Cruz Muñoz, Panchitín Argüelles, Plácido Hernández, Juan A. Laza, Rodolfo R. Gavilán, Armando Menocal y otros muchos que constituyeron el grupo más unido de amigos, y al que jamás abatieron las penalidades ni las decepciones, porque tuvo siempre aquel núcleo por escudo y patrimonio, la alegría de la juventud y el desprecio incomparable de la muerte".

"¡Cómo recuerdo aquellas discusiones sobre música entre Ferrara y Armando Menocal, que aunque estuvo poco tiempo *con nosotros, dejó gratas huellas de su permanencia, lo mismo que Manuel María Coronado, sempiterno ajedrecista, que Agustín Cervantes, que Lucas Alvarez, que muchos más, de los cuales algunos han caído a consecuencia de la inclemencia y escaceses de la Campaña, como el bueno José Pina, como mi pobre hermano Jorge, muerto en la flor de su vida—a los veinte años—y cuyas memorias de bravos y virtuosos se pierden ya entre las sombras del olvido!"*

"Y entre los que soportaron la fatiga y el hambre con más resignación, fué Ferrara de los más enteros. La excursión a Chambas, donde no tuvimos por espacio de doce días otro alimento que mangos verdes, nos costó más bajas que un año de campaña; y, al terminar la guerra se agranda aún más la figura de Ferrara, porque cuando todos corrieron a los hogares abandonados, para encontrar en ellos y en la generosidad de las poblaciones consuelo para el alma, pan para el cuerpo, él permaneció solitario en Sancti-Spíritus, en el Central "Mapos", comiendo en el mes de Febrero último, es decir, hace apenas dos meses ¡parece increíble! carne de caballo y majá! De allí salió para ocupar el puesto de Secretario del Gobierno de las Villas, donde lo rodea el cariño de sus convecinos, para quienes no es el funcionario inútil y tontamente severo; sino el compañero agradable, el culto causseur sugestivo, el orador fogoso y el escritor vibrante y entusiasta. Y al decir escritor, es necesario consignar la página más saliente de su historia en Cuba. Al terminar la guerra comenzó, con varios de nosotros, la publicación del periódico "La Nación", que predicó la concordia cuando el General Máximo Gómez no lo había hecho y aún dudaba de hacerlo, y ostentó como lema estas palabras de Manuel de la Cruz: "la patria cubana se establece para todos".

"Doctor en Derecho, sociólogo y economista, de erudición y cultura extraordinaria, de inteligencia clara y penetrante, de voluntad de hierro, Ferrara con el tiempo—tiene ahora veinticuatro años—ha de ser, si no lo es ya, una personalidad de nuestra política y en nuestro mundo intelectual". (1)

ENRIQUE VILLUENDAS,
Coronel del Ejército Cubano.

---

(1) En este párrafo hay dos pequeños errores. Ferrara nació el 8 de Julio de 1876, por lo que en Abril de 1899, no tenía aún 23 años. El grado de Doctor en Jurisprudencia de la Universidad de Nápoles, lo obtuvo poco más de un año después de esta fecha. Y dos años y meses después, los grados de la Habana.

Capítulo I

HACIA MÁXIMO GÓMEZ

El permiso para marchar a Occidente.—Sonville me acompaña.—Con Gonzalo del Cristo en Baraguá.—Unica noche de familia en la guerra.—La muerte de un poeta.—Decisión de pasar la Trocha por la alambrada.—La línea militar.—El cruce.—Una noche en el fango al lado de un Cuartel español.—Cornetín que nos despierta.—La zona peligrosa.—La Guerrilla confiada.—Perdidos entre las yerbas del potrero.—Noche agitada.—Las palmas bienhechoras.—La entrada en el río.—La terrible floresta virgen.—Vida heroica de Máximo Gómez.—El encuentro con el niño Caraballoso.—Enrique Villuendas y sus ayudantes.—Juicio sobre Máximo Gómez.—Individualismo y Socialismo.—Libertad o Independencia.—Conservadores y Liberales.—Montoro, José Miguel Gómez y Méndez Capote, hombres del porvenir.

Estábamos en Jimaguayú, no recuerdo el día preciso, pero sí, que era por el mes de septiembre de 1897, poco después de terminada la célebre Constituyente de la Yaya a la cual asistí como espectador. Y recuerdo además, el desfile de las fuerzas de la 2ª División del 3er. Cuerpo, concentradas en el lugar en donde Ignacio Agramonte en la guerra de los diez años había dado la vida en holocausto a su Ideal. El Secretario de la Guerra, Gral. José B. Alemán, después del desfile, me avisó que estuviese listo para marchar al día siguiente por la mañana, puesto que ya se había accedido a mi petición de traslado a Occidente. Avisé al Teniente Sonville, quien quería también arrostrar los peligros de esta marcha a través de las fortificaciones del enemigo, que parecía decidido, entonces más que nunca, a evitar toda comunicación entre el Departamento Oriental y el Occidental de Cuba Libre. Aquella tarde fué la última en que disfruté la hospitalidad de tres miembros del Gobierno, comiendo con ellos. En la mesa me aconsejaron una vez más que desistiera de mi propósito; ellos habían dejado "aquello", que está del otro lado de la Trocha, hacía muy poco tiempo, y conocían el estado de las cosas. Me presentaban observaciones *mambisas*, demostrándome como el egoísmo de los que sufrían el hambre, podría hacerme hallar bajos y mezquinos a los camaradas. Aquellos altos personajes de la Revolución temían según bien entendí, que pudiera venir a menos en mi ánimo el amor por el ideal cubano, ante alguna manifestación de poco aprecio o de bastardo pensar. Lamentaba yo interiormente, sin revelarlo en la conversación, que esta idea surgiese, y por ello se me acrecentaba aun más el deseo de ir al otro lado de la Trocha, para probar que mi adhesión a la causa estaba animada y sostenida por una gran resistencia moral. Esta, en efecto, a pesar de mi juventud, o acaso por mi juventud, era superior a todos los embates de la suerte adversa.

Al día siguiente, bien temprano, con un pliego importante del Secretario de la Guerra, y con dos *números* prácticos, marché hacia Baraguá, cerca de la *Trocha*, acompañado de Sonville, a quien poco faltó para que se le negara el pase, a última hora, debido a su corta vista y a su constitución endeble.

La marcha, a través de potreros todavía con algún ganado, pasando de casa en casa, que orillaban el camino real, sin la más ligera preocupción por la guerra, comiendo lo mejor que podía hacerlo un *mambí*, sintiendo la cálida hospitalidad camagüeyana, habría sido deliciosa si yo, anhelando llegar pronto, no hubiera hecho jornadas bastante largas y por tanto fatigosas. En tres días me puse en Baraguá. Mas, en este punto, mis esfuerzos de velocidad fueron defraudados, pues me ví obligado a una espera prolongada. La desilusión, eterna hermanastra de la vida, vino a cortar mis ansias de acción inmediata. Mi viaje a Baraguá era debido, a que por aquellos parajes se encontraba el Capitán Gonzalo del Cristo, única persona que podía ponerme del otro lado de la Trocha en operación arriesgada, pero sin graves sufrimientos físicos. El Capitán tenía la difícil encomienda de pasar por el mar del Sur, armas y parque a las Villas, siguiendo a la inversa, la misma ruta que los miembros occidentales de la Asamblea de la Yaya habían hecho al cruzar de las Villas al Camagüey. Mi propósito era aprovechar la embarcación en que se enviaban las armas. Pero Del Cristo no estaba en Baraguá, sino en un taller preparando zapatos, correajes y otros efectos para sus soldados. La espera que fué larga, me sirvió para conocer la opinión de algunos "hombres" del Capitán que debían realizar la empresa, y pronto noté que no estaban animados del entusiasmo necesario para una acción de guerra que, por sus peligros, sólo podían llevarla a cabo voluntarios resueltos. Les oí hablar de focos eléctricos que proyectaban sus luces desde los fuertes sobre la bahía de Júcaro y todas las costas cercanas; de las lanchas que cruzaban el mar constantemente; del *pontón*, centinela siempre alerta y atento a todos los ruidos. Me decidí a explorar personalmente el campo de acción, y ver si era posible desvirtuar aquellas creencias y cambiar la voluntad de aquellos hombres. La exploración me costó grandes trabajos físicos y el abandono definitivo del proyectado embarque.

El terreno que rodea el Júcaro era muy cenagoso; pasando por Sabana la Mar, los caballos, el mío y los de mi grupo, pudieron caminar solamente con gran fatiga, rompiendo la densa agua fangosa que les llegaba hasta el pecho. A la vista del poblado nos demontamos, amarrando los animales fuertemente por temor a los numerosísimos insectos que los excitaban terriblemente, y seguimos a pie hasta la costa. Para no dejar los zapatos en el fango arenoso, nos los quitamos, y el recuerdo de aquellas dos leguas que recorrí, todavía me hace pensar en el martirio de la Inquisición que obligaba al paciente a caminar sobre puntas de clavos.

En la costa, Júcaro quedaba a nuestra derecha; los fuertes muy cerca los unos de los otros, y en la bahía los cañoneros y el pontón: el cruce como se había hecho en el pasado, era ahora verdaderamente dificilísimo. Sin embargo, yo hacía observar que la obscuridad de la noche nos protegía, y que los cañoneros no se movían con la debida actividad. Traté sobre la posibilidad de salir mar afuera, para luego dirigirnos hacia las riberas de las Villas haciendo un círculo más amplio. Me objetaron que para ello no solamente las embarcaciones eran pequeñas, sino que en pleno días nos verían seguramente los barcos de guerra o los mercantes. En definitiva, mis compañeros, no obstante mis peroraciones, perdieron la poca fe que habían tenido de lanzarse a aquella aventura, y decidieron, allí mismo, no ir de ningún modo, a las Villas. La exploración me había dado un resultado contrario al apetecido; me había hecho sufrir horas de infierno, y me obligaba a abandonar la idea de seguir hacia el Cuartel de Máximo Gómez por aquella vía marítima.

¡Qué hacer!

En realidad, no tenía ideas definidas sobre este paso de la Trocha, ni sabía que hacer después que la hubiera cruzado; pero tenía la obsesión de ir a Occidente y de ver al Jefe del Ejército, a Máximo Gómez, al Mago de la Guerra. Yo conocía a Calixto García, primer prócer que saludé; había admirado su figura marcial, su rostro franco, sobre todo aquel hueco, que, para su eterna gloria, fijó entre las cejas, la bala que se disparó debajo del mentón para no caer prisionero de sus enemigos. Ahora deliraba por ver a Gómez, del cual tanto había leído en los periódicos italianos, franceses y norteamericanos. Yo era ciertamente un voluntario con espíritu guerrero, que podía encontrar satisfacción a sus ansias en cualquier parte de Cuba; pero era también en cierto modo un espectador, un extranjero que quiere actuar, que quiere sobre todo, conocer el ambiente que visita. Turista y rebelde al mismo tiempo, no podía quedarme en un regimiento, en la monótona rutina de pelear un día y descansar cuatro; quería movimiento, quería saberlo todo, saber en qué consistía esta revolución cubana, que era la célebre jornada épica del final del siglo diecinueve, con eco en los distantes ámbitos de que yo procedía.

Si este vehemente deseo, delirio en aquel momento, no quedaba satisfecho, mi interés en la guerra se hubiera debilitado. Venir de tan lejos y no conocer al Guerrillero por antonomasia, arrastrarme hasta allí mi admiración, y detenerme a unas pocas leguas del hombre famoso, ¡qué lástima! ¡qué decepción! Y no conocerlo porque había peligro de ir a donde él estaba, ¡qué vergüenza!...

Solamente los jóvenes, formados en el hogar de la Pasión y educados en la escuela de la Violencia, pueden comprenderme.

Sufrí mucho toda esa noche.

Al día siguiente al volver al campamento encontré a Gonzalo del Cristo. Fraternizamos. Fraternidad de armas, fraternidad intelectual. Del Cristo era de un aspecto severo y de un carácter enérgico. Pero era hombre culto, amigo de la conversación, con convicciones muy arraigadas sobre todos los temas. Pasé con él, algunos días, como con un viejo amigo. Durante las largas horas de descanso encaminé todas las fuerzas de mi voluntad y de mi cerebro, a buscar otro medio que me permitiera burlar la vigilancia del enemigo y pasar la decantada Trocha. Como siempre me ha sucedido en la vida, las dificultades desarrollaron en mí, energías ocultas. Después de maduro examen, comuniqué a Sonville que pasaría la Trocha de todas maneras, aún si fuera necesario, por encima de los mismos alambres y frente a los fuertes.

—Mi decisión está tomada ya. Pienso ir a Occidente de todos modos. Si no puedo de un modo, iré de otro, aunque sea a través de los fuertes y por encima de los alambres.

Sonville replicó sin titubear: —Yo le seguiré.

Una tarde, al fin, de Baraguá nos dirigimos al Cuartel de la Brigada llamada precisamente de la *Trocha*, para pedir ideas y auxilios al Brigadier José Gómez que la mandaba. Por no tener práctico, seguíamos al azar algunas indicaciones vagas que nos dió el Capitán del Cristo.

A pesar de éstas y de que Sonville se declaraba conocedor del terreno, nos perdimos entre las altas yerbas de una finca que se llama, según supimos después, *La Güira*, yendo de Norte a Sur, y de Oriente a Occidente, sin saber en donde acampar, pues no encontramos *aguada*. Ya la obscuridad nos dificultaba más la marcha, y preveíamos que aquel día se pasaría sin comer. Entonces quedarme sin comer algunas horas, me irritaba todavía; después pasé días enteros de hambre, sin perder la calma y la jovialidad. Antes de darnos por vencidos, quise hacer un último experimento para encontrar un ser humano amigo o enemigo, y disparé al aire, con mi revólver, dos veces. Esta señal podía dar bueno o mal resultado; lo dió bueno. El prefecto de aquel lugar, que vivía allí cerca, oyó los tiros y llegó muy apurado. Momentos después, estábamos en una casa en donde comimos y pasados la noche mejor de lo que habíamos pensado.

La casa era de un andaluz que llegó a Cuba como colono en una de las pocas tentativas de colonización que se hicieron.

Le habían dado una caballería de tierra, sobre la cual aun vivía en la misma casa que se había construído antes de la guerra. Su estancia estaba muy bien trabajada. En este hecho no me fijé más que de paso, aunque el locual andaluz lo recalcaba, y me ocupé por el contrario con alegría, de la única hija de aquel matrimonio tan unido en aquella soledad. La muchacha era de 16 años, menudita, rubia y rosada. Había visto hasta entonces en los bohíos muchachas cloróticas; ahora la pequeña Margarita despertaba gran interés en mis jóvenes años. Las fiebres palúdicas no la habían privado todavía del color de las mejillas, ni la habían robado su dulce sonrisa. Aquella noche la buena familia se acostó más tarde, ocupándose mucho de nosotros y aconsejándonos insistentemente, que no pasáramos la *Trocha*, tan peligrosa, repitiendo, "aquello está tan mal". Yo les hablé de mis viajes, de Italia, de Francia, de Suiza. Puse ante sus ojos la vida gigante de New York, su dinámica civilización, y su extraordinaria riqueza.

Ellos oían mis agitadas palabras, serenamente. La placidez mental la traen, la ausencia de ideas y la sólida filosofía. Los extremos se tocan siempre. Los tres seres que vivían en este humilde rincón, a cuatro leguas de las fortificaciones españolas, tan fuera del comercio humano, lloraron nuestra próxima muerte, entre las risas de Sonville y mías. Al despedirme por la mañana la simpática dueña de la casa, joven aún, me dijo: "Señor, vea bien lo que hace, no sea testarudo. Ayer llegó un alférez de las Villas, del Cuartel del General Máximo Gómez, y nos dijo que el mismo General, en una finca llamada *Las Delicias*, había tenido que comer carne de bestia; nos dijo también, que al cruzar la isla de Turiguanó, un oficial, un poeta, no pudo seguir, y lo tuvieron que dejar en su hamaca en donde murió de sed, de hambre, de fiebre. Y luego añadió: "No se lo habíamos querido decir para no impresionarles. Pero no lo podemos callar. No podemos callar para advertirles los peligros, aunque lo que decimos, no se debiera decir para no perjudicar a la Revolución".

¡Los pobres! Eran todo amabilidad y trabajo. No tenían una sola idea abstracta en el cerebro. El único fin de sus vidas era... vivir. Y la suerte adversa los había puesto en el centro de una gran tragedia. Esta pequeña familia fué probablemente concentrada en Ciego de Avila. El hambre y la fiebre la habrá destruído parcial o completamente! ¡como a tantas otras!... En mis recuerdos de la guerra estos tres españoles evocan la única mesa familiar a que la casualidad me llevó.

Pronto llegamos al Cuartel General del Jefe de la Brigada de la Trocha del Tercer Cuerpo de Ejército, de Camagüey. La mandaba el Brigadier José Gómez, hombre buenísimo, práctico en todos los rincones de su zona, amigo y protector de todos los guajiros en la paz y en la guerra, y muy querido por sus soldados. La Brigada no daba señales de gran actividad, pero cumplía con su deber. En el pequeño Estado Mayor aquel día no se hablaba más que de la terrible muerte de Gonzalo Marin, portorriqueño, el poeta a que había aludido la Señora del vecino rancho. Sentí una gran pena por aquel mártir de la idea, que saliendo de otra tierra había corrido a donde se derramaba sangre generosa, y en ella dejaba la vida. ¡Pobre joven poeta! quizás, cuantas veces habría pensado en la muerte, soñándola con su alta fantasía de poeta, en el fragor del combate, entre humo y polvo, como un héroe griego, y de frente al enemigo! Los hados le habían sido adversos, y, solitario, sin mensajero para un postrer adiós a la familia y a la patria, martirizado por el hambre y la sed, consumido por la fiebre, torturado por numerosos insectos, le acabaron la existencia, obscuro y abandonado! Las auras impacientes, esperaron el último instante, y aún sin expirar, para saciar su voracidad en el cuerpo inanimado. ¡Prosaico funeral, impía frustración del Destino!

Aquella muerte influyó decisivamente en mis planes. Abandoné la idea de cruzar la línea divisoria por la isla de Turiguanó, y desechando toda duda, salí del Cuartel del Brigadier José Gómez con el propósito firme de acercarme a la alambrada, pasar ésta, evadir los fuertes, cruzar las zanjas como se pudiera, arriesgar todas las otras dificultades reales o imaginarias que nos habían metido en la cabeza, y llegar al otro lado, o caer en el empeño.

El Brigadier José Gómez nos había dicho que nuestra idea era irrealizable, y se negó formalmente a darnos práctico para el cruce y hasta para el territorio de este lado de la Trocha. Quedamos abandonados a nuestra propia suerte.

—"¿Sonville, hacia dónde está la Trocha?", dije yo tan pronto salimos del campamento de José Gómez.

—"Hacia occidente", contestó.

—"Esto lo sé yo también. Pregunto si Vd. conoce el camino que nos permita ver, por lo menos, a esta Trocha bendita".

Bosques seculares nos separaban de nuestro objetivo. Ni caminos, ni senderos directos hacia él había por aquellos parajes. Probablemente existía alguna antigua vereda, pero cruzada ya por árboles y manigua debido a la falta de uso, consecuencia de la guerra. ¡Qué hacer!

—"Oiga, Sonville, aquí nos está vedado hasta el salto que el payaso da en el Circo", dije yo recobrando mi buen humor.

—"Qué quiere Vd. decir?"

—"¿Vd. no ha ido nunca a un Circo de caballitos? Pues, recuerde que el payaso, mientras preparan los obstáculos que debe saltar el atleta, se tira sobre ellos; algunas veces los pasa bien, y, en muchas otras, se cae. A nosotros nos está vedado hasta ver estos obstáculos".

Sonville, más práctico, me dijo, que era preciso buscar a un pacífico, a un ranchero, a alguien que nos acercase a la Trocha por un buen punto, y que nos diera algunas indicaciones para después del cruce, y añadió:

—"Sobre todo, vamos despacio".

Encontramos en efecto, a nuestro hombre. Nos llevó primero a un rancho pobrísimo, sepultado en un monte firme. Y luego al obscurecer, nos colocó frente a la Trocha. Nos dió amplias instrucciones. Nosotros le dejamos, como anticipo de herencia, todo lo que no podíamos llevar sobre nuestras espaldas en tan arriesgado trance.

Mientras el ranchero se alejaba, solos, con los jolongos y una montura y hamaca a cuestas, Sonville con el rifle, y yo con el revólver en la mano, nos encontramos cerca de la alambrada, frente a la *Trocha*.

Esta es la Trocha, pensé.

Miré la vasta llanura que se extendía delante como un horizonte infinito, y la línea de los fuertes levantándose negros y amenazadores en el espacio como vagos fantasmas; a la derecha, también en la penumbra, apenas se distinguía el vecino poblado de Ciego de Avila, que ya a las ocho y media parecía sepultado en el sueño. Sólo los ladridos de los perros y la noche oscura seguían incesantes, protegiéndonos ambas cosas, de la vista y de los oídos del centinela que debía estar allí, a pocos metros.

Pasé yo primero, los hilos frontales. Era el más alto, y delgadísimo entonces. Me rasgué con las fuertes púas todo el pantalón, pero penetré fácilmente los hilos verticales de la alambrada. Tomé luego a Sonville, menudo y ligero, entre mis brazos y lo coloqué a mi lado. El a su vez, me bajó los alambres transversales, que estaban menos estirados, delante de mí, y yo los pasé por encima; en cambio, al tener que realizar el mismo avance, mientras yo levantaba aquella madeja de hierro, él pasó por debajo.

Los alambres del centro si bien eran más fáciles de cruzar por estar más flojos, nos hacían más daño. Los exteriores de los frentes estaban tan fuertemente atados a los postes que podíamos subir por ellos, manteniéndonos en equilibrio, el uno al otro, durante la difícil operación. La alambrada era de unos ocho metros de ancho, y tenía más de uno de altura, sus treinta, o más hilos se extendían en todos los sentidos. Naturalmente, no hacíamos ruido: nos auxiliábamos recíprocamente con cuidado y calma; nos pasábamos los jolongos con la serenidad que nos imponía nuestra situación... todo habría podido delatarnos. Algún centinela debía estar a pocos pasos de distancia. Pasaron como un relámpago por mi mente todas las falsas voces que corrían sobre los alambres eléctricos y sobre los cascabeles, que la fantasía popular afirmaba había en la alambrada; a cada momento esperaba la luz traidora del foco eléctrico que debía denunciarnos. Me daba ánimo pensando que estábamos haciendo algo excepcional, y me repetía mentalmente el verso de Dante: "Qui si parrá la tua nobilitate". (Ahora se verá lo que hay de noble en tí).

El escenario de la Naturaleza en que nos movíamos era plácido, sublime, sonriente, bello; lástima que este fugaz ambiente quede siempre desconocido. Nuestra muerte lo sepultará con nosotros; y de vivir, aún para nosotros, quedará ignorado, pues, pensaba, no retendremos de seguro la visión exacta de esta llanura, de estos bosques en lejanía, de esta hilera de fuertes, de las estrellas que nos miran relucientes en la bóveda inmensa que se eleva sobre nuestras cabezas. La belleza circundante, en efecto, penetra en los espíritus cuando la existencia está asegurada, pero no en la hora en que todas las fuerzas psíquicas se limitan y concretan en el trabajo físico y el instinto animal de defendernos. Todos los sentidos materiales en nuestra dura prueba estaban en maravillosa función: se oía mejor, se veía más claro; las fuerzas se multiplicaban; el tacto era perfecto...; pero el espíritu no gozaba de los magníficos dones de la Vida. Aquel escenario sin par y la causa tan noble, apreciados en su alta expresión estética, hubieran hecho menos duro el sacrificio. ¡Marco adecuado de la espontánea ofrenda de dos jóvenes vidas!

Creo que en el doloroso cruce estuvimos ocho o diez minutos, usando todas las precauciones que el caso nos imponía, y cuando nos encontramos del otro lado de la red de alambres, respiramos a todo pulmón; tratamos de mirarnos; sonreímos en nuestros adentros; ¡habíamos vencido! Nos creíamos ya salvos, cuando en realidad íbamos derecho a un fortín, llamado *Escucha*; Sonville, aunque de vista defectuosa, lo vió antes y me lo mostró con un ademán rápido. Tomamos velozmente por la derecha, conservando yo en la retina la silueta del soldado sobre aquella plataforma, fusil al brazo. Más tarde he pensado a menudo, que aquel hombre no nos oyó, ni vió, a pesar de estar a unos veinte pasos de él, porque su pensamiento volaba hacia su querida España, donde una madre o una esposa lo llorarían, muerto ya.

A pasos rápidos nos alejamos de los fuertes; pero preocupados por no encontrar la línea ferroviaria, ni las dos zanjas, que nos habían anunciado, estábamos desorientados, sin comunicarnos nuestros pensamientos por temor a ser oídos.

Si el enemigo nos hubiera hecho fuego y matado en la alambrada, hubiéramos muerto aceptando el aciago designio de los Dioses; pero si una bala nos alcanza en este momento en que queríamos gozar del aprecio general por la hazaña realizada, lo hubiéramos considerado como una crueldad del destino. En el primer caso hubiéramos desafiado al matador en los últimos instantes; en el segundo quizás nuestros labios hubieran pronunciado alguna palabra temblorosa. El heroísmo surge del pecho del varón fuerte, sólo cuando se halla al contacto de un momento propicio. Hay heroísmo en el mundo, y no héroes.

Caminamos todavía a ciegas. Triplemente a ciegas: obscuridad, terreno desconocido, preocupaciones.

Sonville cayó en un vacío, y yo también sentí faltarme la tierra debajo de los pies, pero no caí en la primera zanja sino en la segunda, simultáneamente los dos, haciendo algún ruido. El centinela debía seguir pensando en España, en su gleba, en sus primeros amores. Nos levantamos a toda prisa, caminando con más cuidado, y mirando de tiempo en tiempo, la Trocha que se alejaba. Cuantas veces en las noches de octubre, bajo el cielo de Italia, había admirado en cien mil luminosas estrellas, o, en la luna amiga y serena, el poder mágico de la Naturaleza. En la noche tropical del Octubre que nos envolvía, una sola cosa deseaba, una sola cosa admiraba, una sola cosa evocaba: la obscuridad, la obscuridad; y la obscuridad, en efecto, nos cubría y defendía. Ella, benévola expresión de la nada, nos había permitido salvar las dificultades mayores. ¿Seguiría su obra bienhechora?

Pasada la línea ferroviaria, que apartándose de la hilera de los fuertes iba entrando en la estación de Ciego de Avila, temimos la presencia de alguna emboscada, de alguna ronda, o de alguien que pasara por las afueras del poblado, pues, sin saberlo, estábamos en Ciego de Avila. Arreglamos mejor la carga que llevábamos sobre las espaldas, a fin de poder hacer uso de nuestras armas y, en caso necesario, de nuestras... piernas.

En un lugar donde creo, estaba el cementerio, me dirigí hacia la derecha, acordándome de lo que me había dicho el práctico; pero Sonville con insistencia me tiró del brazo hacia el lado izquierdo. Por precaución guardábamos silencio, y hacíamos bien. Cada uno insistía en llevar al otro en la dirección que creía conveniente. Con exagerada mímica Sonville, me mostraba que el suyo era el único camino por donde podíamos continuar. Las notas de un piano que desde Ciego de Avila venían a herir mis oídos, me hicieron ceder. Esta parte cómica de nuestro cruce, me fué explicada poco después por Sonville. El práctico, a última hora, había reconocido mejor el terreno y había modificado sus instrucciones. Si aquella noche se hubiera seguido el rumbo que el más fuerte daba tirando al compañero, seguramente nos hubiéramos encontrado otra vez de frente a un fuerte enemigo.

Alejados de la zona de peligro, desaparecido por completo Ciego de Avila, ya en la soledad de la llanura, nos detuvimos a la orilla de un riachuelo. Nos miramos cara a cara Sonville y yo, ¡y nos echamos a reir! Una risa de juventud en la cual el histerismo se mezcla a la satisfacción.

—"Sonville, ¡hemos pasado la Trocha!... ¡Qué ridícula es esta Trocha! ¿Es de veras la Trocha?... pues porque no la pasa todo el mundo... y Sonville coreaba mis palabras:

—"Hemos pasado la Trocha. Qué ridícula esta Trocha...

—"Espérese un momento, le dije; aquí le sale sangre".

—"Hombre, y a usted también, de la espalda", me contestó Sonville.

Nos examinamos mutuamente y vimos que estábamos llenos de pequeñas heridas, que no habíamos sentido. Sangrábamos por todas partes, en cantidad mínima, pero las heridas eran muchas. Tan raídos estaban nuestros trajes que de mis pantalones, de las rodillas para abajo, no quedaban más que restos sueltos. Sonville tenía las espaldas desnudas casi por completo. Sin embargo, no habíamos sentido los estragos de la carne, y poco los de la indumentaria. Las púas terribles se habían vengado de la violación a que las habíamos sometido. El General Arolas, Jefe español de la Trocha, que la calificaba de inviolable, confió a estas púas sus mayores seguridades.

Nos curamos con el agua fresca del río. Nos ajustamos las ropas sin miedo al pudor, ni cuidado por la estética. Yo me arranqué todos los pedazos de la parte baja de los pantalones, convirtiéndolos así en *shorts*, y fué mi ropaje mambí precursor involuntario de esta excesiva moda que transforma la madurez discreta en infancia ridícula.

El dolor no es del todo espontáneo, sino más bien reflexivo. No habíamos sentido las heridas hasta aquel momento. Los centros sensorios no habían recibido las llamadas penosas de la periferia, porque estaban ocupados en otras actividades más apremiantes. Ahora sentíamos la quemazón de la piel.

Puesto que era forzoso marchar, seguimos andando.

Mañana encontraremos gente nos decíamos al pasar un pantano, al cruzar algún río crecido por las abundantes aguas de aquel mes de octubre, más lluvioso que de costumbre; nos lo decíamos también para darnos aliento cuando con la cintura partíamos el fango, un fango espeso y arenoso que se depositaba sobre las carnes e irritaba las heridas. En un lodazal perdí uno de mis zapatos de *Cuba Libre*, como se llamaban los construídos en los talleres de la República que tenía por territorio la manigua. Sonville sufría más que yo, pues era más débil, y a cada rato tenía que apelar a mi brazo para ser sacado de una de aquellas *bolgias dantescas* compuestas de fango frío y pegajoso. Caminábamos como el judío errante, creyendo que aquella noche nos incumbía un solo deber: caminar; alejarnos del peligro, después del triunfo.

Los ladridos insistentes y quejumbrosos de los perros nos habían acompañado en una parte de nuestro viaje, y ahora, después de cuatro horas de camino volvían a oirse más incesantemente. No comprendíamos bien la causa cuando un reloj dió doce veces en el aire un sonido fuerte y breve; doce veces por la llanura y los pequeños bosques circundantes repercutieron las vibraciones de aquel aparato; y después, más alto y menos penetrante, oímos una voz lúgubre gritar: *Centinela Alerta!*

¡Habíamos vuelto a la Trocha!...

La llanura otra vez, otra vez los fuertes como fantasmas, y la voz que se iba perdiendo en lejanía, de *Centinela alerta*.

Arrojé al suelo mi jolongo, en el camino real, en el agua, y a diez cordeles de la *Trocha*.

—"Aquí duermo esta noche", dije.

Sonville me imitó; el pobre joven había sufrido mucho en la marcha, y, a pesar de todos los peligros, quería descansar.

....

La corneta española bien temprano nos despertó; la oímos tan fuerte como si fuese la de un campamento nuestro; habíamos dormido, en aquella agua y cerca del peligro, tan bien como en una cama mullida. Las ranas pasaban sobre nosotros, y la impresión fría que nos producían en la cara, en el pecho y otras partes del cuerpo dejadas al descubierto por los harapos, nos molestaron bastante en los primeros momentos, por su extrema repugnancia; luego el cansancio transigió con todo. Las ranas, o algún bicho más aprovechado consumieron casi todas nuestras provisiones, o las mezclaron de fango. Sonville guardó lo que quedaba, por un exceso de buen juicio, que por cierto, más tarde yo mismo tuve que celebrar.

Sólo después de estar ya de pie, comprendimos el error que habíamos cometido durmiendo al lado de la Trocha, y próximos a un Cuartel que distinguíamos perfectamente. Tan cerca estábamos que veíamos a los hombres moverse, fuera del mismo, de un lado a otro en los quehaceres matinales. Nos hallábamos en el perímetro en donde aquella fuerza militar debía tener sus caballos. Por suerte, todavía una ligera penumbra cubría la tierra.

"A salir pronto de aquí", pensamos Sonville y yo, sin decírnoslo. Y efectivamente, nunca con mayor rapidez un soldado se ha puesto en marcha.

Seguimos por algún tiempo a la vista de los fuertes; caminamos de prisa y con temor, pero, sin explicarnos el por qué, teníamos confianza, teníamos la seguridad de encontrar fuerzas cubanas muy pronto antes de que alguna dificultad se presentara, pues suponíamos que había guardias nuestras en la zona, como sucedía en Camagüey. Además, los montes ya estaban a poca distancia, y ellos representaban para el insurrecto la cobija de la fiera acosada. Si a esto se añade, la inconsciencia del peligro en la juventud, nadie se extrañará de que nosotros anduviésemos, sin ser prácticos, al alcance de la mirada y del máuser enemigo, con una relativa tranquilidad de espíritu. Por mi parte debo decir, que sea por inconsciencia o por pereza mental, siento los efectos psicológicos del peligro sólo cuando éste ha pasado ya.

Por fin, íbamos alejándonos de la Trocha y dejando el monte, cuando una llanura cubierta de guayabos se abrió delante de nosotros como renovado horizonte. Al andar, los pequeños fuertes primero, y después los grandes, se nos habían ocultado, como las casas y los campanarios van desapareciendo de la vista del navegante a poco tiempo de haber dejado el puerto. Nos sentíamos más libres; el guayabal, sin embargo, resultaba peligroso, porque seguramente no nos daría abrigo, si una columna o una guerrilla venía sobre nuestros pasos. El camino que seguíamos era muy batido, dando claras señales de que el enemigo pasaba por aquel lugar con frecuencia.

—"Esto es un rastro de todos los días"—dije a Sonville, que fué también de mi opinión: —"Es necesario abandonar este camino".

Luego supe que unía Ciego de Avila con Jicotea, y que era cruzado diariamente por las guerrillas, que allí llevaban sus caballos al potrero.

A poco de ir buscando, encontramos un trillo a la izquierda que saliendo del guayabal se dirigía hacia el Sur. Este trillo se iba internando en los potreros repletos de yerba, una yerba que medía casi tres metros de altura, y como "necesidad no reconoce ley", lo abordamos. Era la contiuación de un viejo camino que tres años de vegetación no estorbada había casi cerrado.

Mientras quedaba alguna posibilidad de avanzar, seguimos aquella vía, reducida a vestigio de sendero. Cubiertos por la yerba húmeda y cortante, presintiendo que de seguro perderíamos toda dirección, sin podernos mover, molestados fuertemente por las heridas de los pies, de las piernas, de las espaldas que sangraban al roce continuo de las hojas afiladas, deliberamos en pleno potrero. ¿Qué hacer? ¡Pasar la Trocha tan intrépidamente, y luego, morir ignorados, vulgar y calladamente, en estos potreros o guayabales!

Tremenda angustia.

Volvimos, desandando todo el camino. Ya el sol asomaba al horizonte.

Ruido de pasos de caballos nos detuvo repentinamente, casi en el mismo desemboque del camino real; quedamos inmóviles como el que es sorprendido por un terremoto; el ruido se fué acercando y percibíamos el ordenado trote de una caballería, que en aquel lugar no podía ser sino enemiga. Nos acostamos en el suelo primero, y luego arrastrándonos fuímos a escondernos tras dos matojos de zarzas, con las cabezas bajas y las orejas tendidas, esperando que la guerrilla pasara; y así permanecimos en absoluto silencio. Pensé, que nuestro mismo rastro podía traicionarnos, llamando la atención de los guerrilleros que tenían tanta sed de sangre y que sabían perseguir al insurrecto. El momento era de inminente peligro. No obstante debo declarar, que mientras me decía a mí mismo, que por el momento había que esconderse para luego pensar en lo que pudiera suceder o debía hacerse, detrás de aquel matojo de espinas me parecía estar bien defendido y en cierto modo seguro. Recuerdo que, debido a esta creencia de seguridad, cuando los caballos, después de habernos pasado por delante, se alejaban, traté, no de levantar el cuerpo, sino de asomar la cabeza. Más prudente y más práctico mi compañero, me detuvo haciéndome una ligera seña desde su puesto; él pensaba con razón, como me dijo después, que a retaguardia podían seguir algunas parejas que, al vernos, dictarían nuestra sentencia de muerte con la misma facilidad que la guerrilla entera. Después, adoptamos las forzadas cuclillas largo rato. Y en esa posición esperamos. El jefe de aquella fuerza hubiera jurado que en su recorrido no había *mambises*; y estábamos allí a tan corta distancia. Aquel día me convencí una vez más, de la dificultad de vencer a quien sostiene con decisión y ardor una guerra de guerrillas.

Mas, esta convicción sobre la guerrilla, no llegaba al punto de hacerme ver con buenos ojos una marcha teniendo a vanguardia una fuerza enemiga. Las teorías dominan los espíritus en todos los casos, menos frente al peligro. Y nuestra desconfianza era fundada. Había, pues, que apartarse definitivamente de aquel camino real. El amigo guajiro del último momento nos había dicho: tomen siempre a la izquierda que irán a la finca "La Gloria" donde hay fuerzas nuestras, pero a la izquierda, después del ensayo precedente, infortunado y salvador al mismo tiempo, no había más trillos. Nos vimos obligados a uno de la derecha, en la esperanza de rectificar luego la trayectoria. Por el momento había que dejar el camino real.

Nadie sabe lo que es un campo tropical entregado a su potente vegetación. A poco rato, como en el caso anterior, no había más trillo. El desuso lo había borrado. Mas, esta vez no volvimos atrás, seguimos por el potrero a campo traviesa, tropezando, enredándonos y cayendo a cada rato. Mi jolongo sirvió para aplastar la yerba antes de poner el pie encima de ella, que años de fuertes vientos la habían revuelto de tal manera que resultaba una muralla que nos impedía avanzar. Hice de este jolongo una especie de catapulta: amarrado a una soga, lo tiraba hacia adelante, pasaba por la yerba, aplastada de este modo, y luego lo retiraba por el extremo de la cuerda que había quedado en mi mano; renovando la operación según adelantaba. El trabajo era enorme y el resultado poco efectivo. Naturalmente, a poco rato perdimos nuestro derrotero, porque tomábamos la dirección que nos hacía menos difícil el paso. Y así estuvimos vagando horas y horas por aquel mar de verde flotante, ahogados por un viento cálido como el de un desierto y encontrando obstruídas todas las direcciones. Sin horizonte, a causa de la yerba que nos cubría, sin saber qué partido tomar, sedientos y desalentados, era tal nuestro estado, extenuados, desesperados, que hubiéramos vuelto al camino Real, y hasta a la Trocha... ¿Pero, dónde estaban el Camino Real y la Trocha?

Pasamos así todo el día caminando lentamente, si caminar puede llamarse avance tan duro, buscando un pedazo de terreno abierto que aliviase aquel tormento. Al atardecer una cerca de alambres caída, último recuerdo del derecho de propiedad en una tierra en la cual muy poca riqueza había, y ese poco era de todos, nos dió un rumbo y nos hizo menos difícil ir adelante. La seguimos y nos llevó a un pequeño monte. Las heridas de mis pies y de mis rodillas se habían abierto más durante ese día, y sufría mucho; mi amigo Sonville escogió un buen lugar para pasar la noche.

Exploramos la espesura a derecha e izquierda, los trillos y el monte, en la esperanza de encontrar agua; todo sin éxito. Estábamos desfallecidos, y todavía oíamos el pito de una máquina y el lento gemido del tren al subir alguna pendiente que nos indicaban la proximidad de la Trocha.

La sed nos martirizaba.

—"Oh! si lloviese, decíamos, podríamos recoger el agua en la hamaca de lona que llevamos".

Aquella tarde bellísima, contrastaba cruelmente con nuestra suerte y con nuestros dolores... No había que pensar en el maná del cielo en forma de lluvias. El cielo nos enviaba todas sus caricias, en gama de colores rutilantes del bello firmamento de Cuba, y luego de estrellas brillantes y evocadoras. Ya ni hablar podíamos. La noche caía, y hasta la sed olvidamos frente al ataque de los mosquitos, sedientos como nosotros, pero no de agua, sino de nuestra sangre.

Sonville se comió los pellejos de puerco que las sabandijas habían desechado la noche anterior, y yo me acosté sobre la yerba procurando protegerme de los mosquitos con mi hamaca.

El peligro cercano, la sed, el hambre, la desnudez, las heridas del cuerpo, los mosquitos que perforaban la tela de la hamaca y mi escasa ropa, el ansiado pase de la Trocha, formaban mi microcosmo, o sea, la hora difícil que pasaba. La bella imagen de mi madre tan vigorosa y serena, de mi fervorosamente admirado padre; el recuerdo de un amigo del alma, Guillermo Petriccione, compañero de viaje desde Italia a Cuba, operando ahora en Oriente; el de los amigos dejados en Camagüey y de los desembarcados en Occidente, Eusebio Campos y los chilenos, creaban el horizonte lejano y amplio de mi espíritu errante. La mente agitada se movía como la aguja de un sismógrafo en momentos de catástrofe telúrica. Pensaba en la casa paterna, y maldecía a los mosquitos; corría con la mente a la Provincia de la Habana o de Oriente, y reflexionaba sobre la vecindad de la Trocha, atada a nosotros con tanta persistencia; las cosas más lejanas y opuestas se sucedían alternativamente en el cerebro con rapidez vertiginosa. Los instrumentos más útiles son los más frágiles. El cuerpo martirizado, agotado, resistía a la adversidad; la pobre materia gris se rendía. El ambiente, y mi fantasía, me torturaban, por igual. Pensaba; aquí, olvidado por todos, anónimo, puedo tener un fin ignorado. Sonville tan endeble en lo físico, como vigoroso moralmente, dejaría también su existencia, inmolados en este sacrificio, desconocido e inútil. Nunca se sabría donde quedaron nuestros huesos, ni donde el aire recogió mi postrer aliento. ¡Poética muerte entre esta vegetación exhuberante, lejos del mundo, cara al Sol y con una bala en el corazón; ¡poética muerte, pero inhumana! ¡Rota la esperanza forjada en la férvida imaginación de revolucionario luchador, de no morir sino peleando, en el fuego de las batallas! Por primera vez aquella noche, estas lúgubres ideas asaltaban mi mente. Era el cansancio y la obscuridad: ambos, fuentes de pesadumbre.

Dormí y soñé en las riberas del Mar Tirreno; soñé en aquel alto Vesubio enrojecido en la cumbre, soñé en mi próximo fin, y como los gladiadores en el Circo saludaban al César, saludé a los míos con afecto inefable, y a la Naturaleza con sus fuerzas insondables, que tanto he amado siempre; ¡calenturiento e incoherente divagar!

. . . .

El estado patológico-moral que sufría en la noche, no influyó al amanecer sobre mi espíritu, aunque recordara exactamente todos los pormenores de aquel sueño que en momento tan inoportuno, me vaticinaba la muerte y me había transportado lejos, a lugares muy queridos. Bien temprano estaba de pie ocupado en pasar la ardiente lengua sobre las hojas que conservaban el rocío de la noche.

Ya en marcha, vimos de lejos tres palmas, poco más altas que un hombre, y allá nos dirigimos para beber y comer. ¡Oh! la benéfica palma, último recurso del insurrecto hambriento! Los tres pequeños árboles recibieron nuestras bendiciones y los honores de una fiesta luculiana.

En efecto, abierta una de las palmas, comimos y bebimos de ella, con deleite no igualado y con abundancia excesiva.

Los siboneyes debían de conocer las virtudes de sus plantas, y por ello podían vivir, holgazanes y serenos, pues la pródiga tierra que poblaban les daba lo necesario, con poco o sin ningún esfuerzo.

Alegres y contentos seguimos la marcha por el camino lateral a la cerca, que, por suerte, se dirigía hacia la izquierda. Deseábamos llegar a un río o arroyo para saciarnos de agua verdadera, y no del líquido que dá la madera interior de un árbol aunque tierno y sabroso; queríamos beber mucho, muchísimo, llenarnos como el camello, conservando, dentro de nosotros, líquido para el día entero.

Este ardiente deseo de beber mucho, fué la causa de nuevos dolores, porque encontrado un río, después de algunas horas de vagar inútil, tomamos su curso. El río se internó en un bosque virgen, que consideramos una simple arboleda. Continuamos nuestro camino lentamente. Cuando se hizo imposible seguir por las márgenes a causa de los árboles y de la abundante maleza, bajamos al mismo lecho, dejándonos casi llevar por el suave curso de las aguas. Las horas cálidas las pasamos así, inconscientemente. Allí no había enemigos. Y además, bebíamos a cada momento, y era delicia. Pero, cuando el Sol empezó a declinar, el río nos estorbaba, y acelerando la marcha buscamos algún paso para orientarnos, y ver algún ser viviente que supiera con su consejo o ayuda ponernos en el buen camino. Queríamos impacientemente salir del río, y del monte. Nuestros nervios reclamaban ahora la llanura.

La hora avanzaba, y no encontramos *paso* alguno. La corriente seguía serpenteando entre dos montes vírgenes, espesísimos. Nos parecía además, que volvíamos a la *Trocha*, maldita *Trocha*, de fija visión, pues así nos lo anunciaba el resoplido de la máquina del ferrocarril. Deseando alejarnos de una vez de aquel sitio, y de ese ruido, marchando en sentido contrario al lado de donde nos llegaba, no dudé de entrar en el hirsuto monte que se extendía a la izquierda. El óptimo Sonville me siguió. Los dos, animados por el entusiasmo, revestidos de toda paciencia, ansiosos de algo que nos arrancara de las ya monótonas y penosas marchas, con estupidez rayana en demencia, afrontamos un nuevo calvario. Nos lanzamos al bosque virgen, para atravesarlo como si conociéramos los secretos de aquella floresta sobre cuyo suelo nunca había puesto su planta hombre alguno. Fué error gravísimo, del que más tarde conocimos todo el peligro al saber que aquellos bosques se extienden por largas leguas hasta la costa a través de terrenos cenagosos, de donde no habríamos salido nunca. Es incomprensible que cometiéramos este error, porque tanto Sonville como yo, sabíamos que estos bosques firmes, estas florestas vírgenes habían servido de tumba a no pocos de nuestros compañeros extraviados. Sabíamos también que en esta parte de la Isla había extensiones de boscajes enormes en las cuales murieron muchos de los que querían pasar indebidamente de Occidente a Oriente, y que con el doble temor de Máximo Gómez y de los "Españoles", se entregaron a las sombras de estos árboles seculares, traicioneras como todas las sombras.

Los mosquitos nos asaltaron con gran denuedo, y había además tantas especies de insectos, que un naturalista hubiera podido enriquecer sus conocimientos. Yo renegaba de todo lo sobrenatural, y Sonville de todos los animales del orbe. El terreno era a trechos cenagoso, y nuestros esfuerzos tenían que aumentar al ir avanzando, para desechar árboles caídos, o para abrirnos paso en el monte que se enmarañaba. Seguíamos con el ansia creciente de salir de aquel lugar infernal que parecía apretarnos la garganta. Lanzábamos febriles, la mirada hacia adelante para descubrir alguna vereda, algo que nos hiciese menos ingrato el camino, un sendero de los lejanos indios o una covacha de algún bandido. Nada. Nada. Monte, siempre monte, y más firme.

—"Habremos, quizás, penetrado en los montes de la costa —observé yo a Sonville con calma—pero encontraremos algún rancho"...

—"Será muy difícil: estamos perdidos"—me contestó mi compañero, que ya sentía agotarse todas sus fuerzas.

—"No debemos desalentarnos, amigo Sonville".

—"Pero Ferrara, no podemos engañarnos. Es muy difícil aquí en Occidente encontrar un rancho, aún atravesando todo el monte".

Yo seguía, con el machete en la mano, dejando alguna parte de mi harapienta ropa entre las ramas que los árboles habían tendido formando una densa malla, seguía forzando los arbolitos débiles, cortando los más resistentes y apartándonos de los mayores. La nube de insectos que se levantaba a nuestro paso, nos seguía de cerca y nos picaban las orejas, el cuello, la frente y las otras partes del cuerpo que nuestros andrajos no cubrían. Unas moscas feroces hacían olvidar a los mosquitos.

Fué aquel un tormento atroz, acrecentado aún más por la horrible incertidumbre. "¿Qué será de nosotros?" "¿Dónde pasaremos esta noche?" "¿Saldremos al fin de este lugar, o aquí quedarán nuestros cadáveres?"

El que no ha conocido las florestas vírgenes de la Cuba de entonces, no comprenderá esta nuestra hora trágica. El fango era como un barro duro; los árboles lanzaban al aire sus raíces cortantes; sus ramas estaban unidas creando verdaderas murallas infranqueables. Las tempestades habían revolcado los árboles quedando algunos acostados horizontalmente, otros oblicuos, muchos carcomidos. Una humedad escalofriante; un olor nauseabundo de vegetales y tierra podridos. Todos los insectos del trópico, desafiando la muerte antes que dejar la sangre nuestra que chupaban como suprema linfa de vida, y atacando con vigor, como los instrumentos sinfónicos en un himno que sube hacia el Cielo. Sin luz, sin aire, sin horizonte... Si la muerte tiene derecho a estar en acecho en algún lado, éste es sin duda, la floresta virgen que... los poetas cantan sin conocerla, como acontece amenudo con los cantos de los poetas.

Pero una gran fe me asistía. Pensaba en el trillo: me acordaba de que los montes del Camagüey estaban cruzados por veredas de un lado al otro. Encontraremos el trillo. Sí; debe haber un trillo. No podemos morir tan miserablemente. Y escrutando la lejanía ví, en efecto, un poco de la moribunda luz solar. ¿Es una vereda, o un claro en el monte? ¡Qué incertidumbre, y qué delirio! Nos adelantamos casi con furor hacia aquella tenue luz doblemente benéfica; salvamos la pequeña distancia que nos separaba y vimos una vereda; nos plantamos en el medio de ella, la observamos con la satisfacción que un creyente debe tener al entrar en el paraíso; y, sin dudar, la seguimos por el lado derecho. Aquel día no estábamos perdidos; la vereda nos llevó a un inmenso potrero. Ya no se oía la locomotora de la *Trocha*.

Allí hicimos alto. Amarramos las hamacas y nos acostamos. Otras noches, el suelo había sido mi cama, y ahora me recreaba en aquella hamaca que me parecía un colchón de plumas. La obscuridad de la noche descendía lentamente sobre nosotros.

—"¡Qué buena cosa es la hamaca, amigo Sonville! Mañana encontraremos gente..."

—"De seguro, si no cometemos otra tontería"—me contestó prontamente—, haciendo alusión a la elección de los caminos que yo había hecho y al rumbo que había seguido.

—"Mañana hará Vd. de guía".

—"No le prometo el resultado—respondió en seguida, por miedo de aceptar un compromiso—pero haré lo mejor que pueda".

—"¡Qué hermosa tarde! Con esta tarde en Posillipo, en Margellina o en Lausanne ¡qué comida!"...

—"No vaya Vd. tan lejos... En la Chorrera comeríamos muy bien".

—"Al infierno iría con tal que comiésemos!... grité levantando el puño. Fausto dió el alma por una nueva juventud, yo la daría por un buen plato".

Los recuerdos nos hicieron callar, y en cada uno de los dos volaba la fantasía lejos, a otros tiempos menos duros.

El cansancio me impedía dormir. Además, ahora tenía la seguridad de que la Trocha estaba lejos, y que habíamos triunfado. Debo decirlo: a mí entonces, ahora y siempre, no me importa mucho vivir a toda costa; para mí, como lo afirmé en ocasión bien difícil, la vida es un préstamo de la Naturaleza, de la nada venimos y a la nada vamos. Pero no me gusta ser vencido. A la inferioridad, prefiero la muerte. En aquel momento había vencido. Mi espíritu se llenaba de orgullo. Volví a pensar en Máximo Gómez y en la Revolución, en medio de la noche. Mi compañero estaba también despierto, por lo que le dirigí la palabra:

—"Sonville, Vd. conoció bien al General en Jefe. Dígame algo de él".

—"Pues, Máximo Gómez es un gran hombre".

—"Esto lo sabe todo el mundo. Vd. fué su ayudante. Dígame algo de su vida, de su manera de ser. ¿Nos recibirá bien?"

—"Le voy a decir, respondió Sonville incorporándose en la hamaca, algo que no le he dicho aún, y que no sé si hago bien en decírselo. El General Gómez me quiso fusilar. Y por esto vengo con Vd. en esta aventura tan arriesgada. Quiero que me perdone y me vuelva a tomar en su Estado Mayor.

—"Ave María, Sonville... y me hace Vd. llegar con esta grave cuestión, a mí, extranjero, desconocido"...

—"No, no. El General me perdonó la vida. Ahora quiero que me perdone la falta. Le diré, yo cometí una grave falta. Me dormí estando de guardia. El, que en cambio estaba despierto bajo su tienda, me vió, me quitó el rifle, y se volvió a la hamaca. Cuando otro ayudante me vino a relevar, no le pude dar el rifle. Me puse nervioso, grité, y él salió de la tienda como una pantera. Me injurió, me maltrató y me mandó arrestado a la escolta. Realmente durante algunos días, me quiso fusilar. Boza, Valdés Domínguez, Saturnino Lastra y otros me salvaron. Alegaron en mi defensa el estado de mis ojos, mi edad de diez y ocho años, mis servicios pasados. Me llamó cobarde sabiendo que yo no lo era, pues había peleado a su lado, y me lanzó fuera del campamento. Y he buscado esta ocasión para probarle una vez más, que no soy cobarde y que lo quiero mucho porque es el héroe de mi Patria, mi jefe único; un hombre que es más que Bayardo, más que Bayardo, el caballero sin tacha y sin miedo".

Sonville dijo las últimas palabras en tono histérico.

—"Sonville, nadie puede decir que Vd. es cobarde, ni el General en Jefe. Pero su falta fué muy grave. Máximo Gómez no le perdonará. Yo no le perdonaría.

—"Vd. es cruel. Lo he visto hoy en el monte firme. Cuando Vd. me dijo: "no debemos desalentarnos", le tuve miedo. Su mirada no me gustó. Máximo Gómez es un hombre tierno y bueno. Terminaré la guerra con él.

No contesté. Me sentí culpable. Mi compañero había leído la verdad en mis ojos. No quería que me quitara el aliento en aquella hora difícil.

Sonville, dispuesto a satisfacer mis preguntas continuó:

—"Máximo Gómez no nació en Cuba como Vd. sabe, sino en la República Dominicana, en la ciudad de Baní. El General, durante las veladas del Campamento, recuerda su ciudad natal con gran ternura. Educado por el cura párroco de la localidad, estuvo a punto de entrar en la carrera eclesiástica; pero como él nos decía, otra carrera lo atraía, más activa, la de las armas.

"Joven, pasados apenas los quince, se alistó en el Ejército de su País que a la sazón se hallaba en lucha con Haití, desgraciada lucha de razas, de clases, de regímenes. En la victoriosa batalla de Santomé recibió el bautismo de fuego".

—"¡Qué caso curioso!" dije yo interrumpiendo a Sonville, el último indio que luchó por conservar la Independencia de Cuba, fué Hatuey de la Isla cercana de Santo Domingo, y el General en Jefe del Ejército que ganará esta independencia después de cuatro siglos, será un dominicano también. Uno se opuso a que se apoderasen de la Isla los españoles, otro los expulsará. Otra observación se me ocurre, Sonville: muchos hombres de acción han estado a punto de ser curas o frailes. La acción necesita a hombres de tendencias místicas...

—"Más tarde", continuó Sonville, "el joven Gómez retirado por muerte del padre, volvió a las filas, envuelto en una guerra civil de origen racial en el fondo, aunque no en la forma. En aquella época, los hombres no sabían como nosotros lo estamos probando ahora en esta guerra, que las razas no diferencian a los hombres, sino que los completan, pues las cualidades de una suple y fortalece las de la otra".

—"Muy bien, Sonville, muy bien. Sobre todo, cuando dos razas o tres o cuatro, están sobre el mismo suelo, y son miembros de un mismo Estado e hijos de una misma Patria, si no quieren perecer juntos, tienen que vivir unidos. Dante fué un *racista*, como lo prueba en sus versos sobre su antepasado Cacciaguidi, en un Capítulo del Paraíso. Lo han sido muchos hombres célebres; el último, este Gobineau que ha provocado tanto ruido. En los Estados Unidos hay un fuerte, diría feroz espíritu de raza. Pero la civilización cristiana destruirá estas pasiones"...

—"Bueno, yo no sé de esto, amigo Ferrara; lo único que sé es que nadie menos racista que el General Gómez, que se vió mezclado en estas luchas contra su voluntad".

"Como estas diferencias en el pueblo dominicano siguieron, España reconquistó aquel pedazo de tierra, y encontró a Gómez de militar".

"Con la caída de España, pues la conquista fué efímera, una especie de nobleza de las armas que se había formado, abandonó la Patria y vino a Cuba. Gómez llegó a nuestra tierra con los Francisco Heredia, los Marcano, los Díaz, los Mármol. Separado del Ejército español, Gómez y otros dominicanos, entraron en la conspiración cubana que Carlos Manuel de Céspedes, Aguilera, y otros dirigían".

"La Revolución del 68 lo encontró pronto soldado del Ejército Libertador. Sargento en la primera hora, General poco después. Se empezó a distinguir como jefe de la vanguardia de Luis Marcano y de Donato Mármol. Donato Mármol lo nombró su segundo jefe, y muerto Mármol en 1870, Máximo Gómez, ya Mayor General, lo sustituyó en el mando supremo de la más extensa jurisdicción de Cuba Libre. Jefe supremo, invadió los territorios de Guantánamo y Baracoa, y en esa campaña magnífica se unió con afecto fraternal a los Maceo, especialmente a José, que tuvo por él eterna veneración, y con Antonio, su compañero luego en cien combates".

"Después de la muerte de Agramonte, el noble, el grande, el altivo Ignacio Agramonte, el General Gómez, que durante un tiempo había estado operando con una pequeña fuerza, por haber dimitido todo mando, fué llamado a la jefatura del Departamento de Camagüey. Máximo Gómez... Ignacio Agramonte... Oiga, Ferrara ¡qué nombres!, gritó entusiasmado el pequeño Sonville".

"Pues bien, sucedió como en las Monarquías. "Muerto el Rey, Viva el Rey". Gómez empezó a batirse con tal denuedo que los españoles quedaron atontados. Sobre las llanuras de Camagüey desplegó todo su genio. Hábil como nadie, atraía al enemigo, como lo hace ahora también, a donde él quiere y allí en el terreno escogido, lo destroza".

"En Palo Seco aniquila la columna del Coronel Vilches; en el Naranjo y en Mojacasabe, teniendo a su lado a los generales Julio Sanguily y Antonio Maceo, ataca las fuerzas del Coronel Báscones, le hace cuatrocientas bajas y, persiguiéndolas todo el tiempo, las obliga a entrar a repararse en la ciudad; en las Guásimas de Machado con mil hombres carga a los tres mil del Brigadier Armiñán, los tiene clavados por tres días sobre el terreno en que se encontraban sin poder avanzar, y, acosándolos con continuos asaltos no los deja sino cuando ayudados por otra gran columna enviada en su socorro, entran en Puerto Príncipe".

"Estas cuatro son las operaciones cumbres de su campaña de Camagüey en la guerra del 68 al 78; pero hay que añadir muchos asaltos y tomas de poblados y de fuertes, y muchas sorpresas y emboscadas".

—"¡Diez años de lucha, diez años de lucha continua!", murmuraba yo oyendo las últimas palabras de Sonville...

—"Sí, tiene Vd. razón; ¡diez años de lucha! pero sobre diferentes territorios, pues de Camagüey, no contento, pasó a Las Villas. Gómez no es sólo acción, sino es cerebro. No es un jefe cumplidor, de orden. No; es un director de la Revolución y su animador".

"Pasa la Trocha, que entonces también había Trocha, y lleva el terror a las fuerzas españolas de las Villas. Llega con sus tropas hasta los linderos de la provincia de Matanzas. Asalta pueblos como Marroquí, Río Grande, el Jíbaro; quema ingenios y poblados como Ranchuelo, Arimao, Potrerillo; organiza la revolución y el Ejército Libertador en todas partes. Los cubanos le obedecen; los españoles le temen".

"No estaba decidido por el Destino que Cuba fuese libre en aquél entonces. Las luchas internas debilitaron a la Revolución, la más brillante, la más abnegada y valiente de las revoluciones, y cayeron por el suelo diez años de sacrificios y de heroísmos".

—"Sonville, ¿cómo pudo caer", interrumpí; en el momento en que se encontraba en su cumbre?"

—"Sí, Ferrara, cayó por la ambición de los hombres. Movimientos de rebeldía, abajo; incapacidad arriba. Sólo Máximo Gómez queda sin responsabilidades al examinar ese período de demencia. Y es contra él, que se inicia el movimiento de desintegración. Le piden que dimita el mando de las Villas. Luego vienen las rebeldías de Oriente. En fin, es una historia triste que ha obligado a nuestra generación a esta nueva contienda. Hay que oir al General cuando habla de este pasado... Una noche platicando familiarmente con sus ayudantes le oí decir: si queremos vencer necesitamos disciplina férrea, y prudencia en el Gobierno, de otro modo, caeremos como en la guerra pasada; aquí deben pensar unos pocos y actuar todos; si todos en cambio queremos pensar haremos bellos discursos y daremos satisfacción a nuestros espíritus, pero no ganaremos la guerra; la revolución no es la paz. Y luego nos recordó que la Revolución francesa triunfó mientras tuvo un Comité de Salud Pública, único cerebro de la Francia de aquel tiempo, y que cayó al desaparecer éste".

"La caída de la Revolución llevó a Máximo Gómez a peregrinar por tierras extrañas, Jamaica, Honduras, Panamá y otros países, en busca de trabajo y tratando de reanudar con nuevos recursos la epopeya cubana".

Sonville hizo una pausa, creyendo haber satisfecho mi curiosidad. La noche brillaba aún más, y mi interés crecía pensando en los continuos exilios que debió sufrir en este interregno de paz física, pero no moral, el Gigante.

—"No, Sonville, dígame más. Extienda usted a mi espíritu el privilegio que ha tenido usted de conocer estas cosas por labios de él mismo. Dígame como se reanudó el pacto de amor entre Gómez y Cuba".

—"¡Ah! Pues, Martí... Sí, es Martí que entra en escena. Es muy complejo, Ferrara, muy complejo. Tengo sueño... Le diré; Martí tuvo los primeros contactos con Gómez con el objeto de preparar una revolución antes del año noventa. No simpatizaron. El guerrero no comprendió al profeta y viceversa. Pero en el noventa y dos, retirado Gómez a Santo Domingo, labrando la tierra, fué visitado por Martí y se pusieron de acuerdo. Martí continuó los preparativos y en el noventa y cinco vió a Gómez nuevamente. Escribieron el Manifiesto de Montecristo, la más bella página revolucionaria, después de la Declaración de Independencia de los Estados Unidos, y vinieron juntos a Cuba. Martí murió en el combate de Dos Ríos. Gran desgracia, gran desgracia su muerte. Martí completaba a Gómez y Gómez a Martí. Los dos eran las dos cumbres de la Revolución".

"Gómez en seguida de ese combate, siguió la lucha con más ardor. En esta guerra su táctica se ha perfeccionado. Pelea cuando está seguro de vencer o cuando tiene que amedrentar o impresionar al enemigo, y pelea siempre en el terreno que él escoge; conoce como nadie la táctica de sorprender al adversario".

"La idea que le dominó en la guerra pasada: generalizar la Revolución lo persigue en ésta también. Deja al gran Antonio Maceo en Oriente, y pasa a Camagüey. Recorre el territorio distintas veces. Clama por un contingente invasor que Maceo prepara, y que se demora por el espíritu localista o provincial que aún nos domina, y desesperado pasa a las Villas tomando a los pocos días de su llegada, el Fuerte Pelayo. Maceo llegó con sus fuerzas, y acampan, los dos adalides, en el potrero "La Reforma" con cerca de tres mil hombres".

"La Invasión" empieza sus combates en el mes de diciembre del 95 y con ellos su marcha triunfal. Sí, su marcha triunfal, porque ya se pierda o se gane, se avanza siempre".

—"Sonville, digo yo, como Garibaldi en su campaña del Tirolo, o como más tarde en los Vosgos. Estos grandes guerrilleros conocen su oficio. Verdad que también los ayuda el hecho de mandar fuerzas ligeras, sin muchas armas, sin grandes impedimentas; y ser, sus tropas, casi siempre caballería, o infantería rápida".

—"Sí, Ferrara, gritó Sonville, muy animado, yo tomé parte en la Invasión. Tuvimos combates en Iguará, Manicaragua, y más tarde, Mal Tiempo. En éste, Gómez fué el primero *en dar machete* personalmente. Mal Tiempo es una bella página de valor y de éxito. Allí "Cuba Libre" fué "confirmada".

"Ya en Matanzas, Gómez empieza a irradiar sus fuerzas. Ahora, piensa en asegurar la expansión revolucionaria con medios locales. Mientras ha atravesado las Villas, la orden dada a las vanguardias era: "carguen al primer tiro; no importa el número de los enemigos". Después se avanza con más prudencia".

—"En esto se reconoce al General en Jefe de nuestro Ejército. Los generales de profesión tienen normalmente un sólo método", interrumpí.

—"No, no, él tiene todos los métodos. Es el más profundo psicólogo del ataque".

"La Invasión estaba ya hecha cuando pasamos a la provincia de la Habana después del combate de Coliseo, acción intrépida, de hábil táctica, que nos abrió el paso franco. Maceo y Gómez se separan y se unen, destruyen con sus movimientos rápidos los cálculos de los españoles; toman casi todos los pueblos de la Provincia y se baten a diario. En Moralitos a Gómez le matan el caballo. La Invasión le dejó también como recuerdo una herida en una pierna".

"Mientras Martínez Campos reúne sus fuerzas para defender la Capital y su Provincia, Maceo parte hacia Pinar del Río, y Gómez vuelve para Matanzas y las Villas, esta vez por la costa norte. En las Villas va a acampar otra vez en "La Reforma", de donde había salido con Maceo hacia Occidente pocos meses antes".

"Las campañas que dirigió en las Villas y Camagüey son las de una capacidad extraordinaria en el arte de la guerra. Se bate en múltiples ocasiones, principalmente en el potrero Saratoga, en el Desmayo y en Juan Criollo. Sostiene a pie firme la embestida de Weyler, que manda legiones a acorralarlo, sin apartarse de sus campamentos habituales".

—"Sonville, quisiera hacerle muchas preguntas más. Pero... debemos dormir algo. Un hombre que tiene una vida como nuestro General en Jefe, debe ver el mundo de manera distinta a los demás. Sí... los hechos materiales, la batalla, el asalto, la retirada rápida..., todo esto es importante... a veces es obra de arte; pero ¡qué elevación mental, qué fuerte conciencia, qué concepción más amplia de la Humanidad, qué sutiles diferencias sobre el bien y el mal! ¡Qué portento debe ser un hombre con toda esta escuela!...".

Y entre tantos ensueños, el sueño nos venció...

Al amanecer, brumoso aún el horizonte, los jolongos ya estaban arreglados, y la marcha, a pesar de los dos penosos días anteriores, la emprendimos con verdadero entusiasmo.

—"No dejaremos el camino de ningún modo y por razón ninguna", nos dijimos.

Atravesamos un potrero, después una senda, y después otra, entre las dos, tomamos la de la izquierda. Mis adoloridos pies se resentían mucho de la marcha, y cojeaba; pero mi compañero nunca tuvo que parar por causa mía. Comimos por el trayecto unas guayabas, y disparamos dos tiros, para avisar o..., más probablemente, por hacer algo. Seguimos siempre el camino más trillado; pero... nadie, nadie; ni amigos ni enemigos...

En un lugar de mucha sombra, y al lado de un monte, al pie de un camino real determinamos hacer alto. Eran como las diez de la mañana. Abríase frente a nosotros una vereda que pensaba explorar antes de seguir la marcha, y tan pronto como hubiese descansado. Continuamos sentados nuestras conversaciones banales, hablamos de las peripecias pasadas, de la aprobación de los compañeros, de los ayunos y vigilias, de las comidas futuras, y de la paz, que no se haría esperar más de un año. Entonces nos vengaríamos de los malos ratos sufridos... ¡Qué agobio, qué calvario, cuántas penalidades y peligros, habíamos pasado desde Camagüey, viaje entre desesperaciones, deficiente mi pluma para reflejarlas siquiera, que apenas concibo cómo pudimos sobrevivirlas!

Al cabo de una hora sentimos el eco de los pasos de un caballo que se acercaba. ¿Será algún pacífico, ranchero, guerrillero o insurrecto? Nos levantamos y avanzamos al medio del camino.

De todos modos, aquel encuentro debía poner fin a nuestras monótonas marchas sin rumbo fijo.

—"¡Alto, quién vá!" gritó Sonville, apuntando el arma hacia un jinete que marchaba sigilosamente sobre un hermoso caballo blanco.

—"¡Cuba!"—contestó, espoleando al animal y alejándose de nosotros a la carrera.

—"¡Somos cubanos!"—le gritamos los dos.

El jinete, a dos o tres cordeles, paró su caballo y nos reconoció, preguntándonos de dónde llegábamos, y extrañándose de que pudiéramos encontrarnos en aquel lugar. Se acercó luego paso a paso, le estrechamos la mano con efusión. Le dimos cuenta rápidamente de nuestras desgracias y de nuestra hazaña.

—"Yo seré el salvador de Vds.; vengan conmigo; comerán carne, comerán bien".

¡Comer, comer! esa era ahora nuestro afán, salvos al fin.

El *Niño* Caraballoso, este era el apodo del Teniente, que fué en realidad, nuestro salvador, nos acompañó a su rancho, donde comimos muy bien y sobre todo, abundantemente. Caraballoso era el *comunicante* principal de la zona, o más bien el oficial a cuyas órdenes trabajaban los *comunicantes*.

Al día siguiente supimos que el entonces Tte. Coronel Enrique Villuendas, Jefe del Regimiento Castillo, estaba acampado en *La Ceiba*, a media legua de nosotros; decidimos ponernos en seguida bajo su protección para que nos encaminara al Cuartel General del Ejército, que no debía estar muy lejos. Villuendas a su vez, supo en seguida nuestro paradero y nos mandó una pareja armada. Caraballoso no tenía bestias y los soldados no habían traído más que las propias. Tuvimos que montar a las ancas de los caballos que ellos montaban. Yo traía un sombrero grandísimo de los que usan los guajiros del Camagüey, ya viejo y desfondada la copa, una camisa de pelotero, último resto de mis atavíos de la expedición, sacada aquel día de mi jolongo, el pantalón completamente roto por todas partes, y en los pies, cubriendo sólo a medias mis heridas, dos chancletas que me había regalado Caraballoso. Así me presenté en el campamento de Enrique Villuendas. Creo que los Jefes y Oficiales tuvieron que hacer grandes esfuerzos para no soltar la carcajada; en cambio me recibieron con exquisita cordialidad, preguntándome muchas cosas y pidiéndome pormenores de la *Trocha*.

Les dije cosas que ya ellos sabían: que los fuertes grandes estaban de mil en mil metros; que entre cada dos había otro más chico que llamaban *bloc-house*, y otros seis intermedios, menores aún, llamados *escuchas*; que el enemigo tenía centinelas y fuerzas cada cien metros; les hablé de la ancha alambrada, que había sido el obstáculo más peligroso y, en fin, de las dos zanjas.

—"Ahora pasará todo el mundo sin preocupación; pues todo está en empezar"—observó el Teniente Cruz Muñoz, Secretario del Regimiento. La misma frase que me dijo días después el Gral. Máximo Gómez.

Viví dos o tres días felices en aquel campamento, recibido con tanta cordialidad por aquellos jóvenes a quienes veía por primera vez. El recibimiento fraternal, más que el descanso, me hizo olvidar los trabajos anteriores. Disertamos sobre todo lo conocido. La política, sin embargo, daba la base a nuestras conversaciones, pues yo llegaba del Camagüey, de la residencia del Gobierno, y era el primero en traer noticias de la segunda Asamblea Revolucionaria. El Tte. Coronel Villuendas leyó a sus soldados el Manifiesto de *La Yaya*, firmado por todos los miembros de la Constituyente. Este documento revolucionario, redactado por el Dr. Méndez Capote, llenó de regocijo a los soldados; el juramento que en él se hacía, de luchar hasta la muerte u obtener la Independencia absoluta, irradiaba sus rostros de energía y valor.

¡Viva Cuba! ¡Viva Cuba!, se gritaba en el campamento.

Con aquellos soldados se podía predecir la victoria.

Villuendas recibió el pliego con toda la documentación que me había confiado el Ministro de la Guerra. Este pliego, no queriendo que sufriera los riesgos que yo me impuse, lo había entregado al Brigadier José Gómez para que lo enviara por conducto de su *comunicante* de Ciego de Avila, que a su vez lo debía dar al *comunicante* de Villuendas. Así lo hicieron. Estos hombres que vivían alrededor de los poblados y en ellos mismos, servían a la causa más que los propios soldados en armas. Todos los papeles importantes que había dejado cinco días antes a José Gómez, me los entregaba ahora Enrique Villuendas. Al entregármelos, éste, generosamente me dijo:

—"Amigo Ferrera, le doy desde ahora toda mi amistad, porque este pliego dejado en el otro lado, prueba que su aventura ha sido un acto consciente en el cual Vd. creyó perder la vida".

Y luego añadió:

—"Tengo dos *números* prácticos, que lo llevarán al Cuartel General. Verá Vd. a un Hombre. Salmerón nos decía en clase con su voz sonora: *hombres se llaman todos, pero no lo son todos*. Máximo Gómez es todo un Hombre. Le dará mucho gusto conocerlo. Vale tanto o más que cualquier gran hombre que Vd. haya conocido. Parece un chino por sus rasgos fisonómicos, pero es un león por su alma. Los cubanos le estamos muy agradecidos. No crea a unos cuantos intrigantes. Gómez es nuestro Jefe más grande, y es incomparable".

—"Teniente Coronel, tres cuartas partes de esta aventura mía se debe al deseo de conocerlo. No lo digo en alta voz, porque me repugna a mí mismo esta idolatría, que en mí resulta doblemente tonta. Pero es así. No me pondré de rodillas delante de él, ciertamente; sin embargo, deseo vivamente conocerle y hablarle. Y añadí para cambiar de argumento:

—"¿Qué cree Vd. de la guerra, Teniente Coronel?"

—"La guerra ha venido por los errores de España y por el curso natural de las cosas. Cuba debe ser libre. Yo amo a España y si no pudiese vivir en Cuba, viviría en España. No deseo ver a Cuba en los brazos de los *norteamericanos*, pero como Vd. ve, combato a España con todas mis fuerzas, porque España hoy está mal aconsejada. Si los verdaderos españoles pudiesen mandar, ellos nos darían la independencia. He vivido en los cuarteles de España, y he oído decir a muchos españoles, lo que le digo a usted. Mi mismo padre es militar español".

—"Amigo mío, le objeté, si los que Vd. llama verdaderos españoles, mandaran, harían lo mismo que están haciendo estos otros. La justicia no es una función de la colectividad. Ella es como la piedad, un acto individual. Cuando se quiere hacer de ambas cosas una acción gubernamental, la Justicia degenera en preceptos artificiales que se llaman Códigos, y la Piedad en el Socialismo; aquellos y éste, son enemigos del individuo".

—"Vd. me espanta... ¡Qué individualista feroz es Vd.! ¿La ley, entonces, no debe existir? Y ¿los hombres no deben pensar en unirse cada día más?"

"La ley que surge del concurso común, de los hábitos generales, sí debe existir, pero no la ley que quiere regular, hasta en lo insignificante, nuestra vida diaria. Así resulta un mal, aun cuando tenga un fin honorable, porque el mismo mejoramiento de una costumbre, alcanzado por una ley, destruye el equilibrio social. Mejorar unilateralmente un conjunto armónico, lleva a la caricatura, o sea, a la alteración de las líneas".

—"¿Es Vd. un anarquista?"

—"¿Por qué no me llama Vd. un *spenceriano*?"

—"Los extremos se tocan". Y luego añadió: "Créame, con sus ideas va a encontrarse bien con el General en Jefe".

—"La ley debe tener, una fuerza reguladora—seguí yo como pensando en alta voz—no una ferozmente coactiva, que haga sufrir a los hombres en lugar de armonizar sus intereses. En cuanto a la piedad colectiva, al socialismo, al estado paternalista, etc., le diré que son remedios como lo es la morfina para el cuerpo humano, dan magníficos sueños, ilusiones arcanas, pero son destructores de la solidaridad social. Representan el triunfo del menos apto, y la regresión colectiva".

—"Pero, entonces ¿la crueldad y el desamparo son cosas útiles?"

—"No. Vd. no me entiende. Tal vez no me explique bien. Hay que ir a las causas y no a los efectos. Hay que dar al individuo toda su libertad moral y política. Y hay que impedir que surjan restricciones que lo pongan en pugna con sus semejantes o con el Estado. Es preciso sustituir a la piedad colectiva, la solidaridad de intereses; al estatismo, la asociación voluntaria, y al Socialismo, la libre expansión de la personalidad humana".

Ahora, recordando este diálogo de aquella tarde tan lejana, digo: Estas eran mis ideas de los 20 años, sostenidas poco antes en Nápoles, que he mantenido después, confirmadas en todas las experiencias posteriores, y actuales, de éxitos y desastres en los pueblos, para más raíces en mis convicciones.

Y, continué:

—"Teniente Coronel, creo que Martí pensaba de la misma manera. A mí me han dicho unos amigos que residen en Nueva York, que pensaba así, como yo pienso, pues ellos lo habían tratado mucho; comían con él a menudo en Roversi y otros restaurants italianos, de cuya cocina Martí gustaba mucho. Me han dicho también, que a menudo repetía que su vida estaba ligada por imperativo categórico a Cuba, o sea, a un problema circunstancial, pero consideraba que, de no haber sido por ello, su puesto se encontraría al lado de toda acción favorable a la libertad integral de los hombres, de todas las latitudes y en todos los campos".

—"Nuestra Revolución, en efecto, contestó Villuendas, es muy radical, pero la Independencia echará mucha agua en el vino de los entusiasmos que tuvo Martí y tiene Máximo Gómez. Esta es una revolución campesina, y dará resultados conservadores".

—"¿Pero Vd. no es conservador?"

—"No, yo no. Pero la revolución nos tragará a los dos. A Vd. más avanzado; y a mí que también creo en la piedad colectiva y en la justicia social. La revolución de los Diez Años fué hija directa del cuarenta y ocho, ésta en cambio, es hija del principio de Nacionalidad. Por ello, los viejos nuestros quieren la Independencia, por estar ella sobre el camino de la Libertad, mientras la mayoría de los jóvenes aspiran simplemente a la Independencia. Máximo Gómez autoritario personalmente, es un gran liberal de ideas. Y liberal fué nuestro Martí. No me extraña, pues, lo que le han dicho sus amigos de Nueva York. Pero, repito, la República de Cuba será conservadora y capitalista, como lo son todas las repúblicas de América. Esperemos que no tenga ribetes dictatoriales".

—"Quienes cree Vd. que serán los hombres de la paz en el día de mañana?"

—"Montoro, José Miguel Gómez y Méndez Capote".

—"Me explico a los dos últimos; no al primero", le observé.

—"Amigo mío, el talento y el equilibrio mental se impondrán".

Aquel joven de veinte y tres años echaba por el suelo mis convicciones y mis ilusiones..., pero, debo declararlo, me hizo un gran bien, porque me dió una lección sobre la vida. Hay que formar nuestras convicciones sobre la verdad, y no creer que la verdad surge de nuestros deseos.

Al día siguiente me despedí de mis nuevos amigos. Y al otro, me encontré en el Regimiento llamado Expedicionario, mandado por Armando Sánchez Agramonte.

Capítulo II

MI PRIMERA SENTENCIA DE MUERTE

Frente a Máximo Gómez.—Su figura física.—Una columna que no quiere pelear.—Ataques de guerrilla.—Boza me impide hablar con el General en Jefe.—El asesinato de Cánovas estuvo a punto de provocar el mío.—La historia de Angiolillo.—El anarquismo teórico y los atentados.—Betances y Angiolillo.—Opinión de Gómez sobre Angiolillo.—Mi enfermedad.—En un bosque con el asistente.—Muerte de éste.—Triste entierro.—Obligado a incorporarme a la División mandada por José Miguel Gómez.—Jorge Villuendas opina sobre el Jefe de la Revolución.

¡A caballo! ¡Formación! Toda la escolta estaba alineada frente al General en Jefe que se hallaba a pocos pasos con su Estado Mayor. Los soldados tenían la tercerola en mano con la culata apoyada en el muslo derecho; los oficiales y jefes el machete desenvainado.

Yo estaba incorporado a la Escolta. Tenía a Gómez delante. Lo miré con el intenso interés, rayano en devota admiración, con que un joven en sus ensueños de gloria, mira emocionado, al héroe de la leyenda homérica.

Estaba a caballo, erguido sobre sus piernas, con las puntas de los pies en alto, dirigidas a las orejas del bello animal que montaba. Su cuerpo no caía perpendicularmente; abandonado apenas hacia atrás, asumía una postura que realzaba la persona dándole un aire de mayor dignidad. La cabeza arrogante se inclinaba a un lado, y la cara esbozaba movimientos contenidos, rapidísimos, que la pequeña barba puntiaguda acompañaba. Con los ojos vivos y pequeños recorría las filas de los hombres allí agrupados. Todo le daba un aspecto de energía y de superioridad, que no alcanzan los entorchados y el oro resplandeciente, ni las actitudes tragi-cómicas de los generales de las grandes paradas.

Yo había visto al General durante la madrugada del día antes, alrededor de las cuatro, en que estaba con su ayudante, Comandante Lorenzo Despradel. Había tenido con él breve plática en la cual me felicitó por mi paso de la Trocha, arriesgado, pero que era un ejemplo dado por mí, llegado de tan lejos y todos debían pasarla; y yo le dí las gracias, diciéndole que lo había realizado por tener la satisfacción de llegar ante un Libertador de su fama. No me impresionó mucho en aquel primer momento, pues le encontré sentado en el suelo, con un amplio pañuelo de colores vivos atado a la cabeza, leyendo a la luz de una vela algunos papeles que agitaba al hablar conmigo. Lo había visto también la misma mañana anterior, a distancia, cuando en su columna en marcha, pocos momentos antes de ser atacada por una fuerza española emboscada que nos puso en fuga, y despertó a todos, haciéndonos temer por su vida, mientras él como tantas veces, con maravillosa audacia, abriéndose paso entre el enemigo, con la vanguardia iba a acampar al Blanquizal, donde los dispersos lo alcanzamos. Pero ahora, lo veía en realidad por primera vez, con fijeza, dentro de su marco, el que lo revelaba exactamente, y caracterizaba, como yo vislumbré cuando lo concebía y deseaba conocerle de cerca.

Después de pocos momentos, el General dijo: "Marchen" con voz engolada y baja, que, por lo autoritario del tono, fué oída obedientemente en toda la larga columna.

Era una de estas mañanas del Otoño cubano en que la vida o actividad física, no es producto del esfuerzo. La naturaleza y el individuo armonizan de tal manera que parecen formar un organismo solo. Los fisiólogos al afirmar que toda vida es trabajo mecánico, dan prueba de su desconocimiento de las horas inertes y plácidas, en que la abstracción nos sustrae a lo material, y sin embargo, vivimos intensamente.

Yo marchaba con Sonville al lado, y estaba poco comunicativo; no pensaba: en el ambiente exterior era tal el arrobamiento, que me enajenaba; sentía, sentía deliciosamente como los pobres de espíritu deben sentir bajo la droga engañadora. Mi mente se repetía, a ratos, en forma vaga, espontáneamente, ¿será esto el Nirvana que los antiguos crearon con su rica imaginación? Estos campos de esmeralda, de extensiones infinitas y este cielo sin nubes, sin sombras, diáfano, de fuerte azul, deben de haberlo visto también los griegos de la época heroica en las tierras de Arcadia...

La marcha continuaba de dos en dos, lenta y silenciosa.

No sé cuanto tiempo estuvimos andando; tal era mi éxtasis. De súbito desde la vanguardia llegó al galope un *número*, quizás un sargento. Habló con el General, que en aquel momento tenía al Coronel Boza a su izquierda, como compañero de marcha. Dijo algo, y el General le contestó. Luego Boza pasó a escape por nuestras filas dirigiéndose al Comandante Molina. Todos comprendimos que el enemigo estaba a la vista. Molina a su vez, salió rápido seguido de un grupo de la escolta. Al pasar cerca del General, éste le gritó: "Tráigamelos por aquel lado", indicando una pequeña altura en donde empezaba el monte espeso.

Instantes después oímos fuego. Un fuego intenso, como el de los grandes ejércitos en lucha.

Nuestros soldados no podían tener más de veinte o treinta cápsulas cada uno. La infantería española gastaba habitualmente una cantidad de municiones inimaginable. Mientras tanto, nosotros nos habíamos desplegado en el lugar que el General había indicado a Molina, al lado del bosque. Gómez estaba entre el Estado Mayor y el resto de la Escolta, erguido, ahora aún más, sobre el caballo, como si quisiera volar, los ojos fijos hacia donde se oía el fuego. Era esta la actitud que tomaba cuando quería cargar al machete. Todos lo comprendieron, era la hora del deber y del peligro, y los soldados, sin recibir orden, colgaron las tercerolas, y desenvainaron el arma blanca. Pasó un rato, un rato largo en que nadie miraba al vecino; los caballos, por las piernas más apretadas del jinete, presintiendo era la hora del arranque, estaban inquietos. Luego Gómez se sentó sobre la silla, se echó como de costumbre hacia atrás, y esbozando una ligera sonrisa, comentó: "Esta columna no quiere pelear hoy". Su palabra dicha con voz habitual, engolada y baja, pero de fuerte tonalidad, fué oída desde un extremo al otro. Y los caballos volvieron a tranquilizarse y a morder la yerba a su alcance. Los ánimos de los jinetes se sosegaron.

Molina, con sus hombres, volvió. No había habido más bajas que un caballo.

—"¿Qué hubo?" Le gritó el General.

—"Es una columna muy grande. La he atacado por distintos lados; pero ha seguido de largo".

En efecto, el Comandante Molina había fraccionado sus veinte hombres, y aprovechado el terreno, con la habilidad que sólo tienen los que conocen la guerra de guerrilla, había tirado sobre la columna a vanguardia, al centro y a retaguardia, casi a mansalva. Gómez oyó aquella breve explicación y después como pensando en alta voz, exclamó:

—"Si no hubiera oído tanto fuego, hubiese dicho que Molina es un cobarde".

Molina sonrió, y, seguro de sí mismo, replicó marchando otra vez para su puesto en la escolta: "Quien sabe, General". Todos reímos, menos Gómez, que quedó con la cabeza hacia abajo, mirando al suelo. A poco rato llamó a Boza y le dió algunas órdenes; luego en alta voz para que todos lo oyesen, dijo: "Vamos a batir a esta columna".

Conocedor del terreno, envió grupos por un lado y por otro, y, con su Estado Mayor y una parte de la escolta, siguió por veredas difíciles, hasta encontrar al enemigo. Caímos sobre él atacándole, ora por un lado, ora por otro; a vanguardia, de flanco, a retaguardia; pocos minutos cada vez. Lo hostilizamos así casi todo el día.

El propósito del General era que la columna entrase en el pueblo de su destinación, con muertos y heridos. Los españoles cada vez que eran atacados, se ponían en orden de combate, desplegaban sus flancos, hacían avanzar en masa su infantería y preparaban la artillería; pero cuando estaban listos para iniciar el combate en forma, notaban que nosotros habíamos desaparecido. Más tarde otro grupo, a la hora o poco más, estando en marcha otra vez, los atacaba en nuevo lugar propicio, haciéndoles fuego desde un bosque o desde una altura. Para un ejército regular la guerra de guerrilla es desesperante.

Todavía el Sol brillaba en el horizonte cuando empezamos a retirarnos hacia algún campamento, dando por terminada la acción de guerra. Yo no estaba familiarizado con las marchas del General Gómez. En Camagüey y Oriente, donde había pasado algunos meses, después de un combate se sabía más o menos a donde se iba a acampar, y, si esto era cerca de alguna prefectura, había la esperanza de comer a satisfacción. Pero, ahora, en Occidente, nadie sabía a donde se iba, a no ser el Jefe de Estado Mayor, Coronel Bernabé Boza. Las mismas parejas de descubierta con el práctico, no sabían el lugar exacto en que el General ordenaría hacer alto; ellas conocían simplemente el rumbo de la marcha.

Para orientarme seguí el curso del Sol, porque deseaba saber si avanzábamos hacia Occidente. Mi situación era de agregado temporal, sin residencia determinada, y mi habitual inquietud me pedía que la definiera. Mis aspiraciones eran quedarme con el General Máximo Gómez en su Estado Mayor o en el Regimiento Expedicionario del Coronel Armando Sánchez; pero si no había puesto para mí, ni en el uno, ni el otro, era preciso encontrar algo que me agradara. Tener un puesto fijo con un jefe de alta graduación y de prestigio, era cosa muy importante en nuestra guerra. A veces se caía bajo un jefe rudo que despreciaba a los hombres cultos por considerarlos inútiles para aquella lucha; otras veces se encontraba un egoísta, con aquel grado de egoísmo que sólo conocen los que viven entre grandes necesidades. Como no conocía bien el español, ni era un gran jinete, ni práctico del terreno, ni ducho en cortar un *jano* y menos clavarlo; a lo que había que agregar mi indumentaria harapienta y hasta inverecunda, sabía que no alcanzaría consideración de un jefe que, probablemente la víspera de la Revolución, era un simple hombre de campo, ignorante, o uno de estos "semi-cultos" que todo lo ven a través de las formas exteriores. ¿Cuántas personas de valer había encontrado y encontré luego, embrutecidas, cargando agua en un rancho o relegadas a la impedimenta, sobre una acémila, rodeadas de unos cuantos cacharros de cocina? Había estado ya en la guerra bastante tiempo y comprendía las dificultades con que me podría enfrentar, y, sobre todo, tenía la triste experiencia de los primeros meses, después de mi desembarco, durante los cuales, soldado de infantería, me ví obligado a buscar leña, a cargar la carne, a cortarla y distribuirla en la tropa. Es verdad que ahora tenía una alta graduación, y una cierta admiración general por haber sido el primero en pasar la Trocha, y que además se me consideraba como un intelectual. Pero tal cosa valía poco en la opinión del soldado, para el cual había sólo dos cualidades importantes: montar un buen caballo y empuñar un buen rifle. Este día, tan agitado, había empezado con las más risueñas visiones, pero se iba oscureciendo con dudas inquietantes. ¿Qué haré ahora? ¿Qué va a ser de mí? ¿Quedaré al lado de este hombre extraordinario, iré a Occidente a ver a los compañeros de la expedición que desembarcaron entre la Habana y Matanzas; o teniéndome por inútil querrán enviarme a vegetar en algún rincón en donde el hambre y las fiebres me destruirán física y moralmente? Esta incertidumbre e interrogaciones me atormentaban.

En los días posteriores mis preocupaciones se agravaron.

Me convencí pronto, que en el Cuartel General no se quería saber de mí. El Coronel Boza no podía ocultar sus pensamientos, y por su actitud comprendí que, desde mi llegada, su único interés era alejarme. ¿Por qué? Creí entonces que se me consideraba muy poca cosa para incorporarme a tan alta unidad. ¿Habría también clases o castas cuando uno va a inmolar su vida por un ideal? Las había, indiscutiblemente. La experiencia de los meses posteriores me convenció, que las prerrogativas existen aún ante el sacrificio.

Pero mi alejamiento rápido de aquel ambiente fué debido a circunstancia muy distinta y más importante. Para el Coronel Boza, Máximo Gómez era algo sagrado que, hallándose en sus manos, debía ser defendido a cada instante. ¿Defendido? No; más aún: debía ser salvado. A lo largo de la existencia he encontrado muchas veces a esos nobles fanáticos que quieren salvar la vida de su ídolo, aun cuando no esté amenazada. Personalmente, también los he sufrido. Boza creía que yo era un anarquista italiano que venía a matar al General Máximo Gómez. *Sic et simpliciter*.

La hipótesis, excesivamente extraña, sin embargo, se basaba en el hecho de que Miguel Angiolillo, un italiano, anarquista militante, había matado a Cánovas en los Baños de Santa Agueda en agosto de 1897, o sea muy poco antes de mi llegada al Cuartel General. En la mente de Boza, y de algún otro del Estado Mayor, surgió la duda de que grupos anárquicos tuviesen el propósito de destruir a los dos jefes principales de la última contienda colonial. Una idea de este género demostraba el poco conocimiento de la actitud de los anarquistas del mundo, muy favorable, a la sazón, a los revolucionarios cubanos. Era público el hecho que Charles Malato, anarquista francés, actuaba vigorosamente en Francia a favor de Cuba y por ello formaba parte del Comité "Pro Cuba", compuesto de Paul Adam, Octave Mirbeau, Jean Ajalbert, Javaés, y otros literatos anarquizantes, presidido por Henry de Rochefort, el famoso panfletista, que había sido fuerte enemigo de Napoleón III. Era igualmente público, que un gran orador, fácil y elegante, Sebastián Faure, anarquista también, trataba de la Revolución Cubana en sus discursos de la Sala Wagram en París, poniéndola como ejemplo vivo de reivindicaciones populares. Anarquistas en gran parte fueron los protestantes de Génova, al tiempo de la entrega del crucero "Garibaldi", luego "Cristóbal Colón", vendido por Italia a España. Para el caso de que trato era todo esto muy elocuente.

El período que corre desde 1891 hasta 1898 es el período romántico del anarquismo teórico europeo. Un movimiento de extrema violencia, pero de supremo desinterés. Por ello se explica su adhesión a la Revolución cubana.

No debemos confundir a los delincuentes autores de los atentados de aquella época, con los teorizantes que en las letras o en las ciencias sirvieron a la Humanidad. No se debe confundir la rebeldía ciega, que es mezcla de dolores sufridos y de perversión innata, con la rebeldía consciente de quien, en su gabinete, notando el crecimiento de una sociedad volcada en un Estado mastodóntico en que cada uno es esclavo, y esclavo hasta de los que le tienen benevolencia, lanza una fuerte voz de alarma o de protesta en nombre de la libertad humana. La elevada mentalidad europea, ya desde entonces contaba con espíritus libres, aunque equivocados en sus exageraciones, para oponerse a la hipertrofia estatal, que es causa de nuestros males presentes, y será fuente de mayores desgracias futuras. El anarquismo de las clases intelectuales, muy distinto y opuesto al de los atentados, repito, era un canto de libertad y un himno a la personalidad humana, un himno con notas agudas, excesivamente agudas y disonantes, pero sin formas repulsivas, sin sentimientos de odios, sin el concepto de la lucha de clases y, menos, del odio entre las clases. Por esto se llamaron anarquistas un Eliseo Reclus, un Pedro Krapotkine, un Max Stirner, un Nettlau, los Mackay y Tucker de la llamada escuela de Boston y tantos otros, personas que no estaban inspiradas por ideas de redención clasista hecha en daño de otras clases, o sea poniendo al hombre en contra del hombre, sino por una finalidad solidaria y humana.

El lazo de unión entre el terrorista y el ideólogo—literato o estudioso de ciencias—existía solamente por la subordinación interesada y simplemente formal, del primero a los principios propagados por el segundo. Esta subordinación llevaba al delincuente común a tomar actitudes políticas para satisfacer su sed de sangre, pero dentro de la esfera de las predicaciones de los hombres consagrados del Partido, cuyo nombre asumía, sin atreverse a atacar más que a quienes eran objeto de los anatemas teóricos de estos últimos. Los consagrados, en este caso, presentaban a Cánovas bajo un tenebroso aspecto, mientras calificaban a Máximo Gómez de héroe. El gregario, fanático o perverso, no hubiera unido a los dos en un mismo holocausto. Ningún anarquista hubiera matado entonces al General Máximo Gómez.

Pero el disparate ideológico no tiene importancia alguna, frente a la convicción de un hombre armado hasta los dientes, que tiene además a su disposición muchos otros hombres igualmente armados. Alejarme simplemente del Cuartel General fué un acto de benevolencia, "un premio al paso de la Trocha". Sin este hecho se hubiera dictado mi primera sentencia de muerte—sin necesidad de juicio previo—en los campos de la Revolución, y se habría ejecutado su fallo injusto.

Mi suerte fué aún mayor, pues los hados protegen la inocencia cuando se dignan ocuparse de los asuntos terrenales. Sí, mi suerte fue grande, por no habérseme hablado en aquel Estado Mayor del caso de Cánovas y de Angiolillo, porque inmediatamente habría dicho con pleno candor, que había conocido a este sujeto. ¿Quién hubiera quitado de la mente del fogoso e imaginativo Boza, la convicción de un acuerdo entre los dos italianos, que se conocían y que habían marchado casi simultáneamente hacia las dos figuras principales de aquella célebre contienda? ¿Cómo era posible que entre los treinta y ocho millones de italianos, se iban a conocer, así espontáneamente, dos que, casi al mismo tiempo, uno estaba siniestramente al lado de Cánovas, y otro al lado de Gómez?

La breve historia de este conocimiento que por favor de la Providencia no referí en aquella ocasión, no creo que se halla fuera de línea en estas páginas, y paso a exponerlo.

Un día de los últimos meses del año 1895, estando yo por la tarde, en la Biblioteca de la Universidad de Nápoles, un compañero de estudios llamado Roberto D'Angió, que era corresponsal de la *Revolte* de París, nombre que cambió después por el de "Temps Nouveaux", dirigidos ambos periódicos por Jean Grave, me pidió que fuese a ver a un amigo suyo que esperaba en el piso bajo, en el aula, para una consulta legal. Bajé y encontré a un joven de más edad que yo, muy ceremonioso y dicreto. Roberto D'Angió hizo las presentaciones y añadió: "Mi amigo Miguel Angiolillo es también de Foggia (ciudad no lejos de Nápoles) como yo; nos conocemos desde la infancia; es empleado ferroviario y necesita una opinión legal". Naturalmente, Miguel Angiolillo no se presentaba a mi vista con los perfiles trágicos con que lo recuerdo ahora; era un hombre igual a los tantos que uno encuentra en la vida. Y, debo declararlo, a mí no me hizo ninguna impresión, ni buena, ni mala. El objeto de la consulta era saber qué dificultades judiciales podía acarrearle una hoja impresa que había lanzado a la publicidad, en la cual acusaba al Fiscal de Foggia de haber cometido no recuerdo que violaciones de ley para dañar a los ferroviarios. Leí la hoja, era de tonos fuertes; fuí a buscar un Código Penal y le dicté la Sentencia: un año o más de prisión. Le añadí que podía negar el hecho, toda vez que el escrito no llevaba pie de imprenta. Me contestó que no podía negar, pues ya había confesado el nombre del impresor y que le repugnaba defenderse. Se animó poco a poco, al tratar el caso, y concluyó diciendo que él era un acusador, no un calumniador.

—"Estos nobles acusadores van a la cárcel", le repliqué en su mismo tono declamatorio.

Angiolillo se despidió. Pregunté a Roberto D'Angió si Angiolillo era anarquista; me contestó que tenía tendencias anárquicas, pero que en realidad era un revolucionario sin principios definidos, como tantos en aquella época; que había repudiado el socialismo oficial, y creía innecesario fijar de antemano la forma de la Sociedad futura.

Pocos días después Angiolillo volvió a la Universidad, en la cual me pasaba el día, y en donde pontificaba continuamente, por ser yo el líder radical de aquellos años. Habiéndome visto, se acercó y me dijo que, dada mi opinión legal, compartida por otros, pensaba salir de Italia, prefiriendo el exilio a la cárcel. En efecto, Roberto D'Angió me refirió más tarde que su amigo había tomado un vapor y que pasando por Génova había ido a Marsella. Recuerdo estos pormenores, porque cuando en los campos de Cuba leí la dolorosa tragedia, que hizo desaparecer del mundo a un hombre de la envergadura intelectual de Cánovas, me los repetí en la mente, y luego los fijé aún más por el empeño que tuve, después de la guerra de Independencia, en conocer cómo y porqué Angiolillo dirigió su furia homicida contra Cánovas. La figura de aquel que había visto en dos breves momentos en la Universidad, me interesó solamente por ser la de un hombre que había asesinado al gran Estadista de España y poderoso enemigo de Cuba, y, a mayor abundamiento, porque estuvo a punto de provocar, aunque involuntariamente, otra trágica muerte, la mía, que a pesar de tenerla, a título de hombre de guerra diariamente encima, me era aún menos indiferente que la de los demás.

Cuando tuve la confesión por el mismo Boza, que en el Cuartel General de Máximo Gómez mi vida corrió peligro, Angiolillo fué objeto de mis investigaciones históricas, con completo éxito. En Cuba y en España no se ha hablado mucho de las relaciones que la Revolución Cubana (o algunos de sus miembros) tuvo con Angiolillo. Hoy, a tantos años de distancia, las revelaciones no pueden tener un efecto penoso, y, en cambio, sirven para la historia de las pasiones humanas, e invitan a la prevención de casos futuros. Revelar un mal acontecido, es prevenir males futuros.

En París, en Italia y en Cuba fuí poco a poco, indagando si Angiolillo había tenido relaciones con la Revolución nuestra. Cánovas era odiado a la sazón por los cubanos. Ningún otro español, ni siquiera Romero Robledo, había alcanzado entre nosotros tanta impopularidad. Cánovas era el gran hombre que representaba toda la violencia colonial, todos los sufrimientos de una época execrada: a los pueblos les gusta personificar. Esto me llevó a la convicción que algún lazo había entre el acto de Angiolillo y la guerra de Cuba.

Y así fué, en efecto.

Mis primeros informantes me hablaron en voz baja, como escondiendo un acto vergonzoso, y trataron de atenuar la participación del Dr. Betances, Delegado de la Revolución Cubana en París, en la tragedia. Pero el interesado, o sea, Betances, no tenía las mismas reservas.

Betances era un médico de distinción, nacido en Puerto Rico y que ejercía su profesión en París. Patriota antillano, estuvo en relaciones con los revolucionarios cubanos en todas las épocas. Hombre embebido de las ideas del cuarenta y ocho, ostentaba su liberalismo radical en su conversación sonora y sus trajes, en su cabello abundante y su larga barba. Los cubanos en armas lo hicieron su representante en París. Era el Delegado de la Revolución. Betances sobrevivió poco tiempo a la victoria de Cuba; y durante este período no negó, la parte que desempeñó en la dolorosa escena de Santa Agueda. Decía toda la verdad. No se ufanaba del hecho que no había ideado, ni promovido, pero no negaba los contactos tenidos, y las facilidades que había dado para la realización del triste suceso.

El solía decir a sus visitantes: "En esta silla en donde estás, estuvo sentado Angiolillo". En efecto, Angiolillo, salido de Italia, entró de lleno en el movimiento anárquico. Naturaleza ardiente, sintió repercutir con exaltación morbosa en su alma, las propagandas de vivos colores sobre las torturas de los presos de Montjuich, sobre los actos de Weyler en Cuba, y sobre la influencia teocrática que sufrían los filipinos, presentada como una renovación de la ferocidad sacerdotal egipcia. Creyó poder suprimir estos males agigantados en su imaginación, matando a la Reina de España, y posiblemente, de un solo golpe también a su heredero, todavía niño. Como todos los fanáticos atormentados, personificó una era en una persona o en una familia. Sin dinero, sin conocimientos y sin ideas determinadas de como podía realizar su hazaña, se dirigió a compañeros de fe y de mayor importancia y relaciones, los cuales le indicaron que viera al Dr. Betances, que ellos conocían a causa del Comité "Pro Cuba", muy activo en Francia.

Así, un día, "modesto y sencillo, cortés y hasta tímido", como decía Betances, el joven ferroviario de Foggia estaba sentado sobre la consabida silla frente al doctor de larga barba. Éste, seguro de sí mismo, lo escudriñaba con sus ojos penetrantes, temiendo que se tratara de un agente provocador, llegado para obtener una prueba que permitiera a las autoridades decretar su expulsión de Francia. Angiolillo, después de pocas palabras, convenció al Delegado cubano, de su sinceridad. No pedía más que los gastos del viaje para trasladarse a España; no pedía nada que pudiera dejar huella de la participación de su favorecedor en el delito que iba a cometer; no deseaba que le indicara ningún nombre de personas que en España le pudiesen ayudar. Él iría, solo, corriendo todos los peligros. Con un poco de dinero vigilaría los pasos de la Reina, trataría de encontrarla en algún lado con su hijo, y como no deseaba salvarse después, realizaría con seguridad su intento.

Betances entró en materia, y explicó al joven que la muerte de una mujer y de un niño, no haría prosélitos para su causa en el mundo hispano especialmente; además añadió, que la reina y el pequeño rey, no tenían verdadera influencia en la gobernación de España. El nombre de Cánovas, que a la sazón era presentado en los periódicos radicales como el del causante máximo o único de todos los males, saltó espontáneo en la conversación, y Angiolillo lo escogió de víctima propiciatoria.

A pesar de tener la seguridad de no estar frente a un agente provocador, Betances, viejo conspirador, no aceptó el proyecto. Declaró que su situación era difícil por ser huésped de la República Francesa, y no creía que tenía derecho sobre el suelo de Francia a mezclarse en un asunto de aquel género. Además, deseaba que Angiolillo reflexionara, pues el paso que daba era decisivo para su existencia, mientras no lo era a favor de Cuba, de los presos de Montjuich, ni de los filipinos. Angiolillo se despidió diciéndole que él, de todos modos, llevaría a cabo el asesinato de Cánovas.

Betances probablemente tuvo alguna otra conversación con el anarquista. Al día siguiente de la última, que puede haber sido la primera, envió *anónimamente* a donde vivía Angiolillo, quinientos francos, o sea la suma pedida en la entrevista. Esto es todo lo que pasó, y es mucho. Betances erró con exceso.

Años después le oí tratar este asunto al General Máximo Gómez con su habitual genialidad. Era en el 1903, en plena paz; hablaba con un grupo de amigos, entre otros, Mario García Kohly, el Dr. González Lanuza, Matías Duque y yo. Mesuradamente, levantando y bajando la cabeza, como si estuviera tirando las ideas del fondo del alma, decía con una lentitud poco habitual en él:

—"Cánovas era nuestro enemigo... gran enemigo nuestro; pero si hubiese caído entre mis manos, no lo hubiera matado. El, u otro en el Gobierno de España, ¿qué le importaba al *mambí*?"

"El era muy español; pero por esto el cubano se hizo más cubano. Dicen que valía mucho. Y yo tengo visto que los que valen mucho se equivocan más que otros en los grandes conflictos. Porque el que vale mucho tiene confianza en sí mismo, y acepta o provoca luchas definitivas. Mientras el mediocre tiene la prudencia que da la incertidumbre. Un buen mediocre nunca gana, pero nunca pierde. Si Cánovas hubiera vivido, España hubiera perdido la guerra más pronto, porque hubiera hecho mayores sacrificios, y España no podía desangrarse más. "El último hombre y la última peseta", fué una frase. No hay que fijarse en el último hombre y la última peseta, sino en el antepenúltimo hombre, y el que precede al antepenúltimo. ¿Qué hubieran dichos éstos? Estos se hubieran decidido por la paz. La paz la dictó Weyler con su fracaso. España puso a su disposición más soldados de los que podían pelear en nuestros campos; más dinero de lo necesario; y el dinero se gastó y los hombres murieron sin adelantar un paso. Por muy anodino que sea un pueblo, llega un momento en que pasa balance a sus esfuerzos y a los resultados alcanzados".

Reflexionó aún más. Nosotros le oíamos con mucho respeto, y añadió:

—"El otro"—el otro era Angiolillo: el General Gómez como la mayor parte de los hombres que proceden del campesinaje, no se esforzaba en pronunciar los nombres que no son de uso habitual, y menos los extranjeros—"el otro era un fanático, más que fanático, un alucinado. Nosotros también estábamos fanatizados, pero de diferente manera. Muy diferente. Sí, muy diferente. Nosotros queríamos la Independencia. Decíamos Independencia o Muerte, y queríamos ir a la muerte para conseguir la independencia. Esta era nuestra idea dominante, teniendo sin embargo, otras ideas, la del honor, de la familia, del deber, de la amistad. Nosotros teníamos el concepto del límite moral. Ese joven tenía una idea, una idea fija: matar a Cánovas que él creía responsable de todos los males. Estaba obseso; era un enfermo. Daba su vida por la vida de Cánovas. No tenía otra visión, más que ésta".

"La Humanidad y Cuba no le deben nada a ese hombre". Y levantando la voz, añadió, como inspirado:

"El valor, sí, lo tuvo, y esto lo redime en parte. Estos actos de terrorismo no los atenúa a veces más que el valor. El desinterés sobre la propia vida, hace menos repulsivo el delito".

Y luego, después de una pausa, con mayor energía dijo:

"Si el matador de Cánovas se presenta a la Revolución, lo entrego a los españoles. La Revolución tenía una teoría de la vida y de la muerte, que no era la de ese anarquista".

En la hora en que vagaba, siempre vigilado, por el campamento, no me venía a la mente, naturalmente, nada de aquella historia que conocí después, y no suponía siquiera que una sospecha pesaba sobre mí. Vine en conocimiento de ello sólo años más tarde, en plena paz. El propio Boza, repito, me habló un día de Angiolillo condoliéndose de su error, al equipararme con él. Mirando hacia atrás en esta hora que escribo, me veo obligado a presentar este caso como la primera amenaza de muerte que he recibido en Cuba de parte de mis nuevos compatriotas. Luego han venido tantas que puedo afirmar, que no han sido largos los períodos, estando en la bella Isla que elegí de Patria, para servirla y amarla, sin que haya dejado de recibirlas. El hecho se explica al pensar que una agitación popular de las proporciones que tuvo la Revolución Libertadora, predispone a los actos de sangre. Y, luego, mi carácter combativo, mi lenguaje agresivo puramente revolucionario, que nunca he podido abandonar, mi actuación que se ha complacido en ir contra vientos y marea, así como mi temperamento que no quiere aceptar derrotas, han añadido siempre nuevo fuego al ambiente caldeado. Pero en este primer caso, no hay más explicación que la ardiente y solícita admiración de Boza y otros por el General en Jefe.

Boza fue general del Ejército Libertador, representante en la Cámara y mi pariente por afinidad. Para su memoria no tengo en mi alma más sentimientos que los del afecto y del respeto.

¡Benditos sean aquellos días en que la Lealtad llegaba a las exageraciones de un vicio! Hoy no es practicada ya como una Virtud, sino que se la considera una debilidad mental y moral. *¡O tempora, o mores!*

Una fiebre terrible que se apoderó de mi, vino a resolver la situación. No recuerdo bien lo que pasó, pues perdí el conocimiento. Pero sé, que acompañado por un asistente, un pobre soldado español venido a nuestras filas no por ideales sino por hambre, y dirigido por el entonces teniente coronel Paulino Gueren fuí llevado a un bosque no lejos de un camino real. Quedé allí más de un mes. Gueren nos traía, o nos enviaba, al soldadito y a mí, alguna comida ya cocinada, porque no podíamos hacer *candela*. Yo estaba acostado sobre un montón de yerba. El pobre asistente me cuidaba con afecto de hermano, y con devoción de subordinado que conoce la disciplina por haber sido en su terruño, siervo de la gleba primero, y después incorporado al Ejército de su País, de severidad excesiva. Era una época en que los ejércitos regulares creían que de la madera del esclavo se hacía un buen soldado.

En aquella tumba verde pasábamos los días, uno frente a otro, unidos por un acaso que no puede considerarse destino, tan distintos los dos, hermanados sólo por ser ambos seres humanos.

Yo pensaba que el enemigo podía hacerme prisionero en un momento de delirio en que amenudo me ponía la fuerte fiebre, y me haría pasar como presentado. Era una pesadilla que me atormentaba más que la fiebre. ¿Qué dirían mis compañeros de Italia si esto aconteciera? ¿Cómo vituperarían entonces al joven *goliardo* de otros tiempos? Toda la leyenda, que mi alteración mental me hacía aparecer como ya formada y grande a mi favor, caería, y caería en el fango de la traición. En el delirio gritaba: "Alto quién va", y disparaba mi revólver. El pobre compañero me quitaba de la mano el arma, y decía algunas palabras de afecto que eran el bálsamo que me devolvía el conocimiento. Dueño de mí luego, quedaba muy deprimido al pensar que en plena guerra, tan cerca de las columnas enemigas que pasaban a menudo por el camino que bordeaba el monte, estuviera horas y horas sin vigor, sin fuerzas, sin conocimiento. En mi desesperación, los veinte años llevaban las lágrimas a los ojos, pero mi conciencia de rebelde las transformaba en invectivas desesperadas.

Un día, enviado por Gueren, se apareció un curandero que recorría aquellos campos y vivía a costa de las familias escondidas en ellos. Me dijo con mucho énfasis que lo enviaba el General Máximo Gómez. Me entretuvo una buena hora, y en realidad me hizo un gran bien. Era un tipo alegre, charlatán nato, gesticulador, desgranador de anécdotas. Me examinó. Sentenció que estaba grave, muy grave, pero, probablemente la gravedad era mayor, porque yo... cantaba. Según le indicaban sus conocimientos, el canto era un gran mal, porque desgarrando las cuerdas vocales preparaba la garganta para absorber la humedad del ambiente y sobre todo las miasmas. Los italianos tenían este maldito defecto de cantar. Al oirle, me parecía estar leyendo una de estas comedias del siglo diez y ocho que hacen reír por el exceso de estupideces que contienen. Y me sentí mejor. Aquel curandero fue, él solo, una farmacopea.

Este período no terminó sin una grave tragedia para mi espíritu. El pobre soldadito se enfermó gravemente y a los pocos días murió. Gueren, que al saber su gravedad, venía más a menudo, al encontrarlo muerto, llamó a dos parejas que lo acompañaban y lo enterró, advirtiéndose en el semblante de Gueren intensa pena. En el claro de monte en donde habíamos pasado aquel mes, o más tiempo, se le abrió la fosa. Nos arrodillamos todos ante ella en la penumbra de una tarde. Gueren y los demás rezaron. Yo recordé a la madre lejana que ignoraría siempre aquella trágica escena y la tumba del hijo robado a sus caricias. Nunca supe su nombre, ni nadie lo sabía, ni de donde era. Lo llamaban "el soldado", y en los pocos días que estuvo conmigo seguí llamándolo así. Hay vidas que como sombras ligeras se desvanecen en el espacio; ésta fue una de ellas. El soldadito representa en mi mente, la primera tragedia sin colores, sin vida, sin excitación o enseñanza. Y la primera vez que pensé en la infinita vanidad de todo.

Dos o tres días más quedé en aquel triste lugar, y también Gueren con sus "números". Luego éste me hizo montar a caballo, sosteniéndome en sus brazos robustos, y me llevó al Cuartel General de Máximo Gómez.

El Teniente Coronel Paulino Gueren fué un hombre de facultades peculiares. Su físico era fuerte con tendencia a la gordura que no le abandonó ni en la guerra, cuando todos estábamos extremadamente flacos por la deficiente alimentación. Le faltaba un ojo, perdido no sé en qué ocasión, dando esto a la cara una expresión siniestra, no obstante sus finas facciones y la redondez de sus líneas. Por este accidente se le llamaba el "tuerto Gueren". El General Gómez lo tenía como hombre de su confianza. No le daba mando de fuerzas, pero le encargaba de las comisiones más difíciles. Gueren era astuto, sabía a distancia por donde andaba el enemigo. Conocía todas las veredas y todos los montes. Era amigo de todos los pacíficos, a quienes no atropellaba nunca, pero de los cuales obtenía todo... siempre invocando el nombre de Máximo Gómez. Terror de los majases, los recogía e incorporaba en la primera fuerza organizada que encontraba. Este derecho de *majasear* se lo reservaba para él solo, pues a veces, no teniendo que desempeñar comisiones, se quedaba por algunos días tranquilamente en los ranchos menos pobres. Se acercaba a los pueblos, sin miedo; pasaba fácilmente por un campamento español; caminaba a campo traviesa como por un sendero bien trillado. No perdía nunca su rumbo. Era el *mambí* ideal.

Muchos creían que el General estimaba a Gueren de manera excepcional. Mi impresión fué entonces y después, que Gómez consideraba a Gueren como un hombre útil para determinados servicios, pero sabía exactamente que no era el soldado del campamento, ni el jefe de capacidad para mandar. En distintas ocasiones le oí decir, añadiendo sus frases cortantes que no respetaban a nada humano: "¡Qué hará ahora Gueren!"

Pero Gueren lo servía a las mil maravillas. Y él sabía que podía confiar ilimitadamente en la devoción de aquel hombre rudo y decidido.

El conocimiento que Máximo Gómez tenía de los hombres era extraordinario. Impulsivo en grado máximo, era capaz de ofender en un momento a la persona que más estimaba; pero fuera del acto momentáneo, tenía a aquel mundo que le rodeaba muy bien catalogado. Sus palabras injustas eran debidas, a su severidad excesiva o a su extrema violencia. En sus adentros, la justicia distributiva, dando a cada uno lo suyo, tenía su asiento más seguro.

Gueren durante el trayecto me fué hablando de la grandeza del *Viejo*. El *Viejo* era naturalmente, el General Gómez. Me relató algunos hechos de armas en que había peleado a sus órdenes. Yo seguía las palabras con la natural admiración a las referencias. Al final de nuestro lento recorrido, me dijo estas palabras, sibilinas para mí:

—"No se ocupe, Vd. es un buen muchacho. Pero váyase con el Brigadier José Miguel. Allí, además, puede hablar de todas esas cosas". Se refería a los relatos de viajes que le había hecho durante aquellos pocos días que habíamos estado juntos.

Al bajarme del caballo frente a la tienda del General, caí de rodillas, tanta era mi debilidad. Me levanté como pude, marché hacia la tienda, me cuadré. El General Gómez estaba escribiendo sentado en la hamaca con el asiento casi tocando al suelo. Levantó los ojos y mirándome con una expresión de piedad, dijo:

—"Acámpese con la Escolta hasta mañana".

El campamento me reanimó. Me sentí nuevamente revolucionario. Comí mejor por la bondad del Dr. Gustavo Pérez Abreu, que me dió un caldo con pequeños trozos de carne. Comió con nosotros un amable jefe, tipo de andaluz simpático, Saturnino Lastra. Alrededor de la hamaca del Doctor estuvieron otros compañeros charlando todos de cosas agradables, con un buen humor que prueba a todas luces que la felicidad está en nosotros mismos, y no en el bienestar de que gozamos.

El toque de silencio me obligó a volver a donde tenía mi silla y mi poca ropa, muy poca. Me acosté en el suelo, amasando un poco de yerba. El pequeño maletín que llevaba amarrado a la montura me sirvió de almohada. La hamaca, que había pasado la Trocha sobre mis espaldas, se había perdido durante mi enfermedad. Alguien, creyéndose más necesitado que yo, había hecho uso del derecho de expropiación, cuyos límites eran extensísimos en nuestra guerra de Independencia.

No recuerdo cuantos días quedé en el Cuartel General. Seguramente muy pocos. En ninguno de ellos pude ver al General en Jefe, a pesar de mi insistencia de comunicarle un recado verbal del General José B. Alemán, a la sazón Secretario de la Guerra, sobre el nuevo Reglamento Militar que quería dictar, y sobre la campaña que con mayor actividad iba a emprender en Oriente el General Calixto García. Convencido al fin, que el General Gómez estaba en un sagrario, al cual un común mortal como yo, no podía llegar, transmití a Boza cuanto Alemán me había dicho. Meses después tuve oportunidad de cambiar de opinión, y hasta criticar el hecho de dejar al General solo por el campamento, sin que, muy a menudo, ni el ayudante de guardia lo acompañara. El sagrario que notara en la primera visita, existía solo por mí y para mí.

Ignorante de estos vientos contrarios que soplaban sobre mi cabeza, juzgaba por lo que veía. ¡Qué magnífica cosa es a veces ignorar! Proudhon escribió "Las Contradicciones Económicas", probando que una institución social puede ser buena y mala al mismo tiempo. Un autor que escribiera siguiendo el mismo método, "Las Contradicciones Morales", podría hacer una obra inmortal. Ignorar, es un sufrimiento del espíritu, y al mismo tiempo, es la paz.

Una orden me vino a raja tabla: "Ensille, que debe marchar en seguida para el Cuartel del Brigadier José Miguel Gómez, donde ha sido Vd. destinado". Repliqué que quería un pase para el Quinto Cuerpo, el de la Habana y Matanzas. Expliqué que mi deseo era reunirme con los compañeros de la expedición en que vine a Cuba, que habían sido desembarcados en Occidente, mientras otros habíamos seguido para Oriente. En efecto, de no quedarme en el Cuartel General del Ejército, mi decisión era unirme a tres oficiales chilenos, Kleber, Marcoleta y otro cuyo nombre no recuerdo, y a Eusebio Campos, joven cubano que vino a la guerra desde París, en donde estaba estudiando medicina, a los cuales, durante los días que precedieron a la salida de la expedición, me había ligado una buena y leal amistad. Debo añadir, haciendo una digresión que, terminada la guerra, supe que dos de los chilenos, murieron en combate; uno volvió a su País. Campos sobrevivió a las penalidades de la provincia de la Habana, y pude abrazarlo en la paz. Los dos muertos quedan olvidados, como tantos, cubanos y extranjeros, que no tuvieron la dicha de asistir al triunfo.

"El General en Jefe lo destina a Vd. a la División que manda el Brigadier José Miguel Gómez. Incorpórese en seguida al grupo del Comandante que está formado ya frente al

Cuartel General". El Ayudante Tavel me habló así con voz de tenor dramático. Toda réplica hubiera sido una insubordinación.

No tuve que ensillar el caballo, pues lo estaba ya. Un minuto después me hallaba alineado frente a la tienda del General Máximo Gómez, que, de pie, alto y enjuto, mirando a lo largo por encima de las cabezas de todos, hablaba con frases cortadas, como era su costumbre, con el Comandante. Éste al fin, lo saludó militarmente, y todos juntos nos alejamos del campamento dirigiéndonos hacia el Sur.

Apenas fuera de las guardias, el jefe de la pequeña columna me llamó a su lado. Sus palabras me provocaron una gran emoción, pues en ellas el tono de camaradería era tan amable y suave, que contrastaba con la atmósfera hostil o fría del Cuartel General. Yo había estado en la guerra bastante tiempo. Me había batido en algunos combates cerca de Santa Cruz del Sur; había tomado parte en la toma de Victoria de las Tunas, uno de los hechos de armas más importantes de la guerra del 95-98. A las órdenes del General Vega, había participado de un descalabro nuestro que costó la vida a muchos familiares del propio Vega, y que me hizo ver, a poca distancia de mi cuerpo, el machete reluciente del guerrillero. Había tenido encuentros en la zona de la ciudad de Puerto Príncipe. Y me había encontrado con muchos cubanos de cultura que habían sido conmigo cortesísimos. En el Cuartel General de Calixto García, aparte de éste que con finura me había recordado a un ayudante suyo italiano, hecho prisionero y fusilado, llamado Natalio Argenta, conocí a los Collazo, Enrique y Tomás, dos figuras magníficas de oficiales superiores, cultos y amables; a Alfredo Arango, festivo y jaranero, a José Martí, que llevaba con honor el grave papel de hijo del Apóstol; a Nicolás de Cárdenas, cuyo porte distinguido y acento francés puro, revelaban los largos años pasados en París, a tantos otros, todos jóvenes con los cuales podía estarse en la mejor Academia o en el más elegante Salón. Principalmente, había ligado especial amistad con Carlos Maciá, Eddie Machado y Ramón Hernández, jóvenes de la llamada Acera del Louvre de la Habana, que llenaban todos los campamentos de una alegría ruidosa. Había almorzado en el mismo plato con el Coronel Charles Aguirre, sobrino del Mayor General José María Aguirre, y descendiente de una familia de patriotas todos inmolados a la causa de Cuba Libre. Había tratado a los dos Lores, a Pedro Mendoza Guerra, y luego a todos los miembros de la Asamblea de la Yaya, la flor de la intelectualidad revolucionaria. El calor amistoso que pone el cubano en su conversación, me era conocido; lo había sentido y apreciado.

Sin embargo, me impresioné sobremanera cuando, mirándome con sus grandes ojos, el Comandante empezó diciéndome:

—"Amigo Ferrara, Vd. conocerá a un jefe excepcional en el Brigadier José Miguel. Vd. tendrá también unos compañeros que serán de su agrado. Comprendo que la guerra es muy dura para Vd., más dura que para nosotros, pero es preciso adaptarse. El General Máximo Gómez es fuertemente agresivo. Gracias a Dios, personalmente nunca he tenido dificultades con él. Pero es agresivo. Esta lucha es inhumana, y no podemos llegar a la victoria sin un hombre tan fuerte como lo es él. Vd. verá cuantas miserias hay, Vd. verá lo que es esto... Aquí, la Naturaleza humana está desnuda como nosotros".

Mi interlocutor siguió desarrollando su tesis de la necesidad de adaptarse a las circunstancias.

Luego supe, por él mismo, que su locuacidad respondía al temor que le habían comunicado, de que yo estaba poco satisfecho del trato que se me había dado.

Seguí oyendo con la cabeza baja, porque todo aquello me parecía raro. Sobre todo aquel comienzo del discurso con un "Amigo Ferrara".

—"Dispense, Comandante, cuál es su nombre, porque no me lo han dicho al salir".

—"Jorge Villuendas".

—"¡Ah! ¿Es Vd. pariente del Jefe del Regimiento de la Trocha?"

—"Sí. Soy su hermano".

Mi ánimo cambió recordando la amable y afectuosa acogida de Enrique Villuendas, que había ya casi olvidado.

Le dije entonces que no tenía queja del General Máximo Gómez, y que la revolución resultábame de un enorme encanto. Me condolí de no haber podido ver lo bastante al General.

—"Alégrese de no haber visto mucho al General en Jefe: Es un gran hombre y un genio, y las cosas grandes hay que apreciarlas de lejos. El viejo Gómez es la Revolución. Y su carácter es como la Revolución, rebelde a toda regla, a toda cosa normal, a toda idea trillada. Es una continua explosión, un acto de vigor siempre renovado y siempre más fuerte. Ataca al español fulminantemente y huye de él del mismo modo. Dá impávido, si es necesaria, una orden que supone una muerte segura, y se estremece como un niño, ante un dolor. Todos sus sentimientos son extremos".

"Amigo Ferrara, manténgase siempre lo más lejos que pueda del General Máximo Gómez. Y tenga por él idolatría, como se la tengo yo. Y no se equivocará haciendo lo que le indico, ni sintiendo por él lo que siento yo".

"Detrás del héroe, se encuentra el hombre, y es mejor que Vd. conozca el Héroe".

No sabía por qué me decía todo esto.

Después, mucho después, comprendí que quería curar una herida que yo no sentía. Europeo, con un concepto estricto de la disciplina colectiva, atribuí a mi poca importancia la rápida despedida del Cuartel General. El, americano, más libre, más audaz, sin gran respeto por las fronteras sociales y de la capacidad, creía que se me había hecho una afrenta terrible.

Mientras marchábamos, durante dos días, hasta llegar al Cuartel del Brigadier José Miguel Gómez, fuí oyendo lleno de admiración los razonamientos de aquel joven de menos de veinte años.

¡Como crea la personalidad del hombre, la vida libre!

Capítulo III

**PRINCIPIOS FILOSÓFICOS Y MORALES
DEL GENERAL EN JEFE**

En el campamento de José Miguel Gómez.—Paralelo entre los dos Gómez.—Su Estado Mayor.—Discutiendo música.—Llamada al Cuartel General.—Alfredo Rego.—Proceso por la presentación de Massó Parra.—Como el emperador Tiberio entró en nuestros asuntos.—Agitación de Máximo Gómez.—Fermín Valdés Domínguez, el responsable expiatorio.—Primera comida con el General en Jefe.—Palabras de Gómez sobre el deber, el héroe, la muerte, la Revolución.—Otras sobre Navarrino, la independencia de Grecia, la actitud de las potencias europeas y la de los Estados Unidos.—Un boticario aventurero de la muerte.—Los tipos raros de la Revolución.—*Majaseo* con guardias.—Confidencias sobre las operaciones futuras.—Mensaje a José Miguel Gómez.

No es mi propósito escribir mis memorias revolucionarias. Si lo fuese, al hablar por primera vez del campamento de José Miguel Gómez tocaría la lira de mis afectos, o, mejor, de mis entusiasmos; tal es el grato recuerdo que tengo del año y meses que pasé en él. El jefe era tranquilo, sereno, ecuánime, expresión del supremo equilibrio. El ambiente, maravilloso: la inteligencia, la cultura, las buenas maneras presidían aquel conjunto de jóvenes de procedencia tan distinta.

Presentar al General José Miguel Gómez que ha tomado parte en la vida pública de los primeros años de la Nación, es cosa fácil, porque su popularidad ha sido tal, que todavía repercute su eco en todo hogar cubano. Sin embargo, no creo que se ha hecho debida justicia a sus méritos revolucionarios. Por un fenómeno de espejismo muy justificado, la opinión cubana consideró a sus grandes guerreros por la guía de los partes españoles del tiempo de la guerra, y éstos no siempre presentaron a los mejores entre nosotros, sino por el contrario, procuraban señalar a los inferiores para darnos a conocer a través del prisma menos favorable, y no, ciertamente, por el de la distinción.

José Miguel Gómez no fué un rebelde exaltado, y tampoco revolucionario por temperamento. Hombre de orden, sistematiza todo lo que entra en la esfera de su acción. Su ánimo no se altera, su rostro queda impasible, no revela la menor agitación espiritual en ningún momento, ni ante la muerte, que desafía a diario. Es un guerrero que da batalla sólo cuando conoce el terreno; que estudia la forma del ataque, y prepara al mismo tiempo la retirada; que no pierde el contacto con el enemigo sino cuando no puede resistir más sus embestidas, por falta de municiones o de hombres, o cuando lo ha obligado al fin, a retirarse a algún poblado. Como jefe no regula sus actos por las impresiones del momento; en él todo es producto de cálculos hechos sobre buenas y bien controladas informaciones. En su rostro no hay que buscar la centella del genio, ni los rasgos alterados del fanático, y menos, las líneas rígidas del asceta.

Es el único revolucionario que trata la revolución como una cosa práctica, y habla de las pérdidas de vidas humanas como de una cuestión de economía demográfica. Es el único caudillo con mando omnímodo que no tiene caprichos, ni simpatías especiales, o antipatías orgánicas; que lanza a acciones peligrosísimas a un subalterno, sin la más ligera preocupación. En él, cuando se habla de la Patria y de los deberes contraídos con ella, todo es objetivo. Sus afectos tienen otros campos, y les da desahogo libre, sólo cuando se trata de las cosas privadas. En una guerra civil, una de las tantas desgracias nacionales que hemos tenido—pues toda guerra civil es desgracia nacional—en un momento difícil, cuando frente a las ametralladoras adversarias volvían grupa los más valientes, ordenó a su hijo que adoraba, que fuera al ataque en lo recio y directo, convencido que al cumplir su orden, caería en el empeño.

¡Qué diferentes eran los dos Gómez en sus temperamentos!
Cuando conocí bien a los dos, lo pude comprender. Aquél el genio, éste la mesura. Máximo, sensible hasta la ternura. José Miguel, severo, como un romano de los primeros tiempos republicanos, severo consigo mismo y con los otros. El uno violento, agresivo, avasallador, fuerte en el tono, en el gesto, en la mirada, en la hora de sus pasiones o en la refriega; el otro tranquilo en todo momento, aún inminente el riesgo, como cuando conversa bajo su tienda. La voz del Generalísimo truena cuando ordena la carga al machete; éste en cambio, dispone el toque al degüello como si hablara confidencialmente con el corneta. Máximo Gómez es una figura llena de color; todos sus actos son inspirados; la actitud exterior revela su vida interna. José Miguel tiene una vida interna que esconde, no por voluntad, sino por temperamento. Sólo en la familia y

ante un número muy limitado de amigos, le he visto perder este control, esta medida, este formidable equilibrio: entonces su sonrisa que llenaba su ancha y noble cara, lo revelaba todo entero... a pesar suyo.

Los dos Gómez eran dos polos opuestos en cuanto a carácter y a formas mentales.

El ambiente del Cuartel de la División se elevaba a la altura de su jefe. Lo componía un grupo de jóvenes del Estado Mayor, y un gran número de agregados procedentes de la Habana, Matanzas y Santa Clara, que por un motivo u otro se habían visto obligados a salir de sus zonas. Estos últimos para evitar las diatribas del General en Jefe, se amparaban en este otro General que tenía fama de Mecenas. Entre los miembros del Estado Mayor, los jefes de Regimientos y los Agregados, estaban los Villuendas, Enrique y Jorge; los Pina, Francisco, Enrique y Ruperto y acababa de morir, José; Matías Duque adorado por todos; los Mendieta, Pablo y Carlos, muy populares; Armando Menocal, el magnífico pintor; Roberto Méndez, sólo por un breve período; Juan Antonio Lasa, Francisco Regueira, gruñón y valiente; Tomás Armstrong, la bondad personificada; el fuerte tirador de espada Agustín Cervantes; Panchitín Argüelles, de distinguida familia de Cárdenas, de exquisita cortesía aún bajo los harapos; Pepe y Nene Torriente, amables compañeros; Nicolás Alberdi, rebelde siempre, Raúl Arango que llegaba rodeado por los grandes prestigios que dan siempre las injurias del enemigo; Antonio Vivanco que salía, por maldita casualidad, siempre herido de los combates, Antonio Duque, los Cruz Muñoz, Luis Solano y Manuel Benítez, niños casi a la sazón, y tantos otros.

En el campamento, que muchos de estos elementos renovaban, pues o volvían a sus Cuerpos habituales, o entraban en algún regimiento, la vida se deslizaba agradablemente en las horas tranquilas, pero se peleaba muy a menudo, y más tarde, se llegó a un período muy amargo. La juventud vencía las penas; la juventud vencía las enfermedades, especialmente las terribles y continuas fiebres palúdicas, vencía la monotonía agobiante, y sonreía ante la muerte. Las discusiones, o las simples conversaciones nos distraían. En un grupo como el nuestro, formado de estudiantes, jóvenes abogados o médicos y artistas, el cambio de ideas asumía siempre una forma de alegre polémica. Habitualmente teníamos dos reuniones plenarias, una por la tarde, y otra por la noche, desgranando en ellas todo el conocimiento humano. Era el único deleite, que elevaba el espíritu que la constante lucha empobrecía.

Las conversaciones de la noche particularmente, eran muy movidas; el bendito entusiasmo comunicativo de la juventud desbordaba en una alegría tumultuosa. Algunas veces nuestro jefe debía dar por terminadas las sesiones, antes de la hora del "silencio". Una noche discutíamos Armando Menocal y yo de música. Él sostenía que la Sonata era la más impresionante expresión de este arte; yo me decidía por la Opera. Después de haber dado nuestros argumentos, sosteniendo él que la Sonata en sus distintas partes reasume toda la gama de los sentimientos que brotan del espíritu humano y los presenta en una elevada forma armónica, y afirmar yo que la Opera realzaba la emotividad musical con el verso y la coreografía, Armando empezó a gritar:

—"Sonata, sonata, sonata, sonata..."

A lo cual yo repliqué, gritando igualmente:

—"Opera, ópera, ópera, ópera..."

Los partidarios de las dos teorías nos imitaron. "Sonata y Opera" había dividido al grupo en Montescos y Capuletos.

Apoyado a un árbol, mientras nosotros estábamos sentados en el suelo alrededor de la tienda de José M. Gómez, había permanecido Echemendía, el jefe de la Escolta, un valiente guajiro, honorable y bueno, devoto a su jefe, y excelente camarada, uno de estos hombres que hacen amar la vida, y había seguido la conversación con una sonrisa sobre los labios, como hace siempre el que no entiende lo que todos los otros entienden. El *ex-abrupto* de Menocal y mío lo sorprendió en su indirecta anuencia a tanto disparate, casi despertándolo, y se acercó al oído del General, y le dijo:

—"Brigadier, interrumpa esto. Es el hambre que los excita. Estos muchachos se vuelven locos".

Aquella tarde, en efecto, no habíamos comido.

Por mucho tiempo esta anécdota quedó en el campamento, y se usaban las palabras "Sonata... y Opera..." para poner término a las discusiones demasiado vivas. Echemendía nunca comprendió por qué nosotros nos reíamos de su sabio consejo.

Cierro este paréntesis, pues, repito, no estoy escribiendo mis memorias revolucionarias.

Un día, pocos meses después de estar con el General José Miguel Gómez, mientras me hallaba del todo satisfecho de lo que me rodeaba, llegó una pareja del Cuartel General con un pliego para él, ascendido ya a General de División con jurisdicción sobre Sancti-Spíritus, Remedios y Trinidad. Me llamó, diciéndome:

—"Prepárese para salir en seguida. El General en Jefe lo reclama para la instrucción de un proceso".

Quedé anonadado, y profundamente enojado, pero diez minutos después estaba a caballo y en marcha. Al día siguiente entré en el Cuartel General, que se hallaba en una finca cuyo nombre no recuerdo, muy al oriente de la Provincia de Santa Clara, a unas cuatro o cinco leguas de la Trocha, y no muy lejos de la Laguna de Miguel.

Era costumbre y obligación de todo aquél que llegaba a un campamento dirigirse en primer término al jefe del mismo. Éste lo recibía o no, pero el oficial de día le indicaba a donde debía ir a acampar, o si se debía incorporar a alguna fuerza. Con mi "práctico", pasada la guardia, estaba inquiriendo donde se hallaba el General en Jefe, cuando un hombre amable, con expresiva sonrisa poco común sobre los labios de un cubano, pues el cubano por lo general sabe reir bien, pero no sonreir, me pidió que me apeara un segundo, pues me quería hablar. La persona que hacía tal demanda tenía las estrellas de General de Brigada. Resistí un poco diciéndole que no había saludado todavía al Jefe. Insistió con tanta suavidad que me ví moralmente obligado a atenderlo. Además, aquellas estrellas de Brigadier tenían un resplandor coactivo.

Bajé del caballo.

Era el Brigadier Rego.

—"Vd. sabe que el General en Jefe me quiere fusilar", me dijo. Este proceso, que manda a formar y por el cual ha sido Vd. llamado, es contra mí".

—"No sé de qué proceso se trata".

—"Vd. sabe que Massó Parra que era jefe de la Brigada de Trinidad se presentó con más de trescientos hombres. Un malhechor este Massó. El General en Jefe lo nombró sabiendo que era un malhechor. Pues bien, ahora me culpa a mí de su presentación. Y también culpa al Coronel Juan Manuel Menocal, un hombre honorable bajo todos conceptos".

—"Bueno, Brigadier, repliqué impaciente, veré la acusación y le haré declarar a Vd. Me tengo que marchar. Y tenga la seguridad que el Consejo de Guerra, si es necesario que se reúna, hará justicia".

Pero, Rego estaba decidido a que me quedara más tiempo. Me empezó a hablar de Italia. Italia había sido en todo tiempo su sueño dorado. La Gruta Azul de Capri, decía extasiado, debe ser un encanto.

—"Imagínese Vd., compañero, ¡cuando aquel bandido de Tiberio escogió como residencia a Capri, qué encantos no tendrá la pequeña isla de esmeralda!"

—"Brigadier, Tiberio no fué un bandido, sino el más grande, quizás, de los Emperadores romanos". Mis estudios recientemente dejados y ciertas convicciones que me había formado en los bancos universitarios, tuvieron más fuerza sobre mis nervios, que el deber que tenía de llegar al General en Jefe.

Rego entró de lleno en la prueba del bandidaje de Tiberio. Y confundía a Tiberio ora con Nerón, ora con Calígula, o con Heliogábalo. Yo rectificaba los errores de más bulto, pero me impacientaba sobremanera, y decía para mis adentros: ¡Qué fatalidad me ha llevado, a entrar en esta tonta polémica!

—"Brigadier me tengo que ir, pues de lo contrario no será procesado Vd. solamente, sino yo también".

Al fin, pude dejarlo, no sin antes haber tenido que escuchar una décima, por cierto muy bonita, escrita por él, en tiempos pasados en honor de Italia.

Debo declarar ahora, después de tantos años, que desconociendo al Brigadier, no recibí una grata impresión de esta primera entrevista. Más tarde lo conocí bien y tuve noticias de su pasado. Era un buen hombre y fué siempre un gran patriota. Antes de estallar la guerra, trabajó con gran ahinco en su preparación; luego, se batió con honor y buen éxito, especialmente en la zona de Cienfuegos, y más tarde, disciplinada y honorablemente, sufrió pretericiones ofensivas. En el mismo momento en que me hablaba en aquella forma desordenada que lo elevaba poco a mis ojos, tenía la seguridad de ser fusilado, y, estando a pie libre, no intentó sustraerse a la muerte, hasta ignominiosa, que consideraba segura. Es más, todavía en la zona de Trinidad, presentado Massó Parra y su fuerte columna, todos, y él mismo, creyeron que Máximo Gómez lo fusilaría y no titubeó un solo instante en tomar el camino del Cuartel General. Alfredo Rego, entre la presentación al enemigo y la muerte, prefería cien veces la muerte, y hubiera ido a ella con su sonrisa habitual.

No hay nada más injusto y tonto, que juzgar a un hombre por una primera impresión.

Cuando me cuadré delante del General Gómez, frente a su tienda, el viejo guerrero estaba fuera de sí. Aquella presentación en masa de las fuerzas de Trinidad lo tenía en un continuo paroxismo. En lugar de esperar que fuera hacia él, me vino al encuentro. Todavía estando en atención, me gritó:

—"¿Es Vd. competente?"

—"General, repliqué sorprendido, si Vd. se refiere a competencia personal, creo que soy competente en ciertas cosas, y en otras no. Si se refiere Vd. a competencia judicial, si el delito se ha cometido en el territorio de la Primera División del Cuarto Cuerpo, soy indiscutiblemente competente".

—"Todo es difícil con los abogados. Manuel María dice que es competente y no lo es. No lo es". El General se refería a Manuel María Coronado, ex-director de "La Discusión", y futuro director del mismo periódico, durante la República, senador y hombre político de importancia. El General habiendo tenido algunas dificultades con Coronado, me había llamado para que lo asesorara legalmente.

—"Estoy a sus órdenes, General; Vd. juzgará en último término".

Aquel hombre de hierro, elástico como en su primera juventud a pesar de estar cerca de los setenta, a paso largo y rápido se dirigió hacia su tienda, después de haberme hecho señas de seguirlo.

Se sentó en la hamaca y me ordenó sentarme, naturalmente en el suelo. Solemnemente me dijo:

—"Se ha cometido un delito grave. Y la Revolución debe tener la conciencia de su fuerza; debe castigar a los culpables. Ese Massó Parra que vino del Extranjero a ayudar a Cuba como Vd. y yo, ese Massó Parra se ha presentado y, engañando a sus tropas, las ha presentado también al enemigo. Ese miserable ha dado un golpe duro a la Revolución, que no lo había llamado, que no lo conocía, a la que espontáneamente ofreció servir. Sí, hizo lo mismo que Vd. y yo; pero sin honor. Oiga Vd. que es joven, las acciones de los hombres no valen por lo que son, sino por las intenciones que llevan. Ese hombre no amó nunca a nuestra Revolución. Peleó porque era un asesino, simple chacal; nunca paladín de Libertad. Vino aquí porque aquí podía matar impunemente. ¿Cómo puede haber amado a la Revolución, si le ha asestado este golpe tan duro? ¡ese miserable!... Cuando se ama a una cosa, es como cuando se ama a un familiar; si se le hace agresión, aún encontrándose uno en estado de locura, no se aumenta el daño con ensañamiento. Massó Parra hubiera sido un vil presentándose solo, pero ha sido un perverso y un malvado engañando a tanta gente sencilla y buena, que ha presentado también".

El viejo aquél me tenía atontado por los conceptos elevados que emitía, con los más fuertes vocablos, iracundamente; y me enternecía con su dolor, y sobre todo, por la sonrisa amarga con que acompañó sus últimas palabras.

Luego bajando la voz añadió:

—"¿Vd. no comprende que puede encontrar quien lo imite? Un crimen llama a otro. El pueblo no sabe siempre crear, pero sabe imitar fácilmente. Hay que castigar a los que no han impedido este acto infame. Oiga Vd., el más infame que se ha realizado en Cuba Libre. Hay que aplicar un castigo ejemplar. Esto no se paga con la muerte".

—"General, si pudiéramos prender a Massó Parra, la muerte sería poco".

—"No, no, no me refiero a Massó, sino a los culpables. Cuando hay hombres que tienen malas intenciones, es deber de los otros hombres evitar que las realicen. Y los que no impiden el mal, son culpables en el mismo grado, porque le hacen daño a la sociedad tanto como los primeros".

—"Su razonamiento es lógico; pero la ley..."

—"Qué ley, ni ley"—me interrumpió mirándome de reojo por encima de sus espejuelos: su más terrible mirada—. "Ustedes los abogados, han creado la ley para falsear el derecho. Hay que ver lo que es justo, lo que es recto, lo bueno, lo honorable, lo que debe hacer un buen ciudadano; no lo que dice un pedazo de papel escrito por unos pedantes".

"La ley, la ley... Como la que hace nuestro Gobierno. Nuestro Gobierno... Oiga Vd. joven, necesito un castigo ejemplar. Tengo que vigorizar a nuestro Ejército. No me hable de ley; cumpla Vd. con su deber; cumpla Vd. con su nueva Patria. La hora es grave, esté Vd. a la altura de las exigencias de la Revolución"... Y, después de una pausa, añadió:

—"Valdés Domínguez le dará la denuncia. Haga todo rápidamente, y deseo que dentro de dos días se celebre el Consejo de Guerra".

Me levanté, me cuadré y saludé con más respeto que de costumbre. El General no me hizo caso. Marchando hacia la tienda del Dr. Valdés Domínguez, su jefe del Despacho y hombre de confianza, iba como atontado: ¡Qué dolor siente este viejo! No distinto tuvo que ser el de Augusto cuando perdió las Legiones de Varo, me decía pensando en mis lecciones, no lejanas, de la Historia de Roma. ¡Qué concepto tan elevado del derecho penal y de los deberes revolucionarios! Pero, me decía a mí mismo en una ráfaga de ideas, ¡qué injusto sería castigar un error como se castiga un crimen! ¿Y qué haré yo en todo esto? No basta la rectitud, hay que acertar. Y no me da tiempo; quiere todo en dos días... El acierto depende siempre de la prudencia y del tiempo.... Luego pensando en mí mismo, seguí diciendo: Este hombre me ha visto sólo en las ocasiones en que estuve en el campamento al llegar de Camagüey; de él casi me expulsó, después de haberme elogiado, y, ahora, ¡qué raro!, no me ha hablado de mi paso de la Trocha, ni de mi enfermedad, ni de la despedida tan rápida que me dió. ¡Me ha tratado como a una vieja amistad...! ¡No soy pues, para él, un número!... ¡Tampoco me ha dado una explicación!...

El Dr. Fermín Valdés Domínguez era a la sazón Teniente Coronel. Viejo patriota, habiendo sido estudiante de medicina en una hora trágica, tenía como dice Dante, de Pier delle Vigne en relación con el Emperador Federico, las dos llaves del corazón de Máximo Gómez. Hombre culto, escritor fácil, trabajador incansable llevaba con esmero la correspondencia oficial del viejo guerrero. Sin embargo, era muy odiado. En Cuba y fuera de Cuba, a los grandes hombres, se les pone siempre al lado, alguien como responsable expiatorio. El mal que hace un gran hombre, encuentra un fácil gerente solidario nombrado por la opinión pública. Todos los agravios que la impetuosidad de Máximo Gómez infería, hallaban su origen en el trabajador constante que, a poca distancia de la tienda del jefe, escribía a todas horas, levantando de tiempo en tiempo la cabeza para asentir a alguna *boutade* de su admirado General.

De Valdés Domínguez tuve la más agradable impresión. Después de darme con todo cuidado la documentación, me dijo que "era preciso ir muy despacio en el asunto, pues el General estaba irritado y había que dejar que el tiempo modificara su estado de ánimo". Esta declaración alivió mi agitación interna, que sabía disimular.

"El General, agregó, tiene razón en considerar que esta presentación en masa resulta un gran peligro para la Revolución, y hasta entiendo, que un castigo excepcional para el que no ha impedido el crimen, pudiendo haberlo prevenido, sería saludable. Pero de los dos acusados, el Brigadier Rego es un buen hombre, y el Teniente Coronel Menocal es una excelente persona. Este segundo, además, no tiene nada que ver con este asunto, pues fue enviado para instruir un proceso, y nada más".

Recogí los papeles y le rogué que me siguiera aconsejando, añadiéndole, "no quiero engañar al General en Jefe, ni para hacer el bien. Deseo cumplir, y como me ha ordenado terminar la instructoria dentro de dos días, así lo haré. Luego se podrá buscar un pretexto para demorar el juicio".

El hecho real, examinado por mí, me dió la siguiente versión que difiere en parte de la verdad procesal consignada en el sumario, en el cual, noblemente, el Teniente Coronel Menocal no quiso poner en evidencia al Brigadier Rego. Voy a relatar lo que recuerdo para los investigadores de nuestro pasado, y así se conozca una página de vida revolucionaria.

Al tener noticias el General Máximo Gómez que el Jefe de la Brigada de Trinidad, Massó Parra, negociaba productos del campo cubano, con productos del enemigo o con dinero procedente de las ciudades enemigas, cosa rígidamente prohibida, envió al Brigadier Alfredo Rego con órdenes de sustituir a Massó en el mando, y de enviarlo al Cuartel General. La orden no era de detenerlo, sino simplemente de comunicarle que pasara al Cuartel General. El Teniente Coronel Menocal debía acompañar a Rego en su marcha, para iniciar el proceso consiguiente en contra del jefe delincuente. Llegados a la zona de Trinidad, Massó recibió a Rego con los brazos abiertos; lo entretuvo tres o cuatro días con las cortesías de estilo y con las mayores atenciones. Le habló con la cálida elocuencia del camarada de la guerra, y obtuvo de Rego toda la información que quería. Menocal urgía a Rego que se hiciese cargo de la Brigada; pero el alma pura de éste, no entendía que Massó detrás de tantos agasajos preparaba algo tenebroso. Massó excusaba la demora de la entrega con mil pretextos, y ofrecía hacer una gran concentración de tropas para investirlo dignamente del mando y recomendarlo eficazmente a aquellos subordinados suyos. Massó Parra preparaba, en cambio, la concentración con otros fines. Rego había hablado demasiado:

—"El viejo está en candela contigo. El General te va a fusilar. Hace tiempo que Gómez no te puede ver", etc., etc.

Además, la presencia de un Auditor de Guerra de la importancia de Menocal, significaba un proceso grave. Massó comprendió todo y, ya en inteligencia con el General español Manrique de Lara, se entregó con todos o casi todos sus soldados, no sin antes haber concertado las condiciones de la traición, consistentes en el mando de una fuerza auxiliar del Ejército metropolitano, llamada Cuba Española, que luego nos combatió, sin gran eficacia. Un día Massó y sus fuerzas marcharon hacia la ciudad de Trinidad, dejando a Rego con pocos hombres en una loma cercana. Rego quedó burlado, y sorprendido: "¡Presentarse Massó, un *mambí* antiguo, un Brigadier, un hombre de su talento!" Juan Manuel Menocal, angustiado, le replicó:

—¡Ya Vd. lo vé, Brigadier!...

Y este fué el único reproche... Luego Juan Manuel trató de disculpar a su compañero en todo el proceso. Hubiera podido ser él, único testigo acusador, y escogió el papel de defensor, porque sabía el concepto severo que de la justicia tenía el General en Jefe, y porque conocía el alma blanca rayana en ingenuidad, de Alfredo Rego.

El respeto que Juan Manuel Menocal tenía en el Cuartel General, y el tiempo resolvieron la grave cuestión. El proceso fué a juicio oral, mientras yo, terminado mi cometido, me alejé de aquel hervidero, con una satisfacción indecible. La sentencia fué suave para los dos. Rego siguió jinete magnífico haciendo galas de su maestría ecuestre, y cantando sus décimas sonoras en loor de la Revolución. Menocal cayó en los brazos de sus amigos que se llamaban Méndez Capote, Fonts y Sterling, Moreno de la Torre, Federico Laredo, Sánchez Agramonte, etc., etc., los nombres más distinguidos de nuestra guerra de liberación.

Gómez aceptó todo, aunque seguía lanzando sus filípicas por las tardes, ante el coro de sus adoradores.

Un día, en esta ocasión, el Caudillo me invitó a comer. Era yo muy joven, veinte y un años, apenas, pero tenía mucho aplomo y bastante audacia. ¿Qué queréis? No se vive desde la adolescencia pronunciando discursos a diario, en los Institutos, en la Universidad y en las plazas públicas, no se entra y sale de la Cárcel por luchas estudiantiles, aunque sea por horas, o pocos días, no se intenta ir a Candia a pelear contra los turcos, y luego se dan conferencias en Suiza y en los Estados Unidos; no vive uno en tanta precoz actividad sin adquirir una buena dosis de intrepidez, algo de osadía, y un aplomo prematuro. Sin embargo, Máximo Gómez me impresionaba mucho: "¿Qué cosa me dirá?", me preguntaba a mí mismo. Y recordaba el consejo de Jorge Villuendas: "Amigo Ferrara, manténgase siempre lo más lejos que pueda del General Máximo Gómez".

El General estaba sentado en la hamaca, que amarrada muy bajo, dejaba el asiento casi en el suelo. A su derecha y frente a mí, un ayudante, creo que era uno de los Primelles o Miguelito Varona, casi niño entonces, a la izquierda yo, los dos con nuestras asentaderas sobre la dura y húmeda tierra, como de costumbre. La comida consistió en un poco de arroz y un poco de carne salcochada. El General tomó al final una media copita de ron, y exclamó severamente:

—"A los jóvenes, no..."

La conversación fué larga durante la comida entre los tres, hablando el General, como era natural, más que nosotros; pero después de ella, sus palabras asumieron proporciones de conferencia pública. Su locuacidad era vivacísima; sus conceptos atrevidos aun para una imaginación de grandes vuelos; su método de exposición, impresionante, pues subía a generalizaciones muy abstractas, para luego rápidamente, como en vuelo de picado, presentar un caso concreto. No puedo decir que tenía mucha dialéctica, pues era tan personal, tan poco interesado en conquistarse la voluntad del oyente, tan nuevo y original en lo que decía, y tan poco coordinado, que realmente, más que convencer, provocaba una fuerte reacción mental; sacudía el cerebro más obtuso. Sus paradojas parecían salir de la misma fragua, en cuanto a método, que servía a la filosofía alemana de la época para dictar los apotegmas de Nietzche. Su actitud oratoria armonizaba con sus extraños conceptos. Se ponía de pie como movido por un resorte. A veces daba algunos pasos lentos, de un lado y de otro, frente a su hamaca. Aquella noche su voz fué adquiriendo fuerza poco a poco, y como se veía claramente que deseaba público, los oficiales del Estado Mayor y otros de la Escolta, acudieron a formar el círculo habitual. Todos lo adoraban, por ello el rostro de los oyentes reverberaba de satisfacción a cada frase que vertía. Pero el punto de mira del General por un buen rato seguí siendo yo. Su mirada se posaba continuamente sobre mí, y sus preguntas iban dirigidas a mí. Yo era su público; me quería honrar.

—"Todo el mundo dice que cumple con su deber, y nadie cumple realmente. ¿Qué es el deber? Lo que debe hacerse. Y ¿quién es el atrevido que puede afirmar que hace lo que efectivamente debe hacerse?"

"Yo envío un ayudante a inspeccionar las guardias. El ayudante va, y viene a la media hora. No ha cumplido con su deber. Así se lo digo, y él me contesta que ha visitado todas las guardias. Y yo le repito que no ha cumplido con su deber. No ha cumplido, no ha cumplido. ¿Por qué? Porque estuvo media hora, que es mucho tiempo para visitar las guardias. Como el ayudante a que me refiero es un pobre hombre, me contesta que no conocía bien el camino, y yo digo no conocías el camino, peor para tí, tu deber era conocer el camino. Antes de iniciar tu loca carrera, hubieras debido enterarte bien, de manera cierta y completa".

"Llamo a un oficial para que haga la investigación de un proceso, y me dice que no sabe lo que decidirán los jueces. ¿Cómo no lo sabe? ¿El juez no es la expresión de la justicia? Pues antes de iniciarse el proceso, conocido el hecho, debe conocerse la sentencia, porque ésta es consecuencia de aquel. Nosotros decimos a menudo que cada hombre es un mundo; no, el mundo forma a los hombres, y el que no procede conforme a las reglas del mundo, que son las reglas del bien general, cae en el error, o es un malvado, en uno y otro caso, igualmente condenable".

"Cierto es, que el que cumple con su deber es perfecto. Pero como el cumplimiento del deber significa hacer una cosa como debe hacerse, y no todos saben hacer lo que debe hacerse, porque les falta el conocimiento, sólo cumple con su deber el hombre que es grande, y que tiene buena voluntad. El hombre grande está exento de errores y de maldad".

—"General,—interrumpió Valdés Domínguez—, ¿quién cumple con su deber más que Vd.?"

Valdés Domínguez decía una gran verdad, pero yo encontré su interrupción de mal gusto.

El viejo levantó la cabeza, miró a su hombre de confianza, como indeciso. Pasaron unos segundos, sólo unos cuantos segundos, y con voz más fuerte añadió:

—"No. No, Valdés. Yo tampoco cumplo con mi deber. Hubiera debido ganar la guerra a estas horas, y no la he ganado. Mi deber es ganar la guerra, expulsar de Cuba al ejército español, echarlo al mar, y no lo he hecho aún".

—"Pero la ganaremos, y pronto", replicó el Doctor.

—"¿Cómo no vamos a ganar la guerra?"

"Vino Weyler, y fracasó. Se ha ido después de haber matado a mujeres y niños, de haber encerrado a los pacíficos en los campos de concentración y de haberlos dejado morir de hambre y de miserias. Después de haberse ido, estamos más fuertes. El pueblo español también se halla satisfecho, porque le han dicho que Weyler ha pacificado la mitad de la isla. Al español le gusta más lo aparente que lo real. A muchos les gusta más la mentira que la verdad. También a nosotros. Yo oigo hablar a viejos amigos míos de la guerra del 68, y no la reconozco. Todos son héroes... ¡Todos son héroes! Mártires, sí, hubo muchos, porque es más fácil sufrir, que reaccionar enérgicamente. Sufrimos hambre y necesidades, diez largos y difíciles años. Pero... lo que me cuentan, yo no lo ví... No hablemos de esto... En la guerra es como en la paz, se encuentran todos los caracteres. No hay que suponer que todos estuviesen cortados por el mismo patrón..."

Y, como quien después de haber vagado sin rumbo, encuentra un camino conocido que va a enfilar, se detuvo un poco, y añadió con sonrisa triunfante:

—"El héroe no existe, porque los hombres tienen miedo. El miedo a la responsabilidad es también un gran miedo, el más grande de los miedos. Y todos los hombres son cobardes ante la responsabilidad. A mí me dice Boza, y todos Vds., en un combate: —General, retírese, que lo vamos a perder. Y con ello me meten miedo, o pretenden meterme miedo".

"Realizar actos pensando en la responsabilidad futura, es una cobardía y un crimen. El hombre mediocre piensa en la responsabilidad más que ningún otro, y el egoísta no tiene en su mente más que la responsabilidad. Nada de verdadera importancia se puede hacer pensando en uno mismo. Hay que actuar en vista de los hechos, y de la necesidad de provocar estos hechos, no en las consecuencias últimas de los hechos. Porque de lo contrario nuestra acción se paraliza. Los hombres que han sido realmente grandes, se han reído siempre de la responsabilidad. Sé tú, dueño de tí mismo. Cumple, como debes cumplir. Haz todo el esfuerzo necesario... aún más que el necesario. Olvídate de tí, sobre todo olvídate de este miserable pedazo de carne y hueso que es tu ser físico, y luego que vengan las responsabilidades, que siempre habrá quien te justifique ante el fracaso injusto e inmerecido. No, no, entonces, no hay fracaso, porque tu acto llevado a las últimas consecuencias, habrá sido útil, aún si el éxito no corone tus propósitos, porque, o habrá debilitado una situación contraria a tus ideas, o habrá servido de ejemplo a otros que piensan o pensarán como tú, renovando y mejorando tus acciones".

Boza estaba apoyado a un árbol, tan pronto el General hubo terminado el período, lo interrumpió gesticulando vivazmente, con la vivacidad que le daba su temperamento nervioso y el cariño que tenía al General:

—"Y ¿si lo hubiéramos perdido a Vd. en la marcha a Blanquizal, como perdimos a Maceo, así como muere un sargento, qué sería de la Revolución en este momento?"

—"Oye Boza"—el General replicó con voz más engolada— "¿cómo no ves que estás diciendo una tontería? Si hubiera muerto como Maceo, la Revolución estaría hoy, como estuvo después de la muerte de Maceo: más fuerte. Porque la Revolución no la hace un hombre, la hace un pueblo. Si muere el General en Jefe de un Ejército, los hombres de este Ejército, deben pelear más. Es un ejemplo su muerte. Es una gloria más. La vida se da sobre el campo de batalla sólo para crear ejemplos a seguir, y para la gloria. ¡Desgraciada Revolución sería la nuestra, si dependiera de un hombre!"

"Yo dí el combate de "Juan Criollo" después de la muerte de Maceo, precisamente por esta muerte, y por la de Panchito que murió también por su deber y por nuestra gloria".

"No quiero morir, ni quiero dejar de morir; quiero hacer lo que debo hacer, y cada uno debe hacer lo que le está encomendado, y no querer pasar a Camagüey y Oriente, para huir de Occidente en donde se pelea más".

—"Tú, Boza, me dices que me tengo que cuidar. Entonces me voy a poner en un escaparate o en un ataud. Sí, los santos y los muertos deben ser cuidados. Si me hubiera querido cuidar no hubiera venido a Cuba. Y Martí estaría en Nueva York. Maceo vivo aún. Y la Independencia sin esperanzas, y la dignidad y el honor, muertos en el alma del cubano..."

Boza se adelantó y estando ya cerca de Gómez, hizo una gran defensa de su criterio, alegando la necesidad política de la vida del Jefe.

—"Mira, Boza, no busques argumentos. Vivir, vivir es útil a nosotros y a la Revolución; pero no hay que vivir sacrificando deberes y alejando el triunfo de la Revolución. Así no vale la pena de vivir".

"La lealtad es la suprema condición que une a los hombres, conservando su amistad, y mantiene la causa que, descansando en ella, abrazan juntos, y así es lealtad mayor que la personal, porque es a los principios jurados, que son nuestra propia dignidad. Apliquemos estas reglas morales a este caso nuestro, en que estamos obligados a hacer todo lo que hay que hacer para vencer, que es en lo que estamos empeñados, ganar la guerra, y por tanto, es nuestro deber a toda costa, y quien se afloje, deserta y abandona el compromiso contraído voluntariamente. No puedo protegerme con tantas precauciones y prudencias si mi puesto está donde haya peligro, porque debemos todos considerar, que las heridas son una eventualidad esperada, como si dijéramos, achaques o gajes del oficio, una peripecia natural, y la muerte, un azar de la campaña, que al venir, lo sabíamos".

Yo había estado en primera fila. Quedé profundamente impresionado. Era la primera vez que, oyéndole, sentía la admiración directa, confirmándose la grandeza del hombre de la leyenda. ¡Qué desinterés, qué convicciones, qué carácter, qué decisión al sacrificio, qué entrega a la empresa que lo absorbía totalmente! La sinceridad es la eficacia del concurso que se brinda. Un Jefe de esa pureza y temple, merecía y nos llevaría al triunfo. ¡Qué magnífico absoluto concepto del deber! Esos eran mis pensamientos mientras él habló, suspenso, el pequeño público que se había formado. Como he dicho, su mirada se detenía a menudo sobre mí; pero ahora adelantándose decididamente hacia mí, me dice:

—"Vd. vino a la guerra a morir. ¿Sabía Vd. que aquí además de las balas españolas, había la fiebre amarilla para los extranjeros y el paludismo y el tifus para todos? ¿Sabía Vd. que no había medicinas?"

—"General, sabía que había fiebre amarilla, los informadores me habían exagerado los efectos mortales de esta enfermedad sobre los extranjeros".

—"Vino Vd. directamente de Italia para Cuba".

—"Sí, General, salí de Italia para Suiza a esperar a un compañero mío que necesitaba unos pocos días más, para abandonar su hogar, Guillermo Petriccione que está en el Cuerpo de Artillería del General Calixto García. En Ginebra nos reunimos, y marchamos a París. Y pocos días después embarcamos para Nueva York y de allí a Jacksonville y Tampa, en espera de la Expedición".

—"Sí, lo sé, dijo pensativo, la Junta me lo comunicó".

No me expliqué entonces por qué se quedaría pensativo. Luego he sabido que Estrada Palma le enteró de la llegada y salida de Petriccione y mía, informándole que yo era de carácter rebelde, y que había pronunciado a los italianos de Nueva York discursos inflamados.

—"Quisiera saber qué piensa esta cabeza suya, dijo mirándome muy fijamente". Y añadió:

"Vd. quería pelear por Grecia. No pudo satisfacer sus deseos. Luego ha venido a Cuba. Vd. quería pelear de todas maneras, aquí va a tener mucha *candela*".

Se sonrió un rato, reflexionó y dijo en voz más alta:

—"A Grecia le devolvieron su independencia las grandes naciones de Europa. La batalla de Navarrino lo hizo todo. Allí se hizo en un solo día la independencia. Aquí estamos necesitando un siglo. Los poderes de Europa oyeron el llamamiento de los griegos, su grito de dolor. En la libre América todos están dormidos, y la fuerte nación que se llama Estados Unidos, no oye nuestro grito de dolor. Sí, los Estados Unidos preparan combinaciones; lo pesan todo, mezclan los ingredientes para el brevaje que luego se tendrá de todos modos, que tomar. A este egoísmo se le llama sabia política internacional. ¡Política de boticarios! Sí, los grandes estadistas son más farmacéuticos que ese *majá* que se ha metido en la escolta. Pesan hasta los sentimientos..."

Una voz desde atrás interrumpió al General. Era una voz alegre, hasta irreverente, desafiadora:

—"General, el boticario está aquí, y le oye con mucho gusto. Y está de acuerdo con todo lo que Vd. dice, hasta con lo de *majá*".

—"¡Ah! ¿Me estaba oyendo? Venga acá. Oía Vd. escondido".

—"No, General, estaba oyendo como todo el mundo; un poco más lejos para no recibir otra *rociada*, como la del otro día".

—"Hombre, hombre, hombre, yo lo castigo a Vd. cuando Vd. lo merece. Ahora no hace Vd. nada que no deba hacer. Tampoco se lo permitiría: sépalo bien". Apareció evidente que el boticario le había hecho gracia al General, pero en todos nosotros aquella situación se dibujaba como algo que, de un momento a otro, podía tener una solución molesta para el joven que ahora se hallaba en el centro del semi-círculo frente a Gómez, y que parecía no conocerlo. Pero no fué así.

El General se le acercó, lo miró y tuteándolo, como era su costumbre hacerlo con casi todos los que interrogaba, le dijo:

—"Y qué te parece la vida del campamento después de haber hecho la del *majá*".

—"General", ripostó el interrogado, "yo estoy mejor ahora, porque antes era *majá* sin guardia, y ahora soy *majá* con guardia".

Una explosión de risa salió de todos los pechos. Gómez sonrió, y dijo:

—"Tiene razón... Bueno, váyanse todos". Y todos nos despedimos militarmente de aquel Jefe enérgico; él se retiró bajo su tienda pensando en otras cosas, pues su mente era tan ágil como su cuerpo. A los pocos momentos se sentó en la hamaca, y empezó a escribir a la luz de una pequeña vela de cebo que le hacían en los ranchos cercanos. Escribía probablemente a su esposa o a sus hijos, aquellas cartas tiernas y patrióticas que recuerdan ideas y sentimientos de la Hélades lejana.

Yo me fuí a unir al "boticario" *majá*.

El Dr. Pelayo Peláez era un tipo fantástico de la guerra de Independencia. Un bohemio de la muerte. Había decidido no vivir en el campamento. Con cinco o seis hombres, sin más armas que unos malos revólvers y escopetas de caza marchaba por caminos reales, frecuentados por las tropas españolas, y acampaba sin guardia, en la sabana abierta. Por añadidura, llevaba unos *serones* con viejos y abundantes cacharros de cocina, que al moverse las cabalgaduras, hacían mucho ruido. Como era farmacéutico, se le consideraba capaz de curar y de hacer operaciones quirúrgicas; y prestaba estos servicios con gran competencia, ya en un hospital de sangre, ya en los pobres bohíos, expresión de todo dolor y de toda miseria, escondidos en los montes espesos. Pelayo Peláez, repito, era un tipo único. De valor temerario, como su género de vida lo indicaba, no quería sin embargo pelear ordenadamente. Cuando se encontraba con los españoles, se veía en el caso siempre de dejar bajo el filo del machete de las guerrillas alguno de sus fieles asistentes, y en muchas ocasiones estuvo él mismo en peligro gravísimo. Alegre siempre, hablador fecundo, servicial, correcto, creía que toda dificultad podía vencerse. Si el doctor Peláez era un tipo fantástico, resultaba también un tipo único. Nosotros teníamos distintos *spécimen* del género rebelde. El *plateado,* por ejemplo, era rebelde a España y a la Revolución, y atacaba a los soldados de una y otra; era un bandido con cuentas a saldar con ambos regímenes, y luchaba en contra de España y de Cuba, las dos implacables para con él. Teníamos el *jíbaro,* especie de hombre salvaje que huía al aproximarse toda fuerza y vivía en la espesura de los bosques, muy pobremente, casi en estado prehistórico. Y había el *majá,* que se metía en un bohío, debiendo estar en el campamento, usando mil subterfugios, alegando mil pretextos. Peláez era muy distinto de todos estos.

—"Oiga Vd. Dr. Peláez, todavía me duele el pecho por la inyección que Vd. me puso". Le dije al verle.

Me abrazó, y contestó rápido:

—"Pero el otro dolor desapareció. Un dolor cura otro, o *similia similibus curantur*". Lo sucedido fue esto:

Algunos días antes de ser encerrado en el campamento del General en Jefe, Peláez se encontró con el General José Miguel Gómez, que le tenía gran afecto. Este se divertía oyéndolo hablar de sus peripecias y sus fugas vertiginosas. Le fuí presentado. Sufría en aquellos días una fuerte neuralgia intercostal del lado izquierdo que me oprimía el corazón. El doctor Peláez me examinó:

—"Nada... ahora le pasará todo".

Como sufría horriblemente, pues cada respiro me producía un dolor atroz, tanto más que marchábamos muchas horas diarias, acepté que el alegre rebelde me curara. Me puso una fuerte inyección de morfina sobre la parte dolorida, con una jeringuilla que tenía la aguja partida y que parecía sacada debajo del mar o de la tierra pastosa y colorada de Cuba. El Dr. Matías Duque, médico de la División, quiso impedir el atentado del joven Peláez, casi por la fuerza. Pero como víctima y victimario estábamos de acuerdo, mi piel fué lacerada y salió mucha sangre; la neuralgia desapareció, y sobrevino una infección bastante fuerte que se extendió por una parte del pecho. Duque me salvó de la infección, y yo, a pesar de todo, quedé muy agradecido a Peláez, porque la situación de un mal por otro me significó un menor dolor. Y esto es mucho en ciertos momentos.

—"¿Peláez, que va Vd. a hacer aquí? ¿Se quedará mucho tiempo?"

—"¡Qué pregunta! Me iría ahora mismo. No vé Vd. qué noche magnífica, qué luna divina. Ahora yo estaría marchando *con mis fuerzas*... Aquí me aburro. No hago nada. Aquí no hay ni siquiera peligro. Mire Vd. estamos rodeados de guardias, de retenes... ¿Quién ha visto revolución con guardias?"

—"Pero, salir de aquí no le será fácil..."

—"¿Difícil? ¡No, *chico*, que vá! Primero trataré de engañar al Viejo, y ya esta noche he empezado mi obra, y luego si continúa con el capricho de tenerme aquí, me huiré"...

Hablaba lleno de alegría y de despreocupación. Me dijo que él era mejor estratega que Máximo Gómez. Me explicó que los cubanos no habían entendido la palabra revolución.

—"Una revolución con orden es la derrota segura. Imagínese Vd., Vd. que sabe de estas cosas de revolución, si el Ejército Libertador en lugar de estar organizado en cuerpos de ejércitos, divisiones, brigadas, regimientos, etc., lo estuviese en grupos como el mío, ¡qué fuerza más enorme tendría! La revolución habría triunfado ya. Pero es preciso, para satisfacer vanidades, tener generales, coroneles, comandantes... Debemos tener la gloria, y a los Gómez, a los Maceo, a los Calixto García, y la revolución sufre. La revolución no se puede definir más que con su propio nombre".

Lo abracé, admiré su elasticidad en concebir nuestra función histórica. Y, como sucede con todas las cosas espumosas, se desvanecieron pronto sus enseñanzas.

Al toque de silencio me dirigí en seguida hacia una candelada que habían encendido los asistentes, pues hacía frío, y fuí reflexionando sobre algo más serio. Pensaba en el inesperado conocimiento revelado por el General Gómez, sobre la batalla de Navarrino y la política de las potencias europeas. Me parecía muy extraño que tuviese tales conocimientos. Pero luego en el curso de los años posteriores pude apreciar, que los hombres de esa época, aun no teniendo una gran cultura, habían adquirido nociones peculiares relacionadas con su existencia dedicada a un ideal de libertad. El General Máximo Gómez, se había interesado en las luchas mundiales por la Independencia de los pueblos. Sabía cosas interesantes sobre las luchas de Polonia y de Hungría, sobre Garibaldi y las conspiraciones italianas. El General José Miguel Gómez a su vez, conocía como un técnico la guerra ruso-turca y la consiguiente guerra de Francia, Inglaterra y Piamonte contra Rusia; e igualmente, se sabía al dedillo la vida del primer Moltke, el de la guerra franco-alemana del 1870.

Mientras me calentaba cerca del fuego pensando en irme a acostar sobre la tierra dura y húmeda, un ayudante de guardia, el noble dominicano Lorenzo Despradel, se me acercó diciéndome al parecer descuidadamente:

—"El General desea hablarle".

Corrí nuevamente a la tienda de Gómez.

—"Siéntese. Vd. se irá mañana muy temprano y yo no podré verlo. Dígale al General José Miguel que tengo interés urgente en hablarle. Me han llegado confidencias verídicas de que los españoles reforzarán, dentro de poco, sus tropas en esta jurisdicción, con cuarenta mil hombres más, para expulsarnos de la zona de Sancti-Spíritus. Hay que atacarlas con brío desde el primer momento. Dígale que me venga a ver pronto".

Saludé y me retiré, satisfecho de esta primera prueba de confianza. Ya me explicaba la invitación a comer.

A las cuatro de la mañana Boza me envió dos parejas. Dos parejas... ¡Qué honor! Yo estaba acostumbrado a un mal práctico, y cuando más a una pareja.

El despertar era la hora más penosa del revolucionario. No conocí más que a uno, uno solo, que se levantaba alegre y decidor. Los otros todos, incluyéndome a mí, nos sentíamos entumecidos en las horas matinales, en lo físico y en lo intelectual. Este único *spécimen* de la eterna alegría, era Enrique Villuendas. Los otros en cambio teníamos ideas tristes, bostezábamos haciendo feas muecas, sentíamos una depresión que felizmente el sol hacía desaparecer luego, como hace con la neblina de la mañana.

La yerba que me cubrió al ir a ensillar mi caballo, me puso como si un aguacero tropical se hubiera vaciado sobre mis harapos. Mustio y cabizbajo, sin tomar siquiera la *canchanchara*, compuesta de un poco de agua caliente azucarada, salí del campamento saludando a Boza que empezaba, con aparente feroz energía en la mirada y con gran ternura en el corazón, su labor de jefe de Estado Mayor.

Fuera de la guardia, los dos "números" que me precedían a unos treinta metros, abandonaron rápidamente el trillo que seguíamos y a campo traviesa tomaron hacia la izquierda. No comprendiendo aquel cambio brusco de dirección que nos metía en la manigua enmarañada y en la yerba llena de agua, pregunté la causa de la desviación a los dos que me seguían, y éstos me señalaron algo a distancia a la derecha. Miré. El General Máximo Gómez, el jefe del Ejército, adorado y temido por miles de hombres, estaba desnudo al lado del arroyo, lavándose una pieza de su pobre ropa interior. Hecho el *detour*, inquirí de mis hombres la razón de tanta rapidez temerosa para evitar que el General nos viese:

—"¿Vd. no sabe que al General no se le puede ver por las mañanas en sus quehaceres? El dice que *esto es sagrado*".

En efecto, con su espontaneidad mental, Gómez comprendía que el respeto lo impone no sólo la fuerza interior que se irradia, sino también la noble forma exterior. Un General en jefe en cuclillas, pierde ciertamente no poco de su autoridad. Los siglos han dado al militar sus entorchados relucientes, al magistrado su toga severa, al hombre de sociedad su traje impecable. En la vida he encontrado que la dignidad exterior y los modales refinados, valen para el éxito, tanto como una buena inteligencia y una sutil habilidad. Máximo Gómez sin ser filósofo, comprendía la vida...

Nuestra marcha no fué muy larga, porque José Miguel con su escolta estaba cerca del Cuartel General, habiendo acudido presuroso a la noticia de la derrota del Coronel Legón, batido duramente por una columna española, por aquellos parajes. El propio Legón, que había reunido ya otra vez sus soldados dispersos, me informó que mi jefe se hallaba en la "Campaña".

Capítulo IV

OPERACIONES MILITARES CONTINUAS

Un humanista en la Revolución.—Compiten Virgilio, Horacio y Cicerón.—Otra vez en el Cuartel General.—Dar la vida como el Algerino de la Comuna.—Tres compañeros que vuelven al Estado Mayor.—Encuentro con el General Carrillo.—El italiano que se tambalea en el caballo.—La reunión de Generales con Máximo Gómez.—El estado de la Revolución.—El plan de José Miguel, aprobado.—La Patria y el agradecimiento.—El combate de la Peña Blanca.—Cañamabo. —Las quemas en Mapos y Natividad.—Anécdotas sobre el General en Jefe.—Duque y Gómez.—Un Comandante que no lo es.—Una frase *shekspeariana*.—El cepo de campaña a un Oficial.—La definición del Gobierno.—El proceso Morote.— Breve discurso del General en Jefe.

José Miguel Gómez, que había recibido ya, aprobado por el Consejo de Gobierno, a propuesta del General en Jefe, el título de General de División, me extendió la mano diciéndome:

—"¿Qué hay?... ¿Cómo la pasó con el Viejo?"

—"Muy bien, General; muy bien. Me invitó a comer con él, antes de ayer, la última tarde que estuve en su campamento".

—"¡Qué honor! Debe sentirse satisfecho. Qué conquista ha hecho Vd. ¿Estuvo amable?"

—"Bueno... Vd. sabe... bastante amable. Le estoy agradecido. Me dió un recado para Vd. y me recomendó que se lo diera privadamente".

—"¿Qué resultado tuvo el proceso?"

—"Habrá unas condenas suaves. En verdad, Rego ha cometido una ligereza por excesiva bondad, y Menocal no tiene participación alguna en el caso de autos; pero los jueces, influídos por la atmósfera del Cuartel General, condenarán, y las condenas serán de destierro y arresto de unos pocos meses. Una transacción..."

—"Muy mal van las cosas cuando no hay justicia estricta. Esta atmósfera del Cuartel General es siempre la misma. Para agradar al General en Jefe exageran en un sentido u otro. Creo que no se deberían celebrar juicios en el Cuartel General". El General José Miguel se revelaba de cuerpo entero al dar esta opinión. Estas palabras de justicia estricta fueron el lema de su vida política posterior.

—"Tiene Vd. razón. Los romanos evitaban la celebración de los juicios en lugares apasionados. Los antiguos romanos tuvieron todos los conocimientos que da la Filosofía de la Práctica. Otorgaban al procesado el derecho de oponerse a la celebración del examen oral de su caso en tales condiciones, presentando una excepción que calificaban de *legitimae suspicionis causam*".

El General se rió y me dijo:

—"No conozco esos *latinorum*. Se los tiene que repetir a Joaquín que los comprenderá bien".

Interrumpo el relato de esta conversación, porque al lector le interesará saber quien era Joaquín. Joaquín fué siempre ante mis ojos, el representante de la erudición clásica en la guerra de Independencia. En la vida normal de la paz encontrar a un hombre que habla el latín y se pasea, como en su propio campo, a través de la literatura clásica, con erudición bien formada, es cosa de todos los días. Pero oír en una guerra como la nuestra, en horas trágicas, el dulce canto de Virgilio o la frase escultural de Horacio, o la palabra sonora de Cicerón; hallar quien nos recuerda la vida errante de aquel mago de la Épica que se llamó Homero, o del gentil Hesiodos, es cosa que, contrastando con el cuadro en que nos movemos, atrae y eleva y da a la mente un consuelo inesperado. Cubiertos de harapos y de lodo, la sabiduría antigua nos consuela. Consuela como la religión ante la muerte. El depósito que está dentro del cráneo, almacenado en largas horas de trabajo y luego olvidado, se desborda vigoroso de todas las fibras del ser en estas horas excepcionales.

Joaquín era un tipo original. Hermano de José Miguel Gómez estaba unido, indivisiblemente, a otro hermano que se llamaba Mariano. Mariano y Joaquín eran dos temperamentos opuestos, dos disposiciones mentales distintas, dos maneras diferentes de concebir la vida, y, sin embargo, en la paz y en la guerra, siendo ambos solteros, vivieron siempre juntos, llevándose en verdadera fraternidad, aunque continuamente en recíproca discrepancia crítica.

Intimé mucho más con Joaquín, porque era un fuerte latinista. Conocía esta lengua muerta casi tanto como el español. Genial por sus ideas, tenía un alma forjada en todos los atrevimientos del espíritu, dentro de un cuerpo de guajiro rudo. Había estudiado con un célebre cura espirituano y me recitaba, durante las noches resplandecientes, frente a las anchurosas praderas de Bacuino o de la Crisis, largos trozos oratorios de Cicerón o de Quintiliano. Me obligaba a corresponder en cortesía repitiéndole algunas Odas de Horacio, o los bellos versos de la Eneida de Virgilio, cuyo segundo libro, recordado por mí de principio a fin, lo extasiaba. Hasta en las marchas penosas me decía: Vamos, Ferrara, empiece: "Infandum regina yubes"... Y yo seguía: "renovare dolorem, etc., etc. Abierto el camino a la recitación, él se esplayaba maravillosamente repitiéndome largos trozos del "Pro Milone", o una invectiva de las "Verres". Del ilustre orador, que no han podido mejorar los veinte siglos que cubren su tumba, recordaba elocuentes párrafos. En Cuba había entonces muchos estudiosos devotos del clasicismo. Terminada la guerra conocí a otro espirituano erudito, el Dr. Leopoldo Cancio, mente poderosísima, compañero mío universitario, con el cual también recorríamos a menudo los campos de la dulce Arcadia, y vivíamos a ratos el *honeste otium* de Arpino.

¡Qué lástima que estos estudios clásicos hayan sido suprimidos en las escuelas, y sean desconocidos por nuestra juventud! Ha sido convicción profunda mía, y lo es aún más en el otoño de mi vida, que en el período de hegemonía greco-romano, el espíritu humano tuvo su mayor refinamiento, y que fue entonces, cuando la suprema belleza, así como la más aguda y armónica especulación de la mente, florecieron. Al hombre de aquella época pudo faltarle, y le faltó sin duda, el conocimiento del mundo exterior, de las grandes verdades físicas, químicas o naturales; pero el conocimiento de sí mismo, de sus emociones, de las fuerzas pasionales que le movían, lo tuvo en grado sumo, superiorísimo al que se ha tenido después en los largos siglos posteriores. La decadencia de los estudios clásicos destruyó el sentido de lo bello, nos privó de un noble refugio en las batallas de la vida, nos hizo rudos y sin elegancia espiritual.

He querido explicar quién era Joaquín, porque me fué de gran consuelo intelectual en aquellos días de penuria de libros, en que no tenía en las manos, después de haber perdido una Gramática inglesa, más que un breve e insustancial librito de Derecho Internacional Público. Y también, porque es útil que la posteridad sepa, que aquellos "hijos de monos y auras", como nos llamaba el enemigo en el momento del combate, sabían descansar sobre los frescos jardines de Academus, así como luchar con coraje en la manigua heroica.

Cerremos el paréntesis.

—"Ferrara, vamos a mi tienda", añadió a sus anteriores palabras el General José Miguel, serio y reflexivo.

Ya en la tienda, sentado él en la hamaca y yo en el suelo, me preguntó:

—"¿Qué recado trae Vd. para mí? No quería que Vd. hablara de esto delante de los otros".

—"El General en Jefe me dijo que los españoles, según noticias confidenciales y ciertas que tiene, enviarán muy pronto al General Marina con cuarenta mil hombres, sólo para esta zona de Sancti-Spíritus. Le pide a Vd. que se prepare y le dice que hay que recibirlos bien... Desea que Vd. vaya a verlo para ponerse de acuerdo sobre los planes a seguir".

—"Ya había adivinado que este era el recado, porque he recibido la misma información. Nuestro General en Jefe está siempre bien informado. Los cuarenta mil hombres operarán en el triángulo de Ciego de Avila - Júcaro - Sancti-Spíritus. Con los quince o veinte mil hombres que tienen aquí ya, resultarán muchos soldados para nosotros... Nosotros apenas llegamos a mil quinientos, incluyendo las pequeñas fuerzas personales del General en Jefe y del Regimiento Expedicionario de Armando Sánchez Agramonte. No tenemos mucho parque tampoco... si acaso veinte cartuchos por hombre, y, por si esto fuera poco, el paludismo arrecia y nos falta quinina. Pero hay que prepararse... Sí, hay que estar listos, y hay que empezar atacando y quitarle el parque al enemigo". Y, después de una pausa, continuó:

"He llamado al Coronel Tello Sánchez para que me prepare una operación cerca de Arroyo Blanco, pues quiero machetear aquella guerrilla que está dando pruebas de atrevimiento, y luego iremos a dar un golpe sobre Trinidad, en donde hay que levantar el espíritu. Habrá que ir a marchas forzadas. Habrá que renovar toda la caballería. Con esto los pondremos a ellos sobre la defensiva. Luego dividiremos nuestras fuerzas de diez en diez hombres. ¡Que vengan, pues! Tendrán *candela*. Hay que acabar lo más pronto y mejor que se pueda".

El General José Miguel hablaba como si pensara en voz alta. Luego añadió:

—"Vd. tiene toda mi confianza. También la tienen todos sus compañeros del Estado Mayor, pero es mejor no decir nada a nadie de lo que ha oído. Vamos a pelear duro, y Marina se recordará de Sancti-Spíritus toda la vida.

Salí de la tienda con una satisfacción infantil si se quiere, pero indecible; pensé y más que pensar, sentí que ya era cubano y hombre de importancia a los veinte y un años. El extranjero que presta servicios, admirado o querido, pero extranjero al fin, había muerto en mí, y había nacido el cubano ligado a la causa con el sentido de la responsabilidad. Había peleado hasta entonces, durante un año o más, por la libertad, por la libertad de un pueblo cuyo nombre no me importaba, ahora empezaba a pelear por Cuba, por su independencia. La idea abstracta de libertad, pasaba a un segundo lugar, surgía ante mis ojos y en mi alma, el País, la independencia de Cuba.

Durante todo mi primer período de la guerra me repetía a menudo, sonriéndome, la anécdota del soldado algerino que se encontró sin saberlo en la Comuna de París, y murió por ella. Un pobre *sfaxis* traído de Algería para combatir en las filas de los soldados de Napoleón III contra Prusia, en 1870, fué herido en una batalla; llevado a un hospital de París, sanó a los tres meses, y, dado de alta, fué incorporado a un regimiento para que continuara luchando; pero, ahora, por una causa muy distinta. Su desconocimiento casi completo del idioma francés, no le permitió comprender la gran tragedia a la cual había asistido, sin verla. No sabía que Napoleón III había caído prisionero, que la República proclamada se encontraba en guerra con un movimiento popular, mezcla de radicalismo democrático y de socialismo autoritario, que se llamó Comuna de París. Un día, sobre el campo de batalla en los alrededores de París, una bala versallesa o sea de los soldados de Thiers, lo mató, cortando en sus labios la frase aprendida con gran esfuerzo, grito feroz de sus combates al arma blanca: "Muera alemán". Creía estar peleando todavía en la guerra franco-prusiana. Como este *sfaxis*, aunque hechas las debidas rectificaciones, me decía a mí mismo, por innato espíritu crítico, peleo yo. ¡Libertad... Derechos populares! ¿Quién sabe? Hasta entonces había peleado por una abstracción, que como todas las abstracciones tenía un mañana incierto.

En el campamento del General José Miguel encontré a mi vuelta, algunas cosas nuevas. Una de ellas agradabilísima. Enrique Villuendas volvía al Estado Mayor como jefe del mismo. Ese joven a la sazón de veinte y tres años; hijo de un General de Sanidad del Ejército español, había hecho sus estudios en Puerto Rico y en la Universidad Central de Madrid; tenía un buen humor inagotable, una *verve* constante, estaba dotado de un cerebro poderoso y elástico, irradiaba alegría y cultura a su derredor; era patriota por entusiasmo juvenil a la par que por profunda convicción histórica, y propagaba su fe con vigor y dialéctica. Como dije ya, era la única persona que al levantarse por la mañana en la obscuridad, todavía entumecido por el abundante rocío, o, peor, por la lluvia, hacía chistes que provocaban sonrisas, ya que en la tempranísima hora, la risa no era oportuna, por lo que expresaban y, sobre todo, por el espíritu efervescente del que los decía. Sus estudios habían sido sólidos; recordaba con cariño a sus maestros españoles cuyos discursos académicos repetía en largos trozos. Orador brillantísimo, se dirigía a menudo a las tropas. Escritor sobrio, fácil, elegante, redactaba las proclamas y las cartas oficiales de la División. Como la gran mayoría de los temperamentos festivos, escribía con sentimentalidad patética o adolorida. Enrique Villuendas y yo nos ligamos de una amistad tan profunda que nos hermanamos en sentimientos e ideas. Esta duró hasta su muerte trágica y prematura, en la paz, en 1905, por asesinato vulgar aunque de forma política, perpetrado por aquellos mismos a los cuales había dado la Independencia, y, más aún, dignidad y honor de ciudadanos.

Ruperto Pina había vuelto del hospital de sangre curado de sus graves heridas. También Antonio Vivanco, salvado milagrosamente de un balazo en la cabeza, volvía a la batalla y al cariño de sus amigos. Había aumentado el paludismo. Todos los componentes del Estado Mayor sufrían de fiebres diarias.

El General José Miguel, respondiendo a la orden del General en Jefe, la misma tarde de mi llegada, ordenó la marcha hacia el Cuartel General.

Al salir del campamento nos fué avisado que una columna enemiga había salido de Sancti-Spíritus rumbo al Jíbaro. El General José Miguel Gómez dividió sus fuerzas, ordenó al Regimiento de Infantería mandado por el delicado poeta Francisco Díaz Silveira, que marchase hacia uno de los caminos y se emboscase en un punto estratégico, batiendo al enemigo si pasaba por aquel lado, mientras él siguió otro camino para atacarlo de frente. El enemigo que hubiera debido tener más interés que nosotros en darnos batalla dada su superioridad numérica, avanzó en cambio hacia su meta a campo traviesa, entre nuestras dos columnas burlándonos por completo. Se trataba de una columna *convoyera* que deseaba cumplir simplemente su misión.

Esta decisión del jefe español pudo ser causa de magníficos resultados para ella, pues poco faltó para que tuviéramos un fuerte choque, no con el enemigo, sino con el General Francisco Carrillo que venía por el mismo camino, a retaguardia de la columna española, sin saberlo. Carrillo tenía una numerosa escolta, bien montada y abundantemente municionada. Viejo mambí, hombre agudo y práctico, estaba provisto siempre de todo lo necesario. Su previsión era extraordinaria y su rostro ostentaba una bondad espontánea y suave. Cuentista admirable, salía de todos los compromisos con una frase, con un chiste, con un apólogo. El General Máximo Gómez le quería mucho, y él a su vez lo veneraba. Habían estado juntos en tantas aventuras peligrosas, en Cuba y fuera de Cuba! Carrillo en las otras guerras había sido considerado como un temerario; en ésta, peleaba sólo por necesidad, cuando se veía compelido, lo hacía como un cazador que no deja la presa. Su rostro se transformaba, su cara abacial se estiraba furibunda, los ojos se inyectaban de sangre. En el combate de las Damas, tomó un rifle, y mientras ordenó que retiraran el cadáver del General Serafín Sánchez, su jefe en aquella operación, se mantuvo a retaguardia deteniendo a los soldados españoles con disparos que, según se afirmó entonces, hacían, todos, blanco en el cuerpo de algún enemigo. José Miguel Gómez y José González salvaron los restos de las tropas del inolvidable General Serafín Sánchez, en aquella triste jornada, de un verdadero desastre, contraatacando al enemigo con mortíferas cargas de caballería. Pero Carrillo, teniendo al lado al valeroso Enrique Loinaz del Castillo, se batió como un león.

En el súbito encuentro de este día, nuestra vanguardia que tenía la orden de hacer fuego tan pronto viera al enemigo, tiró sobre las fuerzas de Carrillo sin dar el "alto quien va". Estas ripostaron. Pero de un lado y otro pronto se notó el error. Por gran suerte no se derramó sangre cubana.

Frente a frente los dos jefes se saludaron afectuosamente.

—"José Miguel, José Miguel, José Miguel, por poco te doy una arrollada que te meto en Bacuino, Bacuino, Bacuino"...

—"General", replicó José Miguel, "hoy con las ganas que tengo de pelear, lo hubiera llevado hasta la Sierra de Remedios". Las alusiones eran picantes para los dos, porque el campamento de descanso del General Carrillo estaba en esa Sierra y Bacuino era una propiedad del General José Miguel.

—"Como, como, como... me ibas a ganar con ese italiano que se tambalea sobre el caballo".

Yo estaba a unos dos o tres metros atrás y me sentí molesto. ¡Italiano que se tambalea!... Ciertamente la cosa va conmigo. Avancé con mi caballo a la primera fila para comprender mejor que quería decir aquella frase tan agresiva

Pero el General José Miguel, todo equilibrio, tratando de darme una reparación, replicó:

—"El italiano ese vale tanto como el mejor de nosotros", y luego formalmente añadió: "General Carrillo quiero que conozca al Teniente Coronel Ferrara, que se ha batido con mis fuerzas desde que llegó, en primera fila, con admiración de todos sus compañeros".

Carrillo avanzó hacia mí. Me estrechó la mano, y con una afabilidad paternal me dijo:

—"Estaba jugando con mi viejo compañero de la guerra chiquita. No sabía siquiera que Vd. estuviese presente, pues me habían dicho que se encontraba en el campamento del General en Jefe. Queriendo hacer una broma me referí al italiano que, como de un bicho raro, todos hablan ahora en la División".

La comparación al bicho raro no me gustó, pero desde joven no he sido muy susceptible a las intemperancias verbales; por ello repliqué:

—"Vd. no tiene que darme ninguna explicación, General, tanto más que es cierto que me tambaleo un poco a caballo". Y luego con sobrada pretensión, añadí:

"Se necesita mucho valor, General, para cargar al machete tambaleándose uno sobre el caballo. Este es un valor que no conocen los grandes jinetes".

—"Oiga, oiga, José Miguel, esta es una lección para nosotros. El General en Jefe dice que uno nunca aprende en la vida, y hoy yo he aprendido mucho. El que sirve para ser matado, tiene más valor que el que sabe matar".

Los dos jefes se retiraron a un lado con los tenientes coroneles Villuendas y Malaret, conferenciaron largo rato y, después de los saludos de rigor, cada columna siguió su marcha. El General José Miguel en su cortesía sin límites, estaba muy apenado por el incidente mío, y a decir verdad, yo no. He dicho ya, que he tenido siempre gran tolerancia, por las violencias verbales, y lo atribuyo a que en las aulas universitarias los estudiantes rebeldes, creíamos que era virtud cívica tratarnos con dureza, considerando que ésta, y sólo ésta, era expresión de verdad sincera y de civismo.

Al día siguiente llegamos al Cuartel General.

Máximo Gómez y José Miguel Gómez tuvieron una larga entrevista inmediatamente. El General en Jefe, al conocer que Carrillo estaba cerca, le despachó una comisión para ordenarle que se uniese a él, a marchas forzadas.

Los tres jefes, reunidos, hicieron sus planes de resistencia y de ataque. Decidieron que el General José Miguel marchara sobre Trinidad como lo tenía preparado, a dar un golpe, algo que debía ser muy resonante. Esto debía desvirtuar, sobre todo, los efectos de la presentación de Massó Parra. Carrillo debía actuar con mayor vigor en la jurisdicción de Remedios y Yaguajay. El Brigadier González debía extender su presión hasta el río Sagua la Chica, mientras el viejo Gómez decidía una vez más, quedarse en el centro de la jurisdicción entre la Demajagua, la Reforma, el Blanquizal, o sea un perímetro de pocas leguas cuadradas, y precisamente en donde el enemigo concentraría sus fuerzas más numerosas. Y a pesar de toda la persecución española, no salió del estrecho territorio prefijado, y allí se mantuvo hasta el final de la guerra. Yo comparé entonces esta campaña, poniéndola dentro de los límites de la guerra de guerrillas, a la de Napoleón en la Champagne, la más brillante de todas las suyas, en los meses que precedieron a la abdicación en 1814.

Uno de los días en que los tres generales resolvían lo que debía hacerse, estando de oficial de guardia del campamento de la División, acompañé al General José Miguel a la entrevista. Me quedé fuera de la tienda donde se reunieron, pero no tan lejos que no oyera, involuntariamente, parte de lo que decían. El General José Miguel manifestó que debía nombrarse nuevo Jefe de una Brigada. Me reservo el nombre de la Brigada y de la persona nombrada por razones fáciles de comprender.

—"Propongo que se nombre a Fulano de Tal", dijo el General Carrillo, y añadió, después de unos minutos al ver la cara de estupor de sus compañeros: "No es muy apto, pero así le quitamos el Regimiento".

José Miguel, después de un silencio en que se veía su esfuerzo mental, añadió:

—"En efecto, su segundo en el Regimiento es un jefe perfecto y de gran valor; y será más activo y eficaz".

Máximo Gómez resolvió diciendo:

—"Háganme la propuesta, la elevaré al Gobierno para su aprobación. Es un buen patriota este hombre y en la Brigada será más útil que en el Regimiento".

Me quedé sin respirar. ¡Cómo! ¿Se asciende a quien no es apto para el grado inferior? ¿La selección se hace al revés? La teoría de la sobrevivencia del mejor que Darwin me había metido en el cerebro, no era, pues más que una... teoría... Es la guerra, me dije entonces para mis adentros. Hoy digo: ¡es la vida!...

Asistí también al día siguiente a otra conversación, la más importante que se celebró entre los tres jefes sobre la preparación militar para resistir la invasión anunciada. Recuerdo casi con exactitud los términos de la misma, porque me dió a conocer la situación crítica de nuestra guerra en la región occidental.

José Miguel fué el primero en hablar:

—"Las provincias de la Habana y Matanzas se hallan con fuerzas reducidas. La moral de las tropas allí ha sufrido pruebas muy duras, aunque su resistencia es admirable. La segunda división de Las Villas está en mucha mejor situación, especialmente en Santa Clara y Placetas, pero el hambre le impide operar con energía. La Brigada de Trinidad casi no existe. La Brigada de Sagua se halla reducida a poco más de un Regimiento, y la de Cienfuegos aunque tenga un fuerte espíritu combativo, no se atreve a atacar por falta de parque. No conozco bien el estado de nuestras tropas de Pinar del Río. Pero supongo que, después de tantos combates que han sostenido y después de haber perdido a dos grandes jefes, uno muerto y otro prisionero, cuanto se haga, debe ser un verdadero milagro". Se refería a los Generales Maceo y Rius Rivera.

"Debemos, pues, decirnos la verdad. Occidente no está pacificado; la llama de la Revolución está encendida en todas partes; pero está debilitado. Tenemos en perfectas condiciones las brigadas de Sancti-Spíritus y Remedios. Si el enemigo, con este ataque que está preparando, tiene éxito, la guerra en Occidente continuará, sí, pero lánguidamente, y el enemigo podrá llevar sus mejores tropas al Departamento oriental. Esta invasión del General Marina debe responder a esa finalidad''.

"Propongo que nosotros ataquemos antes de que Marina nos ataque, y que, luego, cuando todas sus fuerzas hayan llegado y las columnas sean tan numerosas que nos sea imposible presentarles combate en campo abierto, fraccionemos nuestros regimientos en pequedas unidades. Las pondremos emboscadas en los pasos de los ríos, a la salida de los pueblos, cerca del ferrocarril de Tunas de Zaza a Sancti-Spíritus, en las veredas más importantes, en fin, donde quiera que el terreno nos favorezca... Debemos repetir la táctica usada cuando la invasión de Weyler''.

El General Máximo Gómez interrumpió:

—"Vd. ha hablado de atacar antes de que nos ataquen. ¿Qué plan tiene para ello? Luego veremos lo que debe hacerse con los cuarenta mil hombres de Marina, que no sabemos aún si llegarán''.

—"El ataque"—replicó el General José Miguel—"lo tengo no sólo pensado, sino preparado. Al dejarles a Vdes. le voy a dar machete a una guerrilla cerca de Arroyo Blanco que según informes del Coronel Tello Sánchez, sale todos los días a forrajear a una legua del pueblo. Ya tengo ordenado a los Tenientes Coroneles Sorí y Alonso que estén por aquellos parajes, para unirlos a mi escolta o tenerlos a mano para la operación. Realizada ésta, me dirigiré a marchas forzadas hacia Trinidad. Cambiaré la caballería cerca de las lomas de Banao, en que hay depósitos de caballos, y seguirá al Valle de Trinidad, en donde quemaré todo lo que me encuentre al paso y probablemente destruiré algún ingenio y toda la caña del valle. No creo que podré llegar a la ciudad misma, pero, sí, a algún pueblo fortificado, de los que la rodean. De vuelta a Sancti-Spíritus, atacaré los ingenios del Sur y caeré sobre el Jíbaro''.

—"José Miguel", interrumpió el General Carrillo, "si haces todo esto te daremos una medalla''.

El General Máximo Gómez levantó la cabeza, miró a Carrillo y poniendo el brazo sobre la espalda del General José Miguel, dijo lentamente:

—"Este hombre pelea como un sargento y prepara el combate como un general. Nosotros no tenemos medallas. El hará lo que dice, y la Patria le expresará, vivo o muerto, su gratitud el día de mañana". Y volviendo los ojos hacia arriba, continuó: "La Patria, la Patria no ha sido nunca muy agradecida. Esperemos que la nuestra lo sea en el futuro con los libertadores. Mientras tanto cumplamos con nuestro deber".

Al oir las palabras desconsoladoras y severas de aquél viejo guerrero, que había dado a Cuba en tantos lustros su existencia, su ardor y sacrificio, sentí una profunda emoción. Lágrimas juveniles querían asomar a mis ojos. Sólo un fuerte sentimiento de pudor guerrero las mantuvo sin derramarse; la garganta las devolvió al fondo del alma. Me parecen hoy un presentimiento de predestinado. ¡Cuántas veces he pensado en el curso de mi vida en la breve frase de aquel genio! He pensado en ella sobre el lecho de muerte; de una muerte que no me deparaba la Providencia, por cierto... Pero ¿quién representa la Patria? Frecuentemente, no aquéllos que más la invocan para cohonestar sus fechorías, o perversidades.

La conversación continuó luego sobre los pormenores. Carrillo ofreció el parque necesario desprendiéndose del que tenía. El General en jefe ordenó dar gran parte de su quinina para detener un poco la epidemia de fiebre palúdica que diezmaba nuestra División. Se decidió, en fin, que al día siguiente se pondría en actuación el plan de José Miguel, mientras las fuerzas del Brigadier González avanzarían, a su vez, hacia el territorio de Sagua por la costa norte. Operación también difícil que el Brigadier González llevó a cabo brillantemente. Ese Brigadier era un jefe animado por un alto espíritu de dignidad y un noble sentimiento de honor.

Antes de separarse, el General José Miguel recomendó al General en Jefe que evitara todo combate, porque el momento era crítico, y su desgracia personal en aquella hora, sería de efectos muy graves para la guerra.

—"No, no", gritó Máximo Gómez, "voy, en cambio, a pelear muy duro. General, yo tengo que corresponder al valor de mis subordinados. Y oiga Vd. algo que no le había dicho. He pedido una fuerza, con un buen general, a Calixto García para enviarla a Matanzas y a la Habana. Me ha ofrecido mandarme al General Mario Menocal, un joven que en la toma de Tunas peleó duro. Pero la cosa se está demorando más de la cuenta; si no me lo manda, iré yo otra vez a Occidente. Así, tenga la seguridad que las operaciones en Occidente no languidecerán"...

Aquella misma tarde ví un espectáculo muy original, que los Ejércitos regulares no han conocido nunca. El Jefe supremo de todos los libertadores de Cuba, sentado detrás de dos viejas *latas de aceite de carbón*, con una gran cuchara en la mano daba a sus soldados, que pasaban en línea uno detrás de otro, una toma de cierta composición de agua, limón y quinina que había hecho él mismo. Todos se acercaban con repugnancia por lo amargo del trago, pero todos iban, sólo porque lo daba el Viejo Gómez. Nosotros fuímos invitados también y recibimos nuestra bebida, preocupados más que por lo amargo del trago, por la cantidad de saliva que había humedecido aquella cuchara.

Por la noche hubo música en el campamento. Los pocos instrumentos de las dos bandas del Cuartel General y de la División se unieron y tocaron algo que fué muy del agrado de los soldados, muy poco peritos en este arte. Nosotros visitamos a los compañeros del Estado Mayor del General en Jefe, y la conversación cayó sobre el propio general. Cada uno contó los *incidentes* que había tenido, o anécdotas que habían llegado a su conocimiento. La anécdota no es una prueba directa de la verdad histórica, pero sirve a esta verdad más que el relato exacto y comprobado de los hechos. Ella, cuando surge coetáneamente con las personas de que trata, expresa con exactitud el carácter de las mismas. Las anécdotas sobre un gran hombre, si son muchas y concordantes, dan la figura de éste en toda su integridad, mejor que las biografías que, muchas veces, por lo exagerado de sus rasgos, resultan caricaturas o apologías.

Sentados en el suelo, riéndonos a carcajadas, burlándonos recíprocamente, nuestras almas jóvenes respiraban alegremente. "Mañana moriremos como ayer murieron los que amamos. Lejos de la memoria, lejos de los afectos, como sombras ligeras desvaneceremos en el espacio", así ha cantado lo deleznable de la vida un poeta, así con mayor razón pensábamos nosotros. Todos los goces materiales nos estaban vedados, quedaba uno, el mental. Y en él se expandían nuestros espíritus.

Enrique Villuendas con mucha vivacidad, contó el duelo de... palabras, como él dijo, entre el General Máximo Gómez y Matías Duque. Éste de un valor temerario, y de una devoción sin límites a su profesión, le oyó el relato protestando continuamente. Helo aquí:

Estando Duque en un hospital de sangre, después del combate de San Andrés sobre el río Zaza, fué llamado con urgencia a un rancho cercano para curar a una señora. Una *Comisión* del General Máximo Gómez, que lo encontró tomando café después de la operación felizmente realizada, se lo llevó a título de *majá* al Cuartel General, no obstante la airada protesta del joven médico. El General al verle, sin preguntarle la causa de su presencia en el rancho, lo trató con dureza. Duque no era hombre que se dejara injuriar impunemente por nadie. Se había incorporado a la Revolución en sus comienzos, en la provincia de Matanzas, quemando con los patriotas que lo habían seguido, como primera acción de guerra, el ingenio de su propio padre, un honorable isleño, trabajador y bueno, que había levantado aquella fábrica después de una vida de duras labores. Luego había servido bajo dos jefes, uno después de otro, temibles bandidos en tiempo de paz, Matagás y Morejón, regenerados por el ideal patriótico. Fuerte de espíritu, como de la mente, había dominado siempre a sus superiores en grado, mientras que era bondadoso en demasía con sus subordinados. Todos los que le tratábamos, procurábamos no contradecirle, porque era fácil a la irritación, y, entonces, muy peligroso. Se batía como un soldado en vanguardia, y curaba los heridos en la misma línea de fuego. Buen jinete, estaba siempre corriendo hacia donde había mayor peligro.

Protestaba si alguien tiraba detrás de él, pues afirmaba que todos debían estar en primera fila. Animaba a todos a la carga. Era el último en la retirada. Bueno con todos, no conocía el límite del sacrificio. Su asistente *Goyito* recibía las atenciones de un hijo: el Doctor le daba su hamaca, si tenía fiebre, mientras él se acostaba en el suelo. Llevaba a los heridos hasta el hospital de sangre que organizaba con mucha pericia, y luego por la noche, muchas veces sin práctico, a altas horas, siguiendo el rastro, llegaba al campamento.

Todas estas buenas cualidades que los compañeros le reconocíamos, no impedía que nos dijéramos unos a otros: dejemos tranquilo al Doctor que está muy majadero. Yo le he visto en más de una ocasión dar con la mano a un compañero, cosa muy grave y peligrosa siempre, pero mucho más en la guerra, donde cada hombre se juega la vida a diario y tiene un revólver a la cintura.

Decirle a Matías Duque *majá*, era una blasfemia y un grave peligro, aún para el General en Jefe.

Duque a tal ofensa, interrumpió violentamente a Máximo Gómez:

—"General, no me trate así: General, retire Vd. esta palabra; General, Vd. debiera conocerme ya. Vd. debiera saber que no he venido a la guerra a tomar nada de nadie, sino a darlo todo. Vd. es injusto, inhumano. Vd. me calumnia..."

El General Gómez le interrumpía, le gritaba, lo amenazaba. Pero el pequeño doctor, delgado y bajito, menudo y nervioso, continuaba gritando y gesticulando.

—"Cállese Vd., cállese Vd. ¿Está Vd. loco?", le dijo al fin Máximo Gómez cubriendo su voz.

—"No, no estoy loco. Ni sus canas, ni su alta graduación militar, ni su historia, ni su patriotismo, ni el servicio que presta Vd. a mi patria, pueden autorizarle a ofenderme. Yo le he dado a la Revolución todo, familia, bienes, porvenir. He destruído lo que no era mío sino de mi familia, y que había visto levantar con el sudor de la frente de quienes amo sobre toda otra cosa en el mundo, y Vd..."

—"Cállese Vd. o lo mando fusilar".

—"No me callo. Fusíleme mil veces antes de injuriarme".

Máximo Gómez no había oído nunca tantas palabras ardientes, ni había encontrado tanta resistencia. Miró a aquél manojo de nervios que tenía delante, con asombro, y dándose por vencido le volvió las espaldas diciendo en voz baja:

—"Este hombre está loco. Bueno, bueno. Después de la guerra discutiremos esto por la prensa..."

Los asistentes a esta escena quedaron atontados. Todos creían que el General en Jefe le formaría consejo de guerra. En cambio, al día siguiente lo llamó a su tienda y le dió cumplida satisfacción. En Máximo Gómez detrás del hombre violento vivía el gran hombre.

Duque protestó de que Villuendas con su fantástica imaginación y su mímica inimitable exageraba la escena relatada. Le negó veracidad en los detalles. Admitió que lo habían atropellado y que él estaba molesto, pero no quiso admitir que Gómez lo había calificado de loco, sino de muy excitable, etc., etc. Nos injurió a todos por estar "de idiotas oyendo sandeces". Queríamos tanto a este magnífico ejemplar de nuestra guerra, que le perdonábamos las palabras ofensivas, contestándole con risas y bromas.

Cuando me tocó mi turno, hablé del trato que había recibido un oficial farmacéutico, persona sosegada y tranquila, que luego desempeñó en la República, altos cargos.

Este buen ciudadano tuvo la debilidad de ponerse unas estrellas en el pecho que no correspondían a su graduación. Un poco la vanidad, y un poco la esperanza de no encontrarse con el General en Jefe, le hicieron cometer tan grave falta. Pero encontrado en un rancho y llevado a la presencia del viejo guerrero, éste le preguntó:

—"¿Quién lo ha hecho a Vd. comandante?"

—"General", respondió suavemente, según era costumbre del boticario por tradición familiar y patriota de abolengo, como soy profesional y a los profesionales se les da el grado mínimo de comandante, así..."

—"Se le da..."—contestó Gómez—"¿dónde está su nombramiento?"

—"No lo tengo. Se me ha perdido".

—"Vd. miente", rugió el General, y en efecto, el buen hombre había mentido por miedo. "Vd. miente, se lo leo en la cara".

No pudiendo resistir la mirada de fuego del Jefe que había sido siempre su ídolo desde sus primeros años, cuando el padre le relataba las gestas del sesenta y ocho, el ofendido bajó la mirada en señal de afirmación.

—"Cobarde, vil, hombre sin honor, mal patriota, etc., etc." Durante media hora siguieron palabras de este género entre las cuales abundaba una que los dominicanos usan mucho, pero que en Cuba no resulta propia. Durante media hora, repito, una catarata de injurias cayó sobre aquel hombre que ya pasaba los treinta años, y que inmóvil, pálido, extenuado, parecía la misma muerte, en su rostro y en toda su actitud.

Una frase terriblemente *shekspeariana* puso término a la triste escena:

—"Morón, quítale el machetín tan bonito que tiene, y déjale el revólver. Si tiene vergüenza este hombre, ahora mismo irá a pegarse un tiro". Morón que era el asistente del General Gómez, un español que le fué de una fidelidad admirable hasta la muerte, cumplió la orden.

La persona que recibió tal agravio, era de sentimientos tan gentiles y de tan fuerte patriotismo que, buen amigo luego en la paz, nunca profirió una queja, y no pocas veces, después de la muerte de Gómez, le oí decir, como parodiando la frase de Tayllerand sobre Napoleón, sin conocerla:

—"¡Qué gran hombre, lástima que la violencia lo arrebatara tanto!"

Efectivamente, Máximo Gómez era implacable en ciertas horas. Tal parecía que el primer agravio lo invitara a un segundo, y éste a otro, y así seguidamente. Su cerebro volcánico se excitaba *in crescendo* por el error o la falta del subordinado; todo castigo parecíale insuficiente para el mal que se había hecho.

Un jefe perteneciente al Estado Mayor General nos habló del cepo de campaña dado a un Comandante, y de la amenaza de que fué objeto el General Lacret por haber protestado de tan bárbaro castigo.

Un día un joven oficial llegado de Occidente, de aspecto vigoroso, valiente y decidido, y de alguna cultura, había robado a una pobre familia pacífica, retirada en un bosque firme para huir a todos los abusos, los pocos víveres que le quedaban. El General Gómez al tener conocimiento del hecho ordenó que se le diera un cepo de campaña. Había en la Revolución distintas formas de cepos de campaña; uno de ellos consistía en levantar todo el cuerpo en el aire por un nudo corredizo que se ponía en el dedo gordo de un pie. Pero el General Gómez, como la mayoría de los jefes, usaba otro muy conocido y menos duro, que se daba pasando un rifle entre las rodillas y los brazos, estando el paciente en cuclillas. Algo también terrible, que podía resistirse cuando más, unos cuantos minutos.

Dar un cepo de campaña a un oficial era cosa muy excepcional. Puede decir que no conozco más que este caso en toda la guerra. El sujeto que lo recibió era en realidad, un hombre de cuidado, y tan de cuidado que, después de la paz, fué muerto por la policía en un pueblo de la República por uno de sus delitos. Mientras sus lamentos y sus gritos subían a los cielos, los oficiales y jefes del Cuartel General protestaban del hecho, pero... lejos del General en Jefe. Se tramó hasta la protesta colectiva de pedir el *pase* para otras fuerzas, derecho reconocido de nuestra guerra como legítimo: única libertad individual que la costumbre concedía a un subordinado. Para la sensibilidad del General en Jefe, un acto de este género, ser abandonado por todo su Estado Mayor, hubiera sido de una gravedad excepcional. En el Campamento se encontraba por mero acaso el General Lacret Morlot, antiguo jefe de la División de Matanzas, valiente entre los valientes, admirado y querido por todos, cubierto de heridas y veterano del sesenta y ocho. Lacret era francés, o hijo de francés, de Santiago de Cuba, y hablaba el español arrastrando la *r* muy marcadamente. Indignado por lo acontecido, tanto más que aquél oficial había estado a sus órdenes, se creyó en el deber de ser el portavoz de la indignación general y se dirigió a la tienda del General en Jefe, que en ese momento escribía en su hamaca teniendo el papel sobre sus piernas, como era su costumbre. Gómez lo vió acercarse y, habiéndolo comprendido todo, lo miró de reojo sin levantar la cabeza.

—"Mayor, *prrotesto, prrotesto, prrotesto*",—dijo Lacret, deteniéndose frente a la tienda.

Gómez quedó impasible, y continuando en su postura, replicó en voz baja:

—"Un cepo de campaña se lo doy también a un General".

Lacret siguió de largo, y al día siguiente se marchó del Cuartel General en son de protesta más efectiva. El Oficial agraviado hizo lo mismo; volvió para Occidente y se batió muy bien hasta el final de la guerra. El Cuartel General se apaciguó. Más tarde todos reconocieron, y nosotros también aquella noche en que el compañero del Estado Mayor hablaba, que sin este hombre tan vigoroso, tan decidido, tan severo, tan violento, hubiéramos perdido la guerra, ya que en nuestras filas se hallaba todo el iris de la psicología humana. Las instituciones que rigen la vida de los hombres, deben estar en consonancia con las necesidades vigentes, por ser ellas un medio y no un fin. Gómez sabía por triste experiencia, que la revolución de los diez años se había perdido por los erróneos criterios políticos, y por transigencias o debilidades. La organización revolucionaria con lazos tan débiles y relaciones tan discontinuas, no podía tener por base los principios de libertad y democracia, que exigen una normalidad perfecta en el conjunto, y deberes limitados de parte del ciudadano. En una hora en que el hombre debía darlo todo a la causa común, y en que era difícil aplicar castigos proporcionados al delito, eran indispensables dos cosas, y solamente estas dos cosas: para los buenos, el fervor patriótico, que Gómez predicaba con el ejemplo, y, para los malos, el terror.

Los romanos prácticos siempre, a pesar de tener en alta estima el derecho ciudadano, crearon la Dictadura como una magistratura legal para los momentos difíciles, ya que ninguna grave dificultad social, dolorosa y complicada, puede resolverse por medio de la ecuánime y ponderada justicia distributiva, que es, en cambio, eficiente en grado máximo, en los procesos sociales lentos, en los cuales, tranquila y sosegadamente, el ciudadano se adapta a las instituciones que lo gobiernan, y las instituciones al ciudadano que las forma.

Después de casi medio siglo, durante el cual he mantenido y cultivado las ideas demócratas, mirando hacia atrás, pienso hoy como pensábamos en aquella noche, Duque, Villuendas, Pérez Abreu, Saturnino Lastra, Boza, Tavel, Primelles, Armstrong, Regueyra y tantos otros, que sin el General Máximo Gómez y sus terribles violencias, no hubiéramos llegado a la independencia de la Patria, en aquél período histórico.

Otra anécdota, sobre lo que Gómez pensaba del Gobierno vino a despertar la hilaridad.

Una de las cosas que más herían la sensibilidad de Máximo Gómez, era la vida cómoda. Este jefe no sabía explicarse más que la actividad continua y vigilante. Nosotros teníamos un Gobierno organizado que, en las condiciones en que vivíamos, era poco útil, y sus miembros vivían bien. El Gobierno hacía lo que podía, y no podía hacer mucho. Toda su buena voluntad se estrellaba frente a la dificultad de no haber vida civil, porque todo era militar o una dependencia de ello. Sin embargo, teníamos una organización completa, en Oriente, Camagüey y en las Villas, de prefectos con sus jefes los gobernadores y vice-gobernadores. Esta era menos completa en las otras tres provincias, pero bastante buena. Teníamos un servicio de correos deficiente, pero capaz de llevar cartas privadas desde Oriente a Occidente; había otro, de hombres guarda-costas y, otro más, de salinas. Estos servicios en realidad dependían más de los jefes militares cercanos, que del lejano centro gubernamental.

Necesitábamos tener un gobierno, porque tal forma superior de vida pública, nos presentaba como una comunidad organizada, una República que podían reconocer las naciones extranjeras cualquier día en que sus pensamientos altos, y su sentido honorable, se dirigiesen hacia nosotros. Sabido es, que nuestro gran interés, nuestro anhelo fué siempre ser reconocidos por los Estados Unidos, como Estado independiente para podernos abastecer de armas y municiones y financiar las compras. La Revolución no pensó en la Intervención armada más que en los últimos momentos, cuando ya los Estados Unidos habían decidido intervenir con la fuerza en el conflicto hispano-cubano. Siempre la esperanza mayor estuvo en el reconocimiento de beligerantes.

Por necesidad, y no por la voluntad de sus miembros, nuestro Gobierno resultaba en tres cuartas partes, un objeto de lujo en constante descanso, y esto irritaba sobremanera a Máximo Gómez. El Gobierno a su vez, se irritaba con Máximo Gómez por su actitud despectiva. El Marqués de Santa Lucía que desempeñó la Presidencia de la República en armas, en el primer período, no era tampoco un hombre fácil o manejable. Valiente entre los más valientes, cuando se encontraba cerca del enemigo acudía a los combates, sin armas, con un bastoncito en la mano; paseaba su alta persona, con pasmosa tranquilidad en las primeras filas, y, firme y testarudo, no quería retirarse cuando había que hacerlo, y hacerlo rápidamente, sino cuando se le antojaba. Además "El Marqués", como se llamaba a Salvador Cisneros y Betancourt, tenía la palabra tan cortante y agresiva como el propio General Gómez. Más viejo que éste, con la arrogancia que da la alcurnia y la riqueza disfrutada desde la infancia, lo asaltaba con vigor cuando se presentaba la divergencia. Su voz nasal, no subía del tono habitual, pero sus palabras eran duras, cortantes. El choque entre los dos altos jefes, uno Presidente del Consejo de Gobierno y el otro Jefe del Ejército, era lamentable para todos. El Gobierno en una ocasión tuvo destituído a Máximo Gómez que probablemente, de haberse cumplido la resolución tomada, se hubiera ausentado de la Isla, según se dijo entonces, o se hubiera hecho cargo de una pequeña fuerza peleando libremente. Máximo Gómez nunca pensó destituir al Gobierno, porque oscilaba entre dos opuestas convicciones: el Gobierno es malo porque no actúa; es útil porque nos representa en el campo internacional.

Le oí decir una vez:

—"Al Gobierno hay que respetarlo. Es nuestra suprema autoridad. ¿Qué pueblo puede vivir sin gobierno? El Gobierno es supremo. Ahora", añadió en voz más baja y confidencial, "yo no sé el nuestro para qué sirve... Todos los días me lo pregunto y no hallo contestación..." Palabras contradictorias como éstas, las repetía a menudo, al que quisiera oirle. Su mordaz ironía en este asunto nos la reveló aquella noche en una anécdota, el Dr. Gustavo Pérez Abreu. Este Doctor, hombre reflexivo, juicioso y patriota, que veneraba al General Gómez y éste le correspondía teniéndole gran afecto, sentado en el suelo, nos habló de la exaltada irritación del General Gómez, a raíz de ciertos incidentes que provocaron el anuncio de sus dimisiones. Máximo Gómez no podía darse paz, y lanzaba todos los dardos de su indignación, sin disimulo ni reticencia, contra los hombres que le habían agraviado. Una mañana a la vista del Campamento de Gómez, pasó Severo Pina que era el Secretario de Hacienda y delegado en aquel momento, con plenos poderes de todo el Gobierno, y además vice-presidente del Consejo. Gómez miró la pequeña columna en marcha y dirigiéndose a sus oficiales, gritó:

—"Allí está el Gobierno..., allí lo tenéis. ¿Qué es el Gobierno? Severo Pina, cuarenta acémilas, y un cantor".

Sus oficiales rieron francamente al oirlo, y nosotros también. Luego esta definición se hizo pública y sirvió, más que todas las polémicas y frases precedentes, como todos los estribillos, para agraviar a aquellos patriotas que no cumplían su misión dentro de las posibilidades a nuestro alcance.

Para comprender bien la frase despectiva, es preciso conocer los elementos enumerados por Gómez. Severo Pina tenía una figura que imponía respeto. Su familia era muy considerada en Sancti-Spíritus, y él sentía orgullo de su posición familiar. Su arrogancia física a caballo era muy admirada. Temperamento sereno por lo general y de tendencias conciliadoras, su piel rojiza y sanguínea, sin embargo, indicaban la violencia, que en él se presentaba raras ocasiones, en forma impetuosa y ciega. Pina trataba habitualmente con profundo cariño al General en Jefe y le razonaba mucho; pero cuando éste le levantaba la voz en presencia de otros, no se callaba, y replicaba con dureza.

Las acémilas eran menos de cuarenta, pero su número, suficiente para nuestra organización en ese caso. Llevaban los archivos, las tiendas, algunas mesas para escribir, papel y tinta en cantidad, etc., etc., y también víveres. El cantor era un tipo simpático de habanero, Ramiro Mazorra, bastante buen tenor que por la noche en los campamentos deleitaba a todos con sus himnos, sus romanzas y hasta con trozos de ópera. Mazorra se había agregado momentáneamente al Gobierno en donde vivía mejor, y aquel día tuvo la mala suerte de marchar a la vista del General en Jefe. Esta fué su perdición para todo el resto de la guerra.

El nombre de Severo Pina en el relato de Pérez Abreu, provocó a Nicolás Alberdi, a decirnos algo sobre el incidente del periodista español Luis Morote. Alberdi fué, si no me equivoco, el defensor de Morote, y nos dijo más o menos, lo siguiente:

—Morote no me pareció un hombre simpático, por lo menos, no de aquellos que podían ser simpáticos al Viejo Gómez. Era un confianzudo que pretendía tratar a todos los que encontraba como si fuesen viejos amigos de familia. No podía tener éxito en la misión que le dieron.

Me dijo, el día que hablé con él, que en España la oposición era muy fuerte contra la guerra de Cuba, y que había venido para informar por medio de la prensa al público, y particularmente a los hombres de Estado españoles, sobre la situación real de la Revolución, y sobre los progresos, hechos o no, por el Ejército de España. Según su relato, llegado a Cuba, queriendo acercarse en primer término al General Máximo Gómez, había pedido a las autoridades militares españolas una autorización y obtenida ésta, había solicitado del Gobierno Cubano un salvoconducto, que le fué concedido, firmado por el Licenciado Severo Pina.

Cuando entró en el campamento, presentó muy en forma este salvoconducto, que le permitía atravesar nuestras líneas y garantizaba su persona.

Llegado a la tienda de Máximo Gómez, Morote se desmontó y sin dejar que lo anunciaran, avanzó con la mano tendida cordialmente hacia éste, le dijo algunas palabras como si se tratara de un antiguo camarada. El General Gómez dió un salto hacia fuera de su tienda, y gritó: ¿Quién es este hombre? Deténganlo. Y luego continuó diciéndole insolencias.

Alberdi añadió, que él tenía la seguridad que el Viejo ya sabía que Morote iba a verle, y que había hecho aquella escena, porque el salvoconducto no se había pedido, como era de rigor, por el trámite del General en Jefe, ni se le había comunicado el día y hora de la llegada del visitante. Además, nos dijo, que Máximo Gómez en aquellos días al referirse a Morote, lo calificaba siempre de atrevido, por la forma usada al presentársele. Alberdi que tomó parte en el proceso, como he dicho, nos relató todos los particulares y especialmente, como ilustraron sus compañeros Freire de Andrade y Alemán, sobre la situación perfectamente legal de Morote al presentarse en un campamento revolucionario. También el Dr. Méndez Capote, que tenía gran autoridad sobre todas las grandes figuras de nuestra guerra, con su palabra persuasiva y su tranquilidad espiritual, intervino en favor de Morote. La opinión de Méndez Capote era siempre adoptada por los Consejos de Guerra. En éste lo fué también. Morote fué absuelto.

El General exclamó al verle salir del campamento después de la absolución:

"El Consejo de Guerra lo ha absuelto; no discuto. Que dé gracias a Dios. Pero que no vuelva la cabeza hacia atrás hasta que llegue a Sancti-Spíritus".

El periodista español escribió después, que él creía que el General Gómez pensó en un atentado. Puedo asegurar hoy, a tantos años del hecho, como lo aseguró también aquella noche Manuel Alberdi, que ni por un momento Gómez pensó en tal cosa. De haberlo pensado, el machetín que llevaba a la cintura hubiera cortado de un tajo la garganta de Morote, al irrumpir la tienda de campaña, y repentinamente dirigirse a él, porque nadie ha desenvainado nunca un arma blanca con mayor rapidez que Máximo Gómez. Además, como ya he dicho, sabía que Morote estaba en marcha hacia él. La sorpresa y airada repulsa, fué debido, no a su presencia, sino al tono de familiaridad que empleó.

El proceso Morote puso en evidencia la acción poco pensada y peor ejecutada de nuestro Gobierno, al enviar a un periodista español al campamento del General en Jefe, sin avisarle; y esta evidencia, a mi entender, buscó Gómez al ordenar que tal proceso se incoara. Morote no estuvo nunca en peligro, aunque hay que admitir como justificado cualquier temor de su parte. Gómez no hubiera autorizado jamás a un periodista español que lo fuese a entrevistar, porque con su buen juicio, sabía que el emisario no tenía libertad moral para decir la verdad en la prensa, si es que hubiese alcanzado la libertad mental de una superior inteligencia, para ver la verdad tan adversa a las ilusiones en que, a la sazón, se mecía su Patria bajo los efectos de una información, tan inexacta como contraria al verdadero interés español.

Al Comandante Regueyra no le gustaban las discusiones políticas, ni las cavilosidades jurídicas; viéndonos engolfados en un debate sobre si una autorización mal dada sustrae al agente de la infracción cometida, se levantó del suelo, y advirtiéndonos que era tarde, dijo:

—"Bueno, yo lo hubiera matado y luego le hago el proceso. A mí, el General un día me estaba atropellando porque era habanero, y le tuve que decir que era espirituano. A Morote que era español, se le despidió con todos los honores y hasta con abrazos. Y no me digan que no, que yo lo ví..."

Enrique Villuendas creyéndose aludido, contestó con su espíritu alegre:

—"Cállate, Regueyra, cállate que estás rebuznando, te van a contestar los burros de la impedimenta, y se va alborotar el campamento a estas horas".

Nosotros usábamos este lenguaje de *recíproca alabanza*, muy a menudo. Pero Regueyra no era de los tolerantes:

—"El burro es Vd. El burro es Vd.", replicó y no saludó a Villuendas en más de un mes.

Casi siempre nuestras veladas terminaban con frases tragicómicas, y por ello me he permitido evocar este típico incidente entre dos de nuestros mejores compañeros. Aquella noche alegre no quedó empañada en lo más mínimo por las palabras mencionadas. Villuendas y Regueyra fueron en la guerra y en la paz grandes amigos.

Al día siguiente, temprano, todavía en la penumbra de la madrugada, se formaron las fuerzas de la División frente al Cuartel General. Nuestro Estado Mayor hacia un lado, con el General José Miguel Gómez a la cabeza; del otro lado el General Carrillo con el suyo. Máximo Gómez, que montó también a caballo, pronunció un breve discurso:

—"Cubanos, se nos presenta otro momento difícil. La dificultad aviva nuestra energía. Bienvenido sea este momento.

"Los españoles han perdido la guerra; pero quieren caer con honra. Ellos son nuestros padres: nos alegramos, pues, de su decisión".

"Si ellos buscan la honra en la derrota, nosotros queremos que el heroísmo acompañe nuestra victoria".

"Se aproxima una dura campaña. Démosle la bienvenida. Haremos frente al enemigo y no saldremos de esta zona. Nuestro machete está ya inquieto en su funda. Los tiros españoles enardecen nuestros pechos".

"Estamos todos al servicio de la Patria, que es hoy nuestra madre, nuestra esposa y nuestra hija; tiene hoy todos nuestros afectos, nuestra pasión merecida".

"Morir es una gloria, no un dolor; los que mueren, serán los mejores; ellos vivirán más en la memoria de todas las generaciones. Levantemos nuestros corazones. Preparémonos para esta nueva embestida, la última quizás. El enemigo, lo sabéis, no da cuartel. Paguémosle con la misma moneda".

"Soldados, el clarín tocará a *degüello*. Obedecer es la suprema ley. El clarín es la voz de Cuba Libre".

Esta forma de oratoria, ayudada por la hora trágica, y por la figura arrogante del General, que levantado sobre los estribos y con el machete en alto, parecía gigantesca, electrizaba a los soldados y a nosotros mismos. El poder de la palabra es inconmensurable cuando hay íntima correspondencia, como entonces, entre orador y oyentes; es decir, entre un hombre tan grande y respetado, y soldados tan devotos y decididos.

Máximo Gómez, con sus palabras anunció que no se retiraría de aquella zona, en donde iba a buscarlo un enemigo cien veces más fuerte. Y cumplió su promesa batiéndose a diario, y pasando, a veces, derrotado, por encima del enemigo. La estrategia del viejo guerrero en esta campaña fué admirable, genial, de astucia y denuedo. Como si previera que sería la última, la cerró con broche de oro, magistralmente.

El General Carrillo marchó primero, hacia el Norte. Nosotros, hacia Oriente, camino de Arroyo Blanco.

El General José Miguel Gómez cumplió todo lo que había ofrecido, aunque cerca de Arroyo Blanco no pudimos dar machete a la guerrilla del pueblo, porque como sucede a menudo, un pequeño incidente suele desviar los acontecimientos previstos: mientras esperábamos emboscados a la guerrilla, debiéndola atacar, al salir, nosotros del Estado Mayor con la Escolta por el frente, el Teniente Coronel Alonso, por el flanco, y el Teniente Coronel Soris por retaguardia, se presentó una gran columna *convoyera*, que marchaba hacia Arroyo Blanco procedente de Sancti-Spíritus.

Todo el plan de lucha de aquel día cambió. En lugar de unos ciento cincuenta hombres, que esperábamos, nos encontramos frente a unos dos mil, o más. Nosotros no pasábamos de unos quinientos. Nos vimos obligados a pelear con esta fuerza en malas condiciones. El combate fué más duro de lo previsto, y más resonante. Esto último era lo que deseaba el General José Miguel. Las bajas enemigas fueron muy numerosas, y las nuestras, también, bastantes. Me salvé por milagro aquel día, pues la fuerte columna enemiga entró inesperadamente por la fila cuyo extremo yo ocupaba. Pensé que era mi deber tratar de detenerla, para que nuestras tropas se pudiesen agrupar primero y colocarse en buenas posiciones después, y sobre todo, para que todos comprendiesen la sorpresa que se había presentado. Un pequeño grupo, en el cual recuerdo a un joven oficial de Trinidad, Melitón Iznaga, la detuvo algunos minutos, suficientes para que nuestras fuerzas maniobrasen adecuadamente, y más que suficientes, para que los españoles hiciesen un número de bajas a los que pretendimos detenerlos, especialmente al pasar un abra que inesperadamente encontramos en nuestra violenta retirada, en dirección al grueso de nuestra fuerza.

Nos batimos después durante dos horas e hicimos hasta un prisionero. El convoy quedó desorganizado. Una mujer que venía en él—amante de un oficial—fué también capturada. Este combate se conoce por el nombre de Peña Blanca, frente a Arroyo Blanco.

Quedamos acampados durante todo el resto del día a dos kilómetros de esta población. Las fuerzas españolas no intentaron salir de la misma, no obstante su superioridad numérica. El General José Miguel Gómez hizo tocar la música en el Campamento por la tarde, y envió grupos a tirotear el poblado. Su finalidad era hacer ruido, y disfrazar su acción futura.

Por la noche, a marchas forzadas, emprendimos sigilosamente el camino, largo y difícil, hacia el Valle de Trinidad. Y tres días después nuestras fuerzas entraban en él, quemando el Ingenio Cañamabo, destruyendo gran parte de las cañas, y aterrorizando los pequeños pueblos cercanos. Las fuerzas del General Manrique de Lara fueron batidas. En el territorio de Trinidad quedó otra vez constituída sobre buenas bases la Brigada libertadora, y con más fuerzas que a la presentación de Massó Parra. A su frente fué designado el Brigadier Juan Bravo, jefe muy hábil y muy querido. En estos encuentros se batió con gran valentía el propio General José Miguel, y fueron muy celebrados por su arrojo los dos hermanos Mendieta.

Al volver al territorio de Sancti-Spíritus, lo encontramos a los pocos días, inundado de tropas españolas. El General José Miguel, temerariamente, pasó la línea del ferrocarril de Sancti-Spíritus a Tunas de Zaza, cerca del pueblo de Paredes, a pesar de que los caballos estaban cansadísimos. Por suerte, los españoles no salieron a batirnos, pues de haberlo hecho, hubiéramos tenido que abandonar probablemente nuestra caballería buscando refugio en los montes cercanos. Este acto de audacia hubiera podido traer muy graves consecuencias. La fortuna, sin embargo, favoreció una vez más a los audaces. Es esta la única ocasión en que ví a mi Jefe, imprudente. Luego nos explicó que se había decidido a arrostrar el peligro de una grave derrota, porque quería dar un golpe sobre los ingenios Mapos y Natividad, lo que, en efecto, llevó a cabo, sin que el enemigo pensara que se trataba de las mismas fuerzas que habían atacado a Trinidad.

La guerra se hizo agudísima. No podíamos movernos sin pelear. Nuestros campamentos estaban rodeados de enemigos. Siempre teníamos a distancia de uno o dos kilómetros, columnas españolas. Las tropas de la Brigada se subdividieron en grupos de diez o veinte hombres, haciendo continuas bajas a las columnas en marcha. El fuego era incesante en la zona de Sancti-Spíritus. El General José Miguel conservó toda su escolta, un poco más de unos cincuenta hombres, pero *aligeró* su Estado Mayor. Nos defendimos muy bien, y tomamos algunas iniciativas, como por ejemplo, el primer ataque al pueblo del Jíbaro, en donde Regueyra se distinguió obligando a la fuerza del poblado a salir de noche, y a batirse en plena sabana.

Esta campaña culminó en el combate de la Crisis, una de las más bellas operaciones militares a que he asistido. En él los Mendieta con la infantería y el Coronel López Leyva, desbandaron a la columna Cuba Española y otras fuerzas, desde una emboscada, y nosotros las cargamos al machete destrozando por completo a los núcleos de hombres que las componían. El trofeo de guerra fué, una buena cantidad de rifles, muchas municiones, sombreros en abundancia, alpargatas, zapatos, machetes. El resto de la columna se refugió en el Jíbaro. Era el día del santo de nuestro Jefe, y la carga se dió sobre caballos cerreros, que acabábamos de coger en los potreros del Sur.

Máximo Gómez, al norte, no daba tampoco paz a los españoles. La Demajagua, la Reforma, la Campaña, Juan Criollo y otros campamentos habituales, lo vieron todo el tiempo. Batía a una columna, se retiraba velozmente; la asaltaba de nuevo, a poco tiempo; se le ponía a retaguardia, y... y por la noche, acampaba a uno o dos kilómetros de la misma.

Un día en una conversación que tuve con el General en Jefe, que estaba de buen humor, al preguntarle como había podido quedarse en una zona tan limitada, me contestó:

—"Hice lo mismo que cuando la campaña de Weyler. El español no avanza, ni retrocede nunca; es un soldado que se bate bien a pie firme; hay que darle un *esquinazo*. Además esta vez yo había prometido no irme. ¿Vd. falta a sus promesas? Yo, no".

El último gran esfuerzo de los españoles de debilitarnos en Occidente, no tuvo éxito. Sus tropas fueron retiradas y nosotros respiramos más libremente. Estos intentos no respondían a un verdadero deseo de vencer, sino a la necesidad de dar satisfacción al pueblo español; por lo que, después de unos meses, para evitar críticas parlamentarias o reproches de prensa, había que dar el resultado de la campaña, que no podía ser más que la victoria. La victoria suponía la pacificación, y la pacificación la retirada de las tropas. Así cuando después de muchas pérdidas, los españoles hubieran podido alcanzar un éxito cierto, se veían obligados a retirarse; y los cubanos se reorganizaban con mayor fe y entusiasmo que antes.

Capítulo V

EL FUSILAMIENTO DEL GENERAL BERMÚDEZ

A buscar la comida.—Pancho entra en mi existencia.—Las fiebres.—Las hileras macabras.—Llamada al Cuartel General. —Un Apóstol que detiene a un Tigre.—El machetín de Gómez.—Un discurso y un fusilamiento solemne.—Los Estados Unidos en la guerra.—La expedición de Palo Alto.—Las muertes que trajo el bienestar.—Una escolta de honor para Gómez.—El ataque al Jíbaro.—José Miguel Gómez penetra, primero en el Fuerte, a caballo.—Rebeldía de unos Oficiales americanos.—Difícil situación.—Se aplica la extraterritorialidad a los acusados y su Gobierno los degrada.—Gómez habla sobre el error bélico de los españoles.—Trata de la Paz.—No quiere ser Presidente.—Indica los hombres que pueden ocupar el cargo.

El hambre, la fiebre, el enemigo, diezmaban nuestras filas. Terrible fué el año noventa y ocho!

El mal tenía la atenuante de ser general. La persona, aún la más individualista, con el tiempo se adapta al ambiente, y, si éste es de dolor continuo, el dolor resulta menos intenso, y, si es de placer, los goces quedan aminorados. Para mí la fiebre, las privaciones y la renovada actividad militar, no tuvieron más importancia que un pequeño incidente, que unos días me llenó de pavor.

El Dr. Matías Duque y yo, gozamos mucho tiempo del privilegio de comer con el General José Miguel Gómez. Éste en la hamaca y nosotros dos, uno a la derecha y otro a la izquierda, con el asiento de campaña, terminábamos rápidamente el doble acto diario, como si se tratara de una molesta necesidad. Y en verdad, la comida no merecía ningún honor: unas viandas salcochadas, algunas veces un poco de carne también cocida, o asada, o frita con la manteca de res; raramente, quizás una vez a la semana, un poco de arroz. Este arroz constituía el único lujo y la única distinción de la mesa del jefe de la División, y nuestros compañeros nos lo envidiaban. La sal, que entonces no teníamos, era sustituída por el limón, cuya sazón resultaba el denominador común de nuestra alimentación. En lugar de café, tomábamos *canchachara*, agua caliente endulzada con miel de caña, o agua de la misma caña de azúcar. No vivíamos mejor ni peor que los otros compañeros. La verdadera y única diferencia consistía, en que nosotros dos no teníamos preocupaciones por ese aspecto de la vida.

Pero un día, cuando empezó a dificultarse el *raqueo* de los asistentes arreciada la persecución de las tropas enemigas, y porque las estancias trabajadas por las familias en los bosques y las zonas preparadas por los prefectos, habían sido destruídas en gran parte, el General José Miguel, nos comunicó que la mesa no podía ser provista para tres, y que, "dadas las circunstancias uno solo puede resolver su propio caso, mucho mejor que tres unidos". El General decía verdad. Y la mesa común cesó.

Me quedé muy desconcertado. No tenía un solo utensilio de cocina, ni una cuchara, ni siquiera un cuchillo. El primer día de *autodeterminación* culinaria, mañana y tarde, comí jutía, y, con tan mala suerte, que mi asistente, un negrito llamado Higinio, de un valor que un espartano le hubiera envidiado, al mismo tiempo que haragán, remolón y displicente, la asó sin quitarle una telita dura y nauseabunda que la hace muy desagradable. Aquel primer ensayo me hizo comprender que debía tomar en serio el asunto.

Por suerte, la infantería marchaba con nosotros en aquellos días. La infantería funcionaba también como *reserva* de asistentes. El Ejército Libertador tenía cierta semejanza con las huestes medioevales: la caballería se formaba con el soldado de alcurnia, y la infantería que corría más peligros y trabajaba más, era considerada como plebe. Me refiero al decir esto, a los soldados, no a los jefes y oficiales. Y debo añadir, que la nobleza la representaba en primer término el ganadero y el agricultor. La inteligencia venía después, a larga distancia, y último, en la escala, el jornalero de la ciudad. La riqueza personal no daba ninguna consideración, ni privilegio.

Por mediación del Dr. Duque, escogí entre tantos infantes que se ofrecían, a un hombre sobre los treinta años, que había llegado en aquellos días de la provincia de Matanzas. Un sargento, que alegaba aún mejores derechos, y que no le reconocieron siquiera este grado, al haber perdido su documentación en la huída, o en la serie de huídas vertiginosas, que en esto consistió su retirada de Matanzas hacia la zona de Sancti-Spíritus. Era un mulato inteligente, práctico, dominante entre los suyos. Hablaba con facilidad y entretenía a su pelotón con el relato de sus hechos de armas. Odiaba a los generales Rosas y Quintín Banderas. De éste decía que, a pesar de ser valiente no sabía mandar diez hombres, y del otro, que era un loco que no debía haber dirigido hombres, sino estar bajo el cuidado de loqueros. El sargento matancero que, como se verá, entraba en mi existencia y en mi afecto permanentemente, tenía estas dos aversiones por motivos especiales. A Quintín Banderas le acusaba, no sé si con razón o sin ella, de haber sufrido dos derrotas en las que murieron muchos soldados nuestros, por abandono y despreocupación. Y al General Rosas, porque en su desequilibrio envileció a unos de sus compañeros, al punto de cambiarlos de hombres en bestias. Este jefe, de nacionalidad colombiana, fué un Calígula al revés, pues a tres infantes de su fuerza los nombró *caballos*. Y, lo que es peor, los montaba, habiendo inventado un artefacto que les ponía sobre el cuello y hombros, parecido a una silla. Rosas con espontánea naturalidad, presentaba los tres *caballos* a los visitantes y comentaba sus cualidades: uno tenía un buen trote, otro era de paso, el tercero era desagradable, porque tenía un paso "trancado", pero muy resistente. En tales condiciones mentales, el General Rosas tuvo mando sobre una fuerza bastante numerosa. Y sus subordinados no comprendían que debían rebelarse, ¡tanto es ingénito el hábito de obedecer!

Pancho Valdés, que así se llamaba este hombre bueno y digno, fué apodado luego Pancho Ferrara en la guerra y también más tarde. Como en la guerra cumplió con su deber, así lo ha cumplido en la paz, siendo un ciudadano honorable, un buen padre de familia, trabajador, lleno de dignidad sin odiar jamás a nadie que sea cubano; a veces llora las desgracias del momento, pero su fe en Cuba le devuelve el optimismo; le he tenido siempre un afecto de hermano, desde los primeros momentos, al apreciar su patriotismo y su devoción a mí.

Pancho vino a resolverme el problema de la comida dentro de los límites de lo posible. Raramente salía a *raquear*, y como dominaba con su espíritu superior a los asistentes todos, y además, prestigiado por ser clase que se batía con la fuerza en lugar de retirarse con la impedimenta, de uno recibía media jutía, de otro un poco de carne de res (ya *rara avis*), o de caballo, y hasta del *Chino*, cocinero del General José Miguel, de tarde en tarde, alcanzaba una media taza de café que me llevaba sigilosamente a la hamaca, sin que la viesen mis compañeros. La especialidad de Pancho era buscar el *majá*. A mí me gustaba la carne de este reptil, y sobre todo, el aceite que da, realmente buenísimo. Pancho acumulaba cantidades de este aceite y freía unos buñuelos que confeccionaba con las semillas del corojo o de la palma. Inventó, este hombre excelente, una serie de platos que, por la novedad, llegaban hasta gustarme. El mango verde, por ejemplo, tenía en su nuevo sistema gastronómico mil aplicaciones: digo mango verde, porque en Cuba Libre el hambre de sus habitantes no permitía que el mango llegase a su sazón. Yo calificaba a Pancho con los nombres de Brillat Savarin, de Escoffier y de otros grandes conocedores del arte culinario, y Pancho se ofendía creyendo que lo injuriaba con tales apodos exóticos. En definitiva, me organizó un servicio perfecto: domesticó a Higinio y trajo a un asistente nuevo, un tal Sotero, joven guajiro, bueno, trabajador, hijo de españoles, sin ideas precisas sobre la nacionalidad, y que, luego en la paz, en el pequeño campo familiar, levantó una cierta fortuna que le ayudó aún más a amar a Cuba Independiente.

Con esta organización, a pesar de la persecución enemiga que sufríamos, me llegué a sentir feliz. Tenía conmigo a tres hombres devotos. En los casos de sorpresa del campamento, mi caballo, traído por Higinio, era el primero en llegar; en el fuego, Pancho estaba a mi lado; por la mañana Pancho me traía la *canchánchara* y Sotero el agua para lavarme.

¡Qué diferencia de cuando debía ensillar mi caballo en la yerba cubierta de rocío, e ir al arroyo a buscar agua y calentarla con dificultades y, lo que es peor, cuando no la había, para beber algo que me fortaleciera el estómago!

La felicidad continuaba a pesar de las fiebres constantes, de las continuas muertes de nuestros compañeros, de la miseria física revelada en la cara de todos.

Hablo de felicidad. ¿Qué es la felicidad? Ciertamente, no es un hada bienhechora que nos trae presentes del mundo exterior. La felicidad se halla en nosotros mismos: es la conciencia serena, es la vida entregada al bien, es el esfuerzo que recibe sus compensaciones morales; es algo más: el rápido camino hacia un ideal risueño con siempre más cercanas esperanzas no completamente alcanzadas.

De no ser esto, ¿cómo podríamos sentirnos felices entre tanta miseria física?

Nuestro pobre organismo reducido a huesos y piel, con ojos desorbitados, narices protuberantes, orejas con transparencia mortal, ayudado por brazos y piernas flojos, sin nervios, vivía gracias al espíritu, al vigor interno, al anhelo de luchar y vencer. Endebles y caquéxicos, íbamos a la carga, huíamos del enemigo cuando nos acosaba demasiado, caíamos heridos, nos curábamos volviendo luego a la lucha, siempre en un estado de debilidad extrema, en que la vida, como yo decía entonces, era una superestructura del organismo físico, no la esencia del mismo. Sí, la vida, y no parezca ésta una paradoja, era una segunda naturaleza creada por nuestra voluntad, y no por las leyes normales de la Fisiología.

Sobre estos endebles cuerpos, caía la fiebre diariamente.

Las horas trágicas eran las de la tarde. Nosotros no las esperábamos, no nos preocupábamos por ellas. Las fiebres eran una molestia más; pero no, como en tiempos normales, un cortés aviso de la naturaleza, de males mayores. Precisamente, por la tarde, después de la marcha, nos sentábamos en el suelo a hablar, a discutir, a polemizar, a hacernos chanzas recíprocas y a tratar de todo el conocimiento humano. Las conversaciones de esta hora no se elevaban, como en la sesión de la noche que presidía el General; éstas eran más libres, más ligeras y chispeantes. El buen humor desbordaba aún más en ellas. Pero eran menos ordenadas...

En plena argumentación, hete aquí uno de los más locuaces que calla inesperadamente; ha recibido un primer aviso, un ligero escalofrío le ha atravesado el organismo. Resiste un poco, pero luego, silenciosamente se aleja, busca un lugar a propósito y se extiende sobre la yerba a temblar y a batir dientes. Otro al poco rato lo sigue, con una amarga sonrisa. Y a intervalos de minuto en minuto, otros más; hasta caer todos, o casi todos. Se forma así el grupo macabro, en línea horizontal, y todos en un temblor continuo. Movía a carcajada trágica el espectáculo.

La "conversación" continúa, sin embargo, con los presentes, y los presentes son los que no han tenido aún el ataque de fiebre, o los que lo han pasado ya. Y así como la "conversación", sigue sin interrupción la vida del campamento; siguen las exploraciones, las sustituciones de guardias, del oficial de día, del ayudante del jefe, etc., etc. La fiebre no interrumpe nada de lo que se esté haciendo, o se deba hacer.

Un día que batía los dientes con frío y estremecido todo el cuerpo, acostado entre compañeros que hacían lo mismo, una voz gritó:

—"¡Teniente Coronel Ferrara, lo llama el General!"

Me levanté. La fiebre se aligeró, por la fuerza de mi voluntad y con mi asombro. Si me llamaban estando en tales condiciones, se debía tratar de algo importante.

Me presenté al General José Miguel Gómez, que me dijo que el General en Jefe había enviado a un oficial y a cuatro "números", para que me acompañasen inmediatamente a su Estado Mayor del Ejército.

—"Supongo que saldremos mañana, pues esta gente querrá descansar", dije yo, que no me sentía con ánimo de marchar.

—"No, dice el oficial que tiene orden de que sea a marchas forzadas".

—"¿Qué será?"

—"Nada grave", observó el General José Miguel, "usted conoce al General Gómez. Es siempre así: pensamiento y acción".

Salí del campamento acompañado por los cuatro hombres, el oficial de la Escolta de Máximo Gómez, y Pancho. La marcha fué un verdadero *vía crucis*. Tuvimos fuegos a cada paso. Hasta tuvimos la desventura de entrar inadvertidamente en un campamento español. Debo hacer constar que nosotros estábamos acostumbrados a marchar entre fuerzas enemigas, pero sin entrar en sus campamentos. Conocíamos por el rastro que dejaban los caballos o los hombres, si los que teníamos delante, eran cubanos o españoles, y si habían pasado recientemente o no. Los palos cortados en las veredas, nos indicaban si la mano destructora había empuñado un machete nuestro, o arma enemiga. Y sobre todo, las auras, el repugnante volátil, eran nuestros augures y nuestros mejores exploradores. Si volaban en círculos amplios, sabíamos que debajo había un campamento español, por lo extenso y circular de los mismos; en cambio, conocíamos la proximidad de uno cubano, cuando el vuelo era irregular y más corto.

La regla no excluía la excepción y el error.

Como Dios quiso, al día siguiente a las diez de la mañana, me hallaba otra vez frente al Jefe del Ejército, sin tener que reportar ninguna baja en mi pequeña fuerza.

—"A sus órdenes, General", dije, muy *cuadrado*".

—"Siéntese aquí y vamos a hablar. ¿Conoce usted al General Bermúdez?"

—"No le conozco, pero he oído hablar de él".

—"Es un asesino. Hay que fusilarlo dentro de pocos días".

—"Se trata de un proceso, General?"

—"Hay hombres que no merecerían procesos. El proceso es un honor que se le hace a quien se le podría suponer inocente. Este hombre es un asesino conocido, notoriamente conocido. Pero hay que hacerle el proceso. El Gobierno, el Gobierno que no sabe lo que es la guerra... ni cómo se hace... ni con qué dificultades la llevamos adelante... exige los procesos, y hay que hacer éste también. El Gobierno, sin embargo, debe respetarse. Yo lo llamo a usted para que todas estas formalidades se lleven a cabo rápidamente. Creo que la paz no está muy lejos y hay que dar un fuerte ejemplo. Hay que fusilar a este hombre. El cubano debe ver en el fusilamiento de un general, que la virtud debe estar hermanada con el patriotismo. No basta ser patriota, hay que ser buen ciudadano. Y si la paz viene, es preciso que el cubano sea doblemente buen ciudadano".

—"Usted me comprende. Usted me comprende. Usted parece que no entiende".

—"General, permítame usted... Usted conoce los hechos, yo no; y oír hablar del fusilamiento de un general, produce cierta perplejidad en mi alma..."

—"Nada de perplejidad, nada de alma. De usted quiero una acción rápida".

—"General, permítame que le diga que no creo que en su campamento tenga número suficiente de oficiales generales para el primer juicio, y para el de revisión, al cual acudirá seguramente el General Bermúdez. Le advierto esto para ganar tiempo, pues sería útil reunir desde ahora los jefes de la graduación específica que exigen estos dos consejos de guerra".

—"Hombre, esta advertencia es muy buena. Voy a darle a este proceso una gran importancia. Voy a hacer una gran concentración".

El General Gómez ordenó en seguida que el General Carrillo, el General José Miguel Gómez, el General González, el General Castillo, y no recuerdo si el General Bravo, estuviesen siempre en contacto con él y listos a marchar hacia el Cuartel General.

Cuando yo, por estos preparativos y por lo que Gómez me había dicho, creía que el Brigadier Bermúdez estaba en una tienda cercana, vine a comprender en el curso de la conversación, que no estaba en el campamento y que no se sabía dónde estaba. Me tranquilicé y dije para mis adentros: hay tiempo para pensar. Porque aquella vehemencia sorprendente, aquella agresividad tempestuosa del Generalísimo, le quitaba a uno el beneficio de la reflexión.

Este proceso Bermúdez, iniciado virtualmente al recibir el General Gómez la denuncia del General José de Jesús Monteagudo, duró mucho tiempo. Voy a dar, a continuación, las distintas fases de este importante incidente de la guerra, independientemente de su desarrollo cronológico. Al lector le bastará saber que el fusilamiento se llevó a cabo en vísperas de la paz, o sea en los días de la toma del pueblo de Arroyo Blanco, algunos meses después de ser yo llamado. Por sus diversas fases, me vi obligado a volver al Cuartel General del Ejército múltiples veces.

En una de ellas, ya llegado Bermúdez, lo interrogué. No tuve que hacer muchos esfuerzos para llenar mi función. Bermúdez era de pocas palabras, y las pocas que decía eran agresivas y violentas. La muerte de los otros y la propia no le importaba mucho. Con su voz atiplada, en lugar de contestar, hacía preguntas que revelaban sentimientos del todo primitivos, pues no parecía haber conocido ni sentido los preceptos de la civilización cristiana. Al General y a mí nos hizo objeto de todas las injurias.

—"¡A quién se le ocurre provocar tanto ruido por la muerte de un traidor, cuando en la guerra todos los días mueren tantos hombres buenos! Sólo un viejo chiflado y un italiano aventurero pueden ocuparse de estas cosas. Pero ya verán cuando esté libre lo que les va a pasar". Con estos y parecidos términos, se expresaba el Brigadier Bermúdez. Era natural.

El hecho, según los autos, fué el siguiente, salvo detalles que no recuerdo, pues escribo sin consultar las páginas de la instrucción. El proceso debe hallarse en los papeles oficiales del General Máximo Gómez: Un soldado del Ejército Libertador, amigo de Bermúdez en la paz, se había presentado al enemigo en un período de fuertes persecuciones, permaneciendo luego en las poblaciones al amparo de la bandera española. Al publicar nuestro Consejo de Gobierno y el propio General en Jefe, al comenzar el 1898, que podrían reingresar en nuestras filas los que las habían desertado, pensó acogerse a la benevolencia "libertadora", y cuando pudo hacerlo, volvió confiado a los campos de Cuba Libre. Por desgracia suya, y de Bermúdez, se encontró con éste. Como había sido su amigo en la paz, y creo su subordinado en la guerra, se dirigió hacia él con sonrisa amistosa diciéndole:

—"*Camará*, aquí me tiene otra vez", y otras palabras banales.

Bermúdez que se estaba afeitando, al oirle, se levantó del asiento como un tigre y lo mató a machetazos, acompañado, según se decía *sotto voce*, por un ayudante suyo que luego en la paz murió trágicamente. El cuerpo despedazado del malaventurado quedó exánime en el suelo, y Bermúdez sentándose otra vez sobre el taburete, exigió al barbero que continuara su labor. Como a éste le temblaba la mano, le advirtió que le podía tocar la misma suerte, si no se reponía de su espanto y seguía.

El General Monteagudo que era el Jefe de la División en cuyo territorio se había realizado el crimen, no tenía un temperamento que lo llevase a la transigencia o al miedo. Monteagudo, pálido de rostro, severo en la expresión, poco amigo de las componendas, ha sido el cubano que he conocido más amigo del orden y de la disciplina. Tenía una sonrisita breve, emitida en *falsetto*, que indicaba siempre una férrea resolución. En la guerra y en la paz, cuando se trazaba un camino, no desviaba. Era excelente amigo, y enemigo implacable. Como su carácter era siempre igual y justiciero, fué muy amado de sus subalternos durante las múltiples jefaturas que desempeñó.

En cumplimiento de su deber trató de prender y luego de perseguir a Bermúdez, pero éste, con un grupo de leones, que tales eran sus soldados, enterado o no de la persecución, se alejó para las provincias de la Habana y Pinar del Río, batiéndose con valentía magnífica con el enemigo en todo el arriesgado viaje.

Monteagudo comunicó el hecho al Jefe del Ejército.

Máximo Gómez había recibido muchas denuncias contra el Brigadier Bermúdez. A éste se le atribuían innumerables crímenes, muchos espeluznantes. Casi todos le llamaban el Weyler cubano. Gómez creyó que había llegado el momento de la total expiación. Pero, ¿cómo prender a Bermúdez? No era cosa fácil. Se sabía que no se presentaría al enemigo, pero difícil sería para cualquier jefe enfrentarse con él, pues sus soldados lo iban a defender hasta la última gota de sangre. Bermúdez tenía jefes y oficiales que le creían el propio Dios de la

Guerra. He oído al que luego fué General Carlos Guas y Falgueras, patriota esclarecido, inteligencia poco común y, aunque pasional y vehemente, de una gran hombría de bien y rectitud, calificar en la paz, de terrible crimen el fusilamiento del Brigadier Bermúdez de quien era amigo devoto. Guas me decía que la campaña de Bermúdez, en la parte de Pinar del Río que linda con la Habana, no tenía paralelo en los fastos del Ejército Libertador. Maceo también había admirado el valor de Bermúdez, calificándole de soldado que no creía en la muerte. Su detención podía provocar luchas entre nuestras mismas fuerzas, y Máximo Gómez lo sabía. Pero estas consideraciones no desviaban su gran espíritu de justicia y su concepto del deber.

Por aquellos días en que el viejo caudillo pensaba en este asunto, había llegado a Cuba un jefe de la guerra del sesenta y ocho, el Comandante Armas. Era ahora un viejo, bastante viejo, con una larga barba, la frente arrugada, los ojos apagados, el movimiento lento y la palabra muy reposada.

—"Comandante Armas", gritó un día el General en Jefe, después de haber madurado su plan, "mande a ensillar su caballo, llévese unos *números* de la escolta, y tráigame preso aquí al Brigadier Bermúdez".

—"General, a sus órdenes. ¿Dónde está el Brigadier Bermúdez?"

—"¡Qué sé yo! Por Matanzas, la Habana o Pinar del Río".

Armas cayó del quinto cielo. ¡Ir de los límites de Camagüey a Pinar del Río, infestado el camino de enemigos, con pocos hombres y prender a Bermúdez, y luego traerlo, rehaciendo todo el camino, al Cuartel General!... Debe hacerse y se hará, se dijo, pero tuvo que pensar que sus días estaban contados. Si escapo del enemigo, caeré en Bermúdez. Pero como la fortuna protege a los audaces, o Dios defiende a los inocentes, Armas salió del campamento de Gómez, llegó a los linderos de la Habana y Pinar del Río, recogió a Bermúdez y lo trajo al Cuartel General. Había que decretarle una corona de laureles.

El viejo Armas no detuvo al agresivo guerrillero, sino que lo trató con mucha amabilidad; le hizo creer que era mensajero de algo muy bueno para él; de un mando superior o de una hazaña que el General Gómez le quería encomendar creyendo que sólo él podría realizarla. Los años le indicaron a Armas el procedimiento a seguir. Armas no hubiera dejado escapar a Massó Parra.

Fué Máximo Gómez, personalmente, quien detuvo, con un rugido, mientras desenvainaba su machetín, a Bermúdez:

—"Abajo las armas", y le puso la punta del machete a la altura de la garganta.

Bermúdez quedó petrificado. En seguida fué agarrado por soldados presentes y llevado a la escolta.

El General en Jefe, pasado algún tiempo, me dijo:

—"Yo sabía que solamente Armas podía traerle. ¿Qué iba a creer Bermúdez que aquella cara de apóstol era la de su carcelero? Pensé en Molina (a la sazón su jefe de Escolta) pero hubiera corrido sangre y Bermúdez no llega vivo al campamento".

No es mi intención tratar de pormenores que no entren en la finalidad de mi trabajo. Basta decir que se celebraron los dos juicios, el primero y el de revisión, y que los jueces fueron jefes de la mayor autoridad. Intervinieron como tales, entre otros, el General Carrillo y el General José Miguel Gómez. También intervino, no recuerdo en qué capacidad, Carlos Manuel de Céspedes, muy querido y respetado por su bondad y por el apellido que llevaba. Este segundo Céspedes, dicho sea entre paréntesis, hubiera desempeñado un gran papel en la guerra del noventa y cinco, si a las dotes intelectuales indiscutibles que lo hacían uno de los más cultos miembros del Ejército, hubiese unido la de la decisión y la energía. Educado fuera del país, en ambientes más tranquilos, en donde la manera fuerte está considerada mala educación, no estaba a tono con las violencias e impulsos que una revolución supone.

En ambos juicios el Brigadier Bermúdez fué condenado a muerte. Se envió el expediente al Consejo de Gobierno por si procedía la gracia. La respuesta del Consejo de Gobierno fué negativa. Hubo por tanto que ejecutar la sentencia.

Todavía un último incidente dramático requirió mi intervención. La noche antes del día fijado para el fusilamiento, el Brigadier Bermúdez comió abundantemente. Era la comida opípara que, por ironía, se le da a los que van al sacrificio. La comida no le sentó bien, las muchas heridas recibidas en los combates habían quebrantado su salud.

Por la mañana, bien temprano, el jefe de la escolta comunicó al General en Jefe que Bermúdez estaba enfermo. Probablemente el jefe de la escolta exageró los síntomas de la enfermedad, queriendo salvar la vida en este último momento al valiente compañero. El General me llamó:

—"Se presenta una novedad. Bermúdez está enfermo. ¿Qué hacemos?"

Creí que el mismo General quería salvarle la vida, y yo me inclinaba a ello también, porque en todo el campamento se decía, que no estaba bien matar a un cubano en el momento en que la paz avanzaba tan rápidamente. Por ello contesté:

—"Pues, si usted lo cree útil, podemos suspender la ejecución".

—"No le pregunto a usted, "si yo lo creo útil". Cuando creo útil una cosa la hago sin consultarle a usted. Le pregunto qué dice la ley de esto".

Me hice un rápido examen de conciencia y me decidí por el cumplimiento de mi deber. He usado siempre en los casos graves de mi vida este método, y creía haber acertado, pero después de la larga experiencia que me han dado los años, llego ahora a la conclusión, de que el cumplimiento del deber *stricto jure,* es sólo una parte del deber humano. Hay muchas otras obligaciones que deben pesar en las decisiones del que actúa; hay otros deberes morales, que superan los que nos imponen nuestras funciones. El cumplimiento del deber, en un sentido absoluto, o sea independiente de las condiciones ambientes, de la piedad, de la utilidad común, de la transigencia, del amor, es como el derecho estrictamente balanceado, que resulta a menudo una injusticia (sumum jus suprema injuria).

Después de un poco de indecisión contesté al General:

—"No hay ley sobre esta materia, pero hay costumbres. Creo que Vd. debe enviar dos médicos a visitar al condenado a muerte. Los médicos deben dictaminar sobre el grado de gravedad de su salud. Si puede llegar al lugar de la ejecución y mantenerse de pie o sentado, debe seguirse el procedimiento acordado; si no puede levantarse, debe aplazarse la ejecución. Y en este segundo caso, si muriera, levantar acta, incluirla en el proceso y archivarlo; y si mejorara, tan pronto esté en condiciones de marchar, señalar un nuevo día para la ejecución".

—"Muy bien. Llamen a los doctores Fusté y Cuervo y que vayan a ver al enfermo", dijo en seguida el General Gómez.

Bermúdez estaba ya bien. Recibió a los doctores sonriendo. Les dijo que prefería morir de bala a morir de indigestión.

Pero, surge una nueva demora.

—¿Quién mandará el cuadro?

Debe ser un General, porque hay que degradar al condenado antes de fusilarlo; y sólo un General puede degradar a otro. Los Generales presentes no querían prestarse al acto, justificándose, y con razón, de haber sido todos ellos jueces. Gómez, a cada una de las negativas, bajaba la cabeza, agitándola continuamente, y murmurando. Cuando recibió la última, gritó:

—"Mandaré yo el cuadro. ¡Cuánta flojera!"

Con estas demoras ya estábamos en plena mañana. Era un día espléndido, cálido, pero con una brisa fresca. Uno de estos días, que conoce solamente Cuba. La yerba en el suelo se agitaba, como dentro de nosotros se agitaban nuestras almas. En una gran llanura se situaron caballería e infantería, en cuadro perfecto y amplio. La caballería ocupaba tres lados, y el cuarto, el de la izquierda por donde debía entrar Bermúdez y los que le acompañaban, lo tenía la infantería, que cubría también una pequeña parte del lado del fondo, en donde debía tener lugar el fusilamiento. Los mismos soldados de Bermúdez debían fusilarlo.

Máximo Gómez entró al galope, y se puso de espaldas al ángulo fijado para la ejecución. Yo estaba con su Estado Mayor frente a él y delante de la escolta. El resto hasta unos mil doscientos hombres lo componían las fuerzas de la Primera División del Cuarto Cuerpo.

Bermúdez entró a su vez en el cuadro por mi izquierda, que resultaba ser la derecha del General en Jefe, como a unos veinte metros de nosotros. Cabalgaba su mulita habitual. Como estaba *lisiado*, por tiros recibidos en las piernas y creo en una cadera, no montaba derecho, sino apoyado sobre uno de los lados. Nos miró a todos con una amplia mirada desdeñosa y siguió hacia su puesto. Delante y detrás llevaba la guardia que lo custodiaba y a sus fieles asistentes.

Bajó de la mula con dificultad. La acarició. Luego escogió a los soldados que lo debían fusilar. A pesar de la distancia, le oí decir:

—"Tú, tú, ven tú, que eres buen tirador".

Cuando se hizo silencio, Gómez levantó en alto su cuerpo sobre los estribos, y enhiesto su machetín flameante, con voz estentórea, pronunció el siguiente discurso:

—"Jefes, oficiales, soldados; venimos a cumplir esta mañana un doloroso deber, el más doloroso deber de un militar. Venimos a ejecutar a un compañero de armas, que ha sufrido nuestros dolores y amarguras y ha corrido peligros. Pero venimos al mismo tiempo, a cumplir con el mandato de la Ley y con los dictados de la Civilización.

"El General Bermúdez era un humilde ciudadano cuando la voz de la Patria lo llamó a los campos de Cuba Libre. Hombre de decisión y de arrojo se distinguió muy pronto como guerrero. Luchador infatigable recorrió los campos del honor desde Las Villas a Pinar del Río, distinguiéndose por su valor. Sí, valiente entre los valientes, fué herido muchas veces teniendo escrita en las heridas de su cuerpo la epopeya cubana.

"La Patria lo premió como debe premiar siempre a sus hijos que se dan a ella. El humilde campesino, soldado en los primeros tiempos, fué ascendiendo grado a grado, hasta llegar a la posición de General que lo hizo conductor de hombres y le dió un mando que, en nuestra guerra, es ilimitado.

"El General Bermúdez llegado a tanta altura, no supo, sin embargo, comprender los deberes que la posición y el grado le imponían. Demostró con sus actos posteriores, que su valor no era sacrificio, sino sed de sangre; que los servicios que prestaba a la Patria no eran producto de una convicción honrada, de un buen hijo de esta tierra, sino de instintos criminales que en esta nuestra hora trágica, se saciaban a plena satisfacción. El General Bermúdez vió en la guerra sólo la parte mala, no la gran significación ideal que tiene. Y deshonró su persona y deshonró su alta posición. Un Consejo de Guerra lo ha condenado a muerte, y en cumplimiento de la sentencia, yo le degrado.

"¡Fuego!"

Este discurso hizo una profunda impresión general. La mía fué profundísima. Le dije a mi compañero de la derecha, con la pedantería de los jóvenes que estudian humanidades:

—"Sobre la tierra de Esparta no se hubieran pronunciado palabras más noblemente severas y de un estilo más ático".

Mientras el General hablaba, Bermúdez murmuraba algo que luego supe, por Ricardo Arnautó que estaba cerca, eran frases injuriosas para aquél.

El fusilamiento resultó un espectáculo horrendo.

Como no se esperaba que el General en Jefe ordenara el fuego, sino que se creía que después de haberlo degradado dijera que el pelotón, formado frente a Bermúdez, lo iba a ejecutar, los soldados no habían cargado los rifles. Así, al oír "¡fuego!", de labios de Máximo Gómez, cada uno cargó, tomando mayor o menor tiempo, y resultó un fuego graneado, viéndose caer a Bermúdez de frente, pero hacia el lado derecho, después de haber levantado el brazo de este mismo lado, como para impedir que las balas le tocaran el rostro.

El General en Jefe salió del cuadro saludando militarmente y con gran solemnidad. Nosotros le seguimos. Todas las fuerzas volvieron a sus campamentos.

Nunca más le oí a Gómez pronunciar el nombre de Bermúdez. Aquel mismo día todos íbamos cabizbajos, pero nadie dijo una palabra más sobre la ejecución. Sólo Arnautó y yo nos reunimos casi a escondidas para recoger estos hechos, como los he dado, cada uno ofreciendo al otro lo que había oído, sabiendo los dos que habíamos asistido a un acto histórico.

Volvamos ahora a nuestro relato cronológico.

Las operaciones militares, como he dicho, eran muy activas en Las Villas al tiempo de mi primera visita al campamento del General en Jefe relacionada con el proceso Bermúdez, por lo que, queriendo estar con los compañeros y en mi campo de acción, volví a unirme con las fuerzas de la División.

La actividad bélica era extrema y no nos daba reposo, cuando los Estados Unidos intervinieron a nuestro favor con nuestro júbilo intenso y profundo agradecimiento. Esta intervención significaba para nosotros, en primer término, remisión de municiones, ropas, comida y mejor armamento. Con José Miguel Gómez marché hacia el norte, cerca de Morón, a una gran concentración de fuerzas, por esperarse en aquella costa una *Expedición* de los Estados Unidos. Máximo Gómez nos había precedido. Durante esta marcha hacia el norte, y luego al quedar inactivos durante algunos días acampados en un mismo potrero, sufrimos el hambre mayor de la guerra. Estuvimos comiendo sólo mangos verdes durante catorce días. La fuerza se hallaba extenuada. Yo, para más desgracia, terminada esta operación sin éxito, recibí la comisión de marchar rápidamente hasta el río San Juan en el territorio de la Brigada de Trinidad, en donde ésta se unía con la de Cienfuegos. Me acompañaron Enrique Pina, José Valle Iznaga que era mi ayudante y unos cuantos *números*. Al salir del campamento cerca de la guardia me encontré con una pequeña fuerza mandada por Gabino Gálvez, jovencito alegre y valiente; traía al campamento dos reses que mugían dolorosamente como si supieran el fin que les esperaba. ¡Dos reses! Pero, ¿de dónde las había sacado? nos dijimos Pina, Valle y yo llenos de asombro. Por aquel territorio habían pasado las fuerzas del General Máximo Gómez, las de Carrillo prácticas de los más escondidos parajes, las "fieras" del General González que no tenían nada que envidiar a Atila en materia de apropiaciones. Gabino las superó; era formidable como práctico y como *mambí*.

Muy contrariados por el pedazo de carne que perdíamos, tuvimos que seguir nuestra marcha, conformándonos con comer aquella noche y en los días siguientes la carne de una tierna yegüita que Enrique Pina, violento y molesto, mató pocas horas después.

Este viaje fué bello y terrible a la vez, pues cruzamos las magníficas lomas de Trinidad, comiendo durante varios días sólo pomarrosas, una fruta sin sabor y sin sustancia, y fué también un completo fracaso. Del río San Juan volvimos hacia atrás dirigiéndonos a marchas forzadas hacia la zona espirituana, y de allí a Palo Alto muy distante, en donde ¡al fin! se encontraba descargando, defendida por los cañones de la Escuadra americana, una *expedición* abundante en víveres y municiones. En Palo Alto conocí a William Astor Chanler, un magnífico tipo de *sportman* rebelde, amigo de la libertad y de la aventura, audaz y sin miedo, con todo el vigor y el arrojo de un caballero antiguo. Allí conocí igualmente a Carlos de la Rosa que luego llegó a la vice-presidencia de la República; al futuro Capitán Lara, alto, rubio, a quien por sus pocos años llamábamos Larita; al entonces muy joven Teniente Clark; a Enrique Conill, y a tantos otros, que no por haber llegado en aquella hora decisiva, sufrieron menos, toda vez que muchos de los que desembarcaron, no volvieron a recibir las caricias maternas al haber caído en el campo del honor.

El General Gómez que estaba al habla con los jefes de la Escuadra americana, fué objeto de una muestra señalada de atención y amistad de parte del General Miles, Jefe del Ejército Norteamericano y jefe de las operaciones militares en todos los frentes. Un cuerpo escogido de caballería de cincuenta hombres le fué dado como escolta de honor del aliado, bajo el mando del Capitán Johnson, y del Teniente Lunn o Linn, de origen alemán, médico y segundo jefe al mismo tiempo de aquella pequeña fuerza.

Tan pronto hubo desembarcado toda la expedición, los barcos de guerra americanos se retiraron, y la concentración de tropas se disolvió. El General Gómez, acompañado del General Carrillo, partió hacia el norte. El General José Miguel Gómez que se quedó con los cañones llamados de dinamita, se preparó para tomar la población del Jíbaro, al sur de Sancti-Spíritus, lugar bien fortificado que estaba en el centro de una zona completamente nuestra. Otros jefes menores volvieron a sus campos de operaciones. Palo Alto nos dió la vida y nos dió la muerte. Por haber pasado meses y meses comiendo poquísimo y sin grasas, ni sal, y sin condimentos de ningún género, al recibir jamones, *corn beef*, tocino y toda clase de carnes saladas, nos lanzamos sobre ellos para llenarnos hasta la saciedad, o la indigestión. Nuestros organismos reclamaban la grasa y la sal; y nosotros comíamos el tocino, por ejemplo, con una abundancia y una avidez que en tiempos normales provocarían la repulsión de cualquier estómago. Pero, si nuestro organismo total pedía los elementos que le habían faltado, los órganos de la digestión, reducidos y atónicos, no resultaban buenos conductos para la asimilación. Por otra parte, el agua que bebimos era salobre y fangosa, y los mosquitos, en una orgía de sangre, nos infectaban los unos a los otros.

De aquel lugar partieron muchos de los nuestros enfermos, y de éstos algunos murieron. La bienandanza resultó para un gran número causa de gran desgracia. Palo Alto, a pesar de todo, vino a ser una derrota del Ejército Libertador.

La escolta de honor americana siguió con el General en Jefe. Mas, disciplinada en la comida, mejor dirigida en el uso del agua y en toda materia higiénica, no tuvo bajas inútiles y no perdió su forma y espíritu marcial. Sus soldados eran magníficos tiradores y perfectos jinetes. Sus dos jefes, inteligentes y audaces. El General Miles había enviado realmente un grupo capaz de mantener la tradición valerosa del soldado americano. Desde los primeros momentos, cerca de Palo Alto, se hizo evidente que el Viejo Guerrillero no comprendía las evoluciones, las demoras y menos las abundantes comidas de los soldados del norte. Lo habíamos visto salir de la tienda a menudo, intranquilo, y mirar de reojo hacia el lejano campamento aliado. Erguido, como siempre, agitaba la cabeza y resoplaba ruidosamente, pero sin proferir palabra alguna.

En una de estas ocasiones, el General José Miguel que ya tenía confianza conmigo al punto de abandonar su reserva habitual, me dijo sonriente:

—"Esta caldera va a explotar muy pronto".

En efecto, cuando se entró en territorio batido por el enemigo, sucedió lo que debía suceder.

Es sabido que nosotros, que hacíamos una guerra de guerrillas, y que además, habíamos tenido siempre muy pocas municiones y estábamos en una inferioridad numérica respecto al enemigo de uno a cien, nos poníamos en marcha con una rapidez asombrosa. Esta rapidez era tanto más fácil, cuanto que no poseíamos prácticamente nada más que lo que llevábamos encima. En ocasiones he visto las fuerzas formadas, y por lo tanto preparadas para la marcha, cinco minutos después de haberse tocado el clarín.

Los soldados americanos no podían hacer lo mismo. Ellos transportaban vituallas para un mes o más, municiones abundantes, tiendas de campaña, en fin, todo lo que tiene la columna de un ejército regular que se aleja mucho de sus depósitos. Como nosotros marchábamos todos los días, los soldados americanos debían hacer un trabajo diario de carga y descarga que les tomaba horas y los cansaba muchísimo. Por esto, ya el primer día, el Capitán Johnson mantuvo al General Gómez a caballo, esperando cerca de dos horas. Al siguiente, a pesar de habérsele avisado con anticipación, sucedió algo semejante. Al tercero, el General Gómez dejó su escolta de honor y marchó hacia su objetivo. El Capitán no llegó, con su práctico y sus hombres, hasta por la tarde al nuevo campamento.

Gómez estaba nervioso porque no le gustaba decir de antemano, como buen guerrillero, dónde iba a acampar. Llamó al capitán americano y por conducto del Comandante Primelles, le dijo que el General Miles no le había mandado una escolta, sino una impedimenta, y que si se encontraban con los españoles, todas aquellas provisiones se perderían.

Se contaba en el campamento, que el diálogo entre los dos militares había sido pintoresco. Primelles traducía a un inglés suave las rudas palabras de Gómez, pero, éste, aun no conociendo el inglés, además de su intuición certera, por haber peregrinado tanto por tierras de esta lengua, comprendía que Primelles no vertía al otro idioma sus palabras de reproche. Por lo que, cuando Primelles decía "please", el austero Viejo interrumpía: "No le digas *plis*; ¡impedimenta, impedimenta!"; y cuando oía un "you" algo demorado, insistía: "No le digas *yu:* ¡impedimenta, impedimenta, impedimenta!"

Johnson no salía de su asombro. Al final observó:

—"Todo está bien. El General comprenderá que no puedo abandonar las municiones, ni los víveres. Si me avisa la noche antes de la marcha estaré listo al amanecer".

—"Yo no puedo avisarle de antemano, porque me tengo que mover de un lado para otro según las informaciones que recibo y los tiros que oigo, y tantas otras cosas que usted sabría si conociera nuestra guerra. Así es que debo separarme de usted".

Johnson reflexionó y replicó:

—"Tengo la orden de cumplir todo lo que usted me mande. Dígame qué hago".

—"Pues quédese por estos sitios. Le dejaré prácticos, y pelée como nosotros peleamos. ¿No están ustedes en guerra con España como lo estamos nosotros? A donde vea usted españoles, cárguelos..."

Se saludaron, pero no muy cordialmente. Gómez comprendió al volver a su tienda, que no podía dejar a aquel grupo de hombres en un país desconocido en situación difícil, y llamó nuevamente a Johnson para decirle que lo ponía a las órdenes del General José Miguel. Lo cual hizo en seguida. Con este segundo Gómez no hubo dificultades al principio. El General José Miguel mandó a aquella fuerza a un lugar tranquilo con algunos oficiales cubanos que sabían inglés, y le avisó al Capitán norteamericano, que tan pronto tuviese planeada una operación, le haría recibir el bautismo de fuego.

Preparada la operación del Jíbaro, José Miguel Gómez llamó al grupo americano y le dió un sector en el sitio, y luego una trinchera desde donde mover el ataque en el momento decisivo. Los soldados americanos, inútil es decirlo, se portaron muy bien y estuvieron a la altura de todas las otras fuerzas atacantes. Es preciso hacer notar, que en esta operación las tropas cubanas pasaban de seiscientas y las americanas sumaban cincuenta hombres armados. Del otro lado, los soldados españoles y los guerrilleros cubanos que con ellos hacían causa común, alcanzaban la cifra de unos doscientos, pero se hallaban en los fuertes, bien guarecidos.

El ataque fué rápido. El fuerte principal resistió hasta cerca de las nueve de la mañana. Algunos fortines de avanzada, en cambio, fueron evacuados más temprano. Cuando el tiro de uno de los cañones de dinamita dió en el centro de aquél, el General José Miguel Gómez avanzó a caballo hacia su entrada principal, seguido por "Solanito" (Luis Solano) que era su ayudante de guardia, un jovencito de unos diez y siete años, valientísimo y devoto a su jefe; entró por el boquete abierto por un proyectil, obligando con fuertes espolazos a su hermoso caballo moro que se resistía, a salvar y entrar. En el interior del fuerte habían muchos muertos y heridos, entre estos últimos el valiente y decidido jefe de la guarnición. El resto de las tropas estaba atontado. Un soldadito al ver a José Miguel con el machete desenvainado sobre su cabeza, gritó: "¡Viva Cuba!", y él le replicó: "¡Cobarde, grita "Viva España"! En un instante todas las fuerzas sitiadoras, las norteamericanas entre ellas, estaban dentro y alrededor del fuerte.

Los heridos del fuerte fueron curados con gran interés y los prisioneros benévolamente tratados. Todos sabíamos que la paz venía, y la sangre de la raza volvía a hervir en las venas de unos y otros. En mi práctica política de casi medio siglo, he observado y por ello me considero con derecho a afirmar, que los anti-españoles en Cuba se han reclutado entre los que no tomaron parte en la guerra de liberación, acaso por un reflejo de arrepentimiento de la subconciencia, sintiendo un patriotismo trasnochado y un agravio o rencor injustificados y póstumos, o que no han comprendido la verdadera significación generosa de la misma, para crear una Nación de ancha base de cordial solidaridad.

El Dr. Matías Duque, se hizo cargo del jefe herido; un hombre recio, que no tenía noticias de las desgracias que sufría su Patria en aquellos días. Olvidando los dolores que le producían las múltiples heridas, preguntaba ansioso a Duque, sobre el estado de la guerra. Este le fué repitiendo todo lo acontecido con los colores con que había llegado a nuestro campamento, hasta que el bravo militar le interrumpió:

—"¡Basta, basta, Doctor, no me cure más! ¡Prefiero morir a seguir oyendo tantas desventuras!"

Duque siguió su noble misión. Consoló a aquel jefe con palabras de gran respeto para España y su Ejército y Marina.

Yo había sido llamado la noche antes por Máximo Gómez, con urgencia; pero quise asistir a la toma de la población, y en la creencia que asaltado el fuerte principal, todo se había terminado, emprendí viaje hacia mi destino.

El poblado de Jíbaro, en tal época muy próspero, no estaba aún en nuestro poder. Los guerrilleros cubanos siguieron en su resistencia matando a algunos de los nuestros. Más tarde, vencidos, pagaron con la vida, todos ellos, ese inútil acto de rencor. José Miguel Gómez, después de un consejo de guerra, en que el Comandante Tomás Armstrong hizo todo lo imaginable para salvarlos, los hizo fusilar en cumplimiento de la sentencia dictada, sin que valiesen súplicas de mujeres y hombres. El Jíbaro se vengó de este fusilamiento siendo, por muchos años, en gran mayoría, adversario electoral del partido dirigido en la paz por el jefe que había ordenado aquel acto de justicia.

Mas, he aquí que, según después supe, cuando se gozaba ya del triunfo, comiendo, y sobre todo, bebiendo de las provisiones abundantes que había en el poblado, surge un grave incidente con los americanos. Johnson, que también había bebido abundantemente, desplegó sus fuerzas alrededor del fuerte principal, y ayudado por el Teniente Linn, bajó la bandera cubana que ya flotaba a las brisas desde el mismo mástil del cual se había arriado pocos momentos antes la española, y levantó la bandera de las barras y las estrellas. En los campamentos y en el pueblo se produjo inmediatamente un gran alboroto. Nuestros soldados, enloquecidos, querían atacar sin orden ni concierto, a la pequeña fuerza que ya consideraban enemiga. En el mismo Estado Mayor se había perdido la cabeza, y se gritaba: "¡Al asalto!" El General José Miguel, dueño de sí mismo, ordenó que se tocara "formación" por los distintos cornetas. Luego, con frialdad admirable, dictó una orden del día, mandando que cada fuerza ocupase las trincheras asignadas por la madrugada, antes del asalto al pueblo. Llenó el vacío que dejaban los norteamericanos con algunas reservas que tenía. Y, preparado ya, envió un emisario a Johnson. Este emisario recibió la orden de decir al jefe *yankee*, que aquel pueblo y todos los pueblos de la Isla que se conquistaran, no podían estar más que bajo la bandera cubana; que la bandera de los Estados Unidos era una bandera amiga, pero no podía flotar en Cuba en señal de dominio, y que, de no ser arriada inmediatamente, se vería en la necesidad de repetir el ataque realizado unas horas antes.

Johnson comprendió que había procedido inconsultamente, y comunicó que cumpliría la orden. El General José Miguel le replicó que estaba bien, y que consideraría como no ocurrido el incidente, pero exigía que la bandera ultrajada fuese repuesta por el propio Capitán en el lugar que estaba y que fuese saludada por tres descargas por sus soldados. Johnson cumplió con estas exigencias, y salió con sus soldados hacia un campamento que se le señaló un poco lejos del poblado, con la orden de no salir del mismo durante todo el día.

Volvieron las fiestas del triunfo a celebrarse con más alegría. Se bailaba en la calle; se bebía abundantemente; se abrazaban todos los que se encontraban por los caminos, cuando un nuevo y más grave incidente, que hubiera podido tener aún consecuencias más funestas que el precedente, se presentó.

De improviso, del campamento americano partieron unos tiros y luego se vieron correr, en masa compacta, los cincuenta hombres del mismo, hacia el Cuartel General de nuestra División.

—"Los americanos nos atacan!"—se gritaba por todos lados.

—"¡A caballo, a caballo!"—Y las fuerzas cubanas corrieron también hacia el Cuartel General para defender a su jefe. Un grupo de los nuestros, algunos conociendo el inglés, otros porque estando cerca del campamento americano comprendieron lo que pasaba, evitó el choque. Entre éstos se hallaban Pepe Strampes, Antonio Duque y Plácido Hernández.

—¿Qué ha sucedido?

El Capitán Johnson y el Teniente Linn, fuera de sí, habían atacado a tiros a sus propios soldados, y éstos, no queriendo rebelarse corrían a pedir amparo al General José Miguel Gómez, cuya ecuanimidad y firmeza habían podido apreciar momentos antes. Pero, para que esta versión de los hechos fuese conocida por todos y se creyese en ella, se tardó no poco tiempo.

El General José Miguel mandó a detener a los dos oficiales americanos, y los envió en seguida al campamento de Máximo Gómez con las primeras diligencias judiciales sobre lo ocurrido. Los soldados fueron puestos bajo las órdenes de un jefe cubano que los trató con el afecto que merecían.

Ignorante de todo esto, al llegar al Cuartel General, dí cuenta de la toma del Jíbaro y nada más. Gómez y Carrillo estaban juntos en un bohío destartalado que había resistido al abandono y a los incendios. Me hallaba muy mal de indumentaria, pues ésta consistía en un pantalón todo roto de las rodillas abajo, y desnudo el pecho y las espaldas, que cruzaban la banderola hacia la izquierda y la correa en la cual enganchaba el rifle, hacia la derecha. Este correaje era de "Cuba Libre", o sea, curtido en los bosques. La larga marcha bajo el sol ardiente me lo había adherido a la piel, de modo que cuando el General Gómez me ordenó que descansara de la guardia en que me mantenía, sentí un fuerte prurito o ardor, debajo de las duras correas y las levanté, con lo cual parte de mi piel cubierta por ellas se levantó también. El General Máximo Gómez me miró fijamente y, conmovido, con una ternura que nunca podré olvidar, dijo:

—"¡Qué! ¿Está Vd. sangrando?"

Y serio y grave, añadió:

—"Retírese".

Yo no había advertido que las correas me habían arrancado la piel y que tenía un hilo rojo sobre las espaldas. Me retiré, no sin observar en los ojos del viejo guerrero una humedad que no suponía pudiera armonizar con su llama habitual. ¡Qué equivocada opinión! Aquel hombre de hierro era muy humano, de una gran bondad en el fondo de su ser, generoso en dádivas y, sobre todo, en sentimientos.

Más tarde llegaron Johnson y Linn presos, acompañados por un compañero del Estado Mayor del General José Miguel. Venían con ellos la relación del hecho y unas declaraciones de testigos. El General Gómez me llamó en seguida y así me enteré de todo lo que había pasado.

—"Me alegro que usted esté aquí. Ahora debemos juzgar a estos dos. Quiero igual que en el proceso de Bermúdez, trabajar lo mismo en los dos.

—"General, me va a permitir que le diga que a estos americanos no podemos juzgarlos nosotros".

—"¿Cómo es esto? Vd. me dijo una vez que usted tenía competencia sobre todos los delitos cometidos en la jurisdicción de la Primera División del Cuarto Cuerpo".

—"Sí, General, siempre que los inculpados no tengan un fuero especial".

Gómez aquella tarde estaba bien conmigo. Lo sentía por el tono de su voz; por su mirada tranquila. Pronto estuve seguro de ello.

—"Morón, tráeme un poco de ron".

Y mientras el fiel servidor corría para cumplir su orden, gritó:

—"¡Trae dos copitas!"

Todos los ayudantes acampados cerca del bohío volvieron la mirada en la misma dirección y sonrieron prudentemente. Gómez lo notó y me dijo en voz alta:

—"Yo no doy ron a los jóvenes, por ser el ron una bebida de viejos, pues sirve para levantar las fuerzas y ayudar al riñón y el hígado. El joven no necesita esta ayuda. En el joven la bebida es un vicio, en el viejo, a veces, una necesidad. Pero le voy a dar a usted hoy, por excepción, una copita porque le quiero hacer un honor. Usted pensará lo que usted quiera, pero para mí es un gran honor que le hago".

—"General, muy honrado me siento".

—"No me importa lo que usted piensa. Yo le hago un gran honor. Nosotros no tenemos cruces, ni encomiendas, ni sueldos. Así es que, queriéndolo honrar a usted, y para que lo sepan éstos que han mirado hacia acá cuando he pedido las dos copitas, le doy a usted una cosa que no le doy a nadie. El General en Jefe le da a un oficial de su Ejército una cosa que no da a nadie".

Por mi parte, respondía a tan amable dialéctica con agradecidas anuencias de cabeza. Llegó Morón. A mí, en aquel entonces, el ron me sabía a petróleo, pero me lo tomé recordando la frase italiana: *anche gli onori sono castighi di Dio*. El General, en vena de amabilidad, me invitó a comer, diciéndome:

—"Quédese a comer, pues tenemos que hablar de esos americanos".

Me quedé y hablamos de Johnson y de su compañero. El General comprendió la teoría de la extraterritorialidad; pero, sobre todo, vió el punto moral:

—"¡Cómo voy a fusilar a estos hombres, que esto es lo que merecen, después que llegan a Cuba a defender a la República, sin interés personal ni obligación, y a escoltarme a mí para hacerme honor?"

Decidió enviar a los dos oficiales a Santiago de Cuba, a sus jefes naturales. Así lo hizo más tarde, después de otras investigaciones y actos semi-judiciales. Johnson fué degradado por su propio fuero, o sea: por un Consejo de Guerra del Ejército americano.

Aquella tarde la conversación del General estuvo verdaderamente sublime. Estaba alegre. Quizás porque la guerra terminaba; pensaba otra vez en la familia amada. Y, además, tuve entonces la intuición que ese día, al llegar yo en condiciones tan penosas, y notarle el semblante que antes dije, le había evocado a algunos de sus hijos. Porque, caso raro en nuestras relaciones, habló de mí.

—"Cuando usted llegó, creía que usted se moría. ¿Por qué habrá venido este hombre aquí, a morir? me dije a mí mismo. Sí, la libertad necesita sus víctimas. Pero, ¿qué importancia tendrá para la libertad italiana la muerte de este joven? Sacrificio inútil si se limitara a ese concepto. Pero lo impulsa un fin más amplio, la libertad humana, la libertad de Cuba esclava. Y se va a morir. Sí, lo creí firmemente. Luego usted se enfermó, y yo ni siquiera preguntaba por usted a Gueren, que lo iba a ver, porque estaba seguro que su suerte estaba decidida".

Y, levantando la voz, y perdiendo el aire de gravedad con que había pronunciado las anteriores palabras, exclamó sonriendo:

—"¡Los italianos no se mueren nunca! Es una raza dura. He conocido algunos en Honduras y otros lugares. Trabajan, saben trabajar. Pero conocí uno superior a todos... el obispo que había en Santo Domingo. Era un hombre muy ilustrado. Todos los literatos dominicanos lo consideraban un gran hombre".

"Por cierto, que me dijo que los restos de Colón están en Santo Domingo y no en España, ni en la Habana. Y él lo debía saber bien".

El General, en este punto, se extendió sobre las razones que se aducen a favor de esta tesis y, en realidad, yo no las comprendí bien. Después he conocido la cuestión y creo que no hay nada seguro sobre el argumento, pudiéndose formar hipótesis distintas con el mismo relativo valor histórico. Cuando hubo terminado su exposición, declaró con un aire de admiración:

—"¡Qué valiente fue Colón!"

Me quedé sorprendido, porque había oído hablar de Colón como genio, como hombre de ciencia, como audaz, etc., etc., pero no como específicamente valiente. Y me atreví a interrumpir:

—"¿Por qué, General?"

—"¡Cómo! ¿No lo entiende usted?" Y me hizo la más vigorosa descripción del estado psicológico de Colón, y en forma de conclusión, dijo:

—"Por convencido que estuviese Colón de tener delante de él tierra, debía ver que pasaban los días y la tierra no llegaba; debía sentir las murmuraciones y las amenazas de los marineros; conocedor de las horrorosas sorpresas del mar, debía pensar en posibles tempestades. Su convicción de encontrar tierras era solamente suya y del todo teórica. Si su ruta llega a estar en parte equivocada, o si la chusma lo obliga a virar cerca de la meta; o si una tempestad lo deja, a él, vivo y mata a muchos de sus compañeros, ¡qué vuelta trágica! ¡Qué retorno, vencido! ¡Cuánta infamia y burla hubiera caído sobre su cabeza! Y él estaba sereno. Suplicaba que le diesen un poco de tiempo más y seguía escrutando el horizonte. La tierra la creó su deseo; la atrajo su mirada intensa; la acercó su voluntad... ¡Qué hombre! ¡Qué hombre!

"Nosotros peleamos en tierra y con los hombres que son nuestros iguales. Él peleaba en el mar y a la vez con la Naturaleza ignota, insondable".

Luego lanzó una breve carcajada, una de las pocas que le he oído y, en son de gracejo, añadió:

—"Calunga imita a Colón. Porque quiere pelear en el mar. Un día vió un cañonero español y se lanzó a la carga con su caballería".

Calunga era un jefe muy valiente, pero poco inteligente. El General lo quería mucho. Un día, viendo un cañonero español, se lanzó a la carga. Preguntado cómo no comprendía que no se podía cargar en el mar, respondió que sí, que en aquel lugar se podía, porque el agua era muy bajita, tratándose de una playa muy extensa. No comprendía, ni aún después de larga explicación, el pobre Calunga, que por donde navegaba el cañonero no podía haber tan poco fondo, y siempre creyó que le habían impedido realizar su captura.

El viejo Gómez trató aquella noche por primera vez de los problemas de la paz.

"Parece que los españoles no van a resistir mucho. Los españoles se están equivocando, y su error nos será muy útil. En lugar de batirse en tierra, en donde, en comparación con los Estados Unidos están fuertes, se baten en el mar, en el cual la inferioridad de sus medios de lucha es grande y evidente. Si yo hubiese estado en el lugar de Blanco..., aun hoy reuniría a todas las fuerzas españolas que, con guerrilleros y voluntarios pasan fácilmente los ciento cincuenta mil combatientes, y en dos columnas o tres, esperaría el desembarque de los americanos. Nosotros, ciertamente, los hostigaríamos, pero no podríamos vencerlos. Los americanos, con el bloqueo, no podrían tampoco vencer, porque éste iría dirigido más a la población civil que a los militares. Los militares, con el rifle en la mano, comen siempre. Después de seis meses de bloqueo, el clamor sería tal que los Estados Unidos, o enviarían tropas para dar término a la contienda, o le ofrecerían a España un tratado de paz de alguna ventaja. Si enviaran tropas, vencerían a la larga por su artillería, pero con dificultad, porque el español se bate bien, conoce ya el terreno y está en posesión. Pero en España se ha perdido la fe en la victoria y se quiere salvar la monarquía. A nosotros no nos importa, ni lo uno ni lo otro. Solamente que la casualidad me ha hecho hombre de guerra, y como tal hablo. Para nuestro Ejército es mejor así, porque hay muchos cubanos buenos patriotas, que deploran la suerte de España''.

"Hay que irse preparando para la paz. Quizás sea ésta una cuestión que no me concierna; pero mientras esté en Cuba, no podrá desinteresarme. Me debo al Ejército Libertador. La paz es más difícil que la guerra, porque la guerra necesita cualidades de valor y energía en determinados momentos; la paz las requiere constantemente.

"Ahora, en cuanto a mí, no sé aún qué haré. Desde luego, creo que es mi deber, antes de retirarme, evitar los abusos de los primeros días. Depuestas las armas, habrá que pacificar los ánimos. El Manifiesto de Monte Cristi que Martí y yo firmamos, lo dice muy claramente: nosotros le hacemos la guerra al Gobierno español, no a los españoles. ¿Habrá que transigir con los cubanos malos? ¿Qué nación no tiene ciudadanos buenos y malos? El conjunto es mezcla de todo. Aunque hay que aspirar a aumentar el número de los primeros, disminuyendo los segundos. Veremos''.

Y luego, sonriéndose, añadió:

—"¡Los cubanos malos! Los guerrilleros y los autonomistas serán los primeros en *encaramarse* en los puestos públicos. Y no habrá quién los eche... Así ha pasado en todo Centro América. El adversario de la víspera, a fuerza de constancia y adulaciones se abre paso. Usted verá... usted verá...

Y seguía sonriéndose con cierta amargura...

—"General—le dije yo—no tengo experiencia en estas cosas, pero he leído algo de Historia, y creo que las revoluciones liberales han abierto los brazos a todos, mientras las reacciones han sido siempre exclusivistas Creo que será indispensable esta unión de los que usted llama "buenos y malos", y que sin ella, ni habrá libertad ni habrá acción".

—"No digo lo contrario. Pero estamos todavía en guerra, y no quiero amnistiar aún a los guerilleros y a los autonomistas. No tendremos rencores, condenados en el programa del Manifiesto en que proclamamos una política de atracción e igualdad. Pero, no podemos abrir la mano tan pronto, y sí debemos cuidar de librar a la República de hombres, cualquiera que sea la procedencia, que no le sean leales, esos fatales aprovechados, que los hay en todas partes, en acecho e intrigas para medrar a costa del bien público, olvidándose a los que han sido buenos patriotas, lo que es injusto, y malo para la Nación".

Yo, firme en mis ideas amplias, estaba conforme con esa alusión a los acomodaticios infieles, que tanto he encontrado después en la vida. Pero no comenté. Me callé un instante. El General en Jefe discurría tan serenamente con anticipación y lucidez sobre difíciles problemas que habrían de presentarse post-guerra, que desviarlo de aquella actitud, hubiera sido más que una imprudencia de mi parte, una torpeza. Me abría horizontes extraños y provocaba en mi mente ideas que, ni tímidamente, se me habían presentado. Ya antes, en las profundas generalizaciones que expuso, oratoriamente, aunque sin perder su sencillez y gravedad, ante Valdés Domínguez, Boza y yo, y transcribí en el Capítulo III, germinaron en mi cerebro nuevos, desconocidos pensamientos, sembrados por la poderosa personalidad de este hombre superior. Y esto me ocurrió otras veces, oyéndole. Máximo Gómez fue para mí, en aquella temprana edad, una página luminosa del libro de la vida, en el que he aprendido tanto como en los libros impresos, eruditos.

Después de breve rato, le pedí permiso para proponerle un proyecto que tenía: publicar un periódico con el título: "La Nación", periódico sólo de la manigua, especie de testamento político de los Libertadores. Me aprobó la idea, pero me pidió que aplazara su ejecución. Y para la hora oportuna me ofreció su colaboración de escritor, ofrecimiento que, como todos los suyos, cumplió, honrando las columnas de aquel mi primer ensayo periodístico.

—"Es preciso esperar un poco, antes de hablar para el público"—dijo bajando la cabeza—. "Hay que ver primero la actitud de los americanos. Creo que cumplirán. Martí los creía cumplidores; pero temía a su grandeza, no por su grandeza en sí, sino por nuestra vecindad. Yo coincidiendo le decía cuando proyectábamos la Independencia: un vecino así es una ventaja por ciertos lados, pero también una preocupación, y nuestra conducta deberá ser digna para que se nos respete. Martí consideraba al pueblo americano como un pueblo admirable; decía que no había opinión pública más sana. Pero también decía que, cuando consideraban una cosa como de interés vital para ellos, iban derechos al fin sin preocuparles la forma. Martí sabía lo que decía, porque todo lo apoyaba en hechos y lo explicaba con razonamientos concluyentes. El pensamiento de Martí era claro como el cristal, aunque la forma a veces me confundía".

"En cuanto a mí, tengo confianza en los americanos, pero deseo esperar la terminación de la guerra. He conocido a muchos americanos y me han gustado... aunque, le tengo que decir... que no los entiendo..."

No sabiendo mucho de estas cuestiones, no argumenté, dejé caer el asunto y, aprovechando el momento, pregunté:

—"General, si se le ofreciera la Presidencia de la República, en la paz, ¿la aceptaría usted?"

—"Oiga, joven, yo puedo ser Presidente en Cuba y en Santo Domingo, y no lo puedo ser en ninguno de los dos países ¿Me entiende usted? ¿Me entiende usted?"

No entendía, pero no abrí la boca.

—"Habrá muchos candidatos para la Presidencia. Sí, muchos: Calixto, el Marqués, Tomasito, Masó, Manuel Sanguily... Habrá muchos. Si los pueblos de América tuviesen menos candidatos presidenciales, serían felices. En Santo Domingo y en otras partes, todos los males vienen de este disputado cargo de presidente.

—"Calixto es bueno, tiene carácter y sabe también. No sé si podría llegar a ser popular. El Marqués y Masó no los creo probables; son buenos patriotas. Masó tiene una buena página en nuestra historia pero... la repite demasiado. Manuel, ¡oh!, Manuel tiene un talento que no le cabe en la cabeza y es muy instruído. ¿Conoce usted a Manuel Sanguily?"

—"No, General".

—"¿Ni de nombre?"

—"No, General".

—"¡Qué gracioso es esto! Ahora caigo. Usted se interesa por un país tanto como el que más, expone la vida por su causa y usted no sabe nada de él. Porque, no conocer a Manuel Sanguily significa no saber nada de Cuba. ¡Qué raro!"

"Pues bien—añadió—quiero seguir satisfaciendo su curiosidad. Manuel en la Presidencia se haría la oposición a sí mismo". Y se rió de buena gana, satisfecho de su definición. Y reflexionando, luego añadió:

—"Los hombres muy cultos son siempre así. Ven mucho. Ven lo favorable y lo contrario; y a veces es mejor ver un sólo lado. Así hago yo en la pelea: veo solamente por dónde tengo que atacar o por dónde tengo que salir..."

Yo no sabía quién era Tomasito, al que sin embargo, había conocido en Nueva York cuando llegué a la Junta Revolucionaria, desde París, con cartas de Henry de Rochefort, Malató y de otros. No le pregunté como es de suponer, y él, por olvido, no siguió su análisis. Luego Tomasito, o sea, don Tomás Estrada Palma, fué su candidato, y por su apoyo, fué electo Presidente de la República.

Gómez había hablado toda la tarde conmigo solo y en voz baja. Los ayudantes rondaban alrededor de la tienda, pero no se atrevían a acercarse. Creí que me debía despedir y le pedí permiso para retirarme.

—"Sí, retírese. Pero antes le tengo que decir que tendremos mucho trabajo. Usted tendrá que trabajar. El Ejército Libertador recogió en sus comienzos a todos los que le ofrecieron su brazo, hasta los bandoleros. De éstos, muchos han muerto, honorablemente. La patria los debe considerar como perfectos ciudadanos. Otros se han redimido política y moralmente. Pero hay unos cuantos que han seguido siendo bandoleros en la Revolución. Y éstos no los debemos legar a la República con el título de Libertadores. Sería un crimen de nuestra parte".

Creí que el General se refería al proceso Bermúdez. El General se refería a algo más que no pudo llevar a cabo más que en parte, por la precipitación de los acontecimientos. Yo, sin embargo, no tuve que intervenir.

El General Carrillo llegó al bohío cuando me despedía, y con su alegría habitual, gritó:

—"¡Oiga, General, General, ¿por qué usted, que habla de tú a todo el mundo, le da el usted a este italiano?"

—"Porque es extranjero", contestó secamente.

¡Qué habrá que hacer en Cuba para no ser extranjero! me dije a mí mismo, acostándome sobre la tierra dura y húmeda, debajo de un árbol cuyas raíces me sirvieron de almohada. Y pensaba: nada valían para ciudadanizarse, sin distingos, los peligros múltiples en que había arrostrado la vida por Cuba Libre, y tampoco las fiebres, que milagrosamente no me la arrebataron también. No adivinaba entonces, que pocos días después, la arriesgaría temerariamente, en la toma de Arroyo Blanco, auxiliando la puntería del cañón de Strampes. ¿Qué habría que hacer para ser tan cubano como el que más? Pancho vino, sin saberlo, a consolarme con palabras de adhesión y de afecto. Era la voz del buen pueblo cubano, del pueblo que llaman plebe, que siempre me ha consolado de los sinsabores que la natalidad me ha ocasionado constantemente, aun en las horas en que se me ha querido honrar.

Capítulo VI

LA TOMA DE ARROYO BLANCO

Contrastes peligrosos.—No hay que sacrificar más cubanos.—Merece la libertad el que lucha a diario por ella.—Máximo Gómez deja a José Miguel Gómez la responsabilidad de seguir atacando.—Carrillo opuesto a ello.—Se inicia el ataque.—El cañón de dinamita se encasquilla.—Discusiones políticas en la trinchera.—El asalto mortífero.—José Miguel trata personalmente la rendición.—Documentos y cartas cruzadas con el General Español.—La entrada de Máximo Gómez en Arroyo Blanco.—Saludo a los valientes.—El primer meeting de formas cívicas.—El cese de las operaciones ofensivas.

El General José Miguel Gómez, después de haber tomado el Jíbaro, marchó para el Cuartel General del Ejército, que estaba en la Demajagua, con toda su caballería, ordenando a la infantería que lo siguiese con los cañones de dinamita, que habían dado buen resultado. Sus propósitos eran caer sobre Arroyo Blanco y tomarlo, y luego marchar hacia otras poblaciones del llamado partido judicial de Remedios. Pero antes de llevar a cabo su plan, estando el General en Jefe en su jurisdicción, era preciso consultarlo.

En este período se inició una polémica muy viva y peligrosa entre los jefes y oficiales del Ejército Libertador, especialmente de la División nuestra, que estaba actuando intensamente por tener cañones y abundante material bélico. Ya que los Estados Unidos han intervenido, y van a ganar la guerra principalmente en el mar, ¿tenemos derecho a sacrificar más cubanos, habiéndose sacrificado tantos desde hace más de tres años? Muchos contestaban con un "no" definitivo, reclutándose los que esta posición tomaban, entre personas indiscutiblemente decididas y valientes. Otros replicaban que ahora que teníamos armas y precisamente por haber intervenido los americanos, debíamos de luchar con más denuedo y éxito, y probar al mismo tiempo, que con armas suficientes no hubiera sido necesaria la Intervención. Además, añadían, la independencia de Cuba debe ser, hasta el final, obra nuestra, siendo los americanos, últimos auxiliares y nobles cooperadores de nuestro supremo interés. ¡No vamos a regatearles a Belona y Marte crueles, unas cuantas vidas, empañando con ello todo nuestro pasado, y dando a la intervención norteamericana un papel aun mayor del que en realidad tiene; no neguemos el último esfuerzo, dejando incompleta y afeada la gran obra del

Ejército Libertador, por un tardío egoísmo, después de tanto derroche de valor y sacrificio!

El Dr. Duque y yo estábamos en los dos campos opuestos. El valeroso médico envió al General José Miguel Gómez una espléndida y enérgica carta llena de sentimientos humanitarios, de los cuales dió siempre abundantes pruebas, calificando de criminal nuestra actividad bélica y, haciendo notar que Santiago de Cuba se había rendido, pronosticaba la paz inmediata. La carta tenía por objeto hacer cambiar de opinión al General José Miguel para que diera por terminadas las operaciones. "Nosotros no vinimos a los campos de la Revolución a buscar glorias, sino a alcanzar la Independencia. Ya la tenemos. No más sangre".

Contesté a esta carta, por mi cuenta, usando los argumentos de la opinión contraria, agregando que no debía olvidar el querido doctor, que todavía se encontraban en armas cerca de doscientos mil soldados enemigos y que había en Cuba una población española numerosísima. Una pequeña duda por parte nuestra, la revelación, por ejemplo, de su actitud compartida por otros muchos, que podría fácilmente llegar a ser opinión general, y el enemigo, recobrando el ánimo perdido, se concentraría en pocas ciudades y prolongaría la guerra en daño nuestro. Y añadía, que si bien era verdad que el Ejército Libertador había aumentado en número, considerablemente desde la intervención americana, no alcanzaba, sin embargo, contadas también las fuerzas americanas desembarcadas, un número mayor de cincuenta o sesenta mil hombres. Terminaba mi amistosa misiva recordándole la frase de Goethe: Merece la libertad solamente aquél que por ella lucha diariamente.

Al escribir a Duque, estaba además convencido de que la paz no vendría tan pronto. Desde entonces, no me he explicado nunca por qué los españoles no opusieron mayor resistencia. Es cierto que, después de la derrota naval, no podía España contar con la victoria; pero la resistencia en tierra, a pesar del bloqueo, hubiera podido durar meses y meses. Los Estados Unidos no estaban preparados para la guerra terrestre, y nosotros, acostumbrados al sistema de guerrilla, no teníamos instrucción militar para la guerra de maniobra. Si España, no para vencer, sino en pos de un mal menor, concentrara sus fuerzas, como dijo un día Máximo Gómez, en dos o tres lugares, requisara comestibles suficientes y llevara sus cañones y municiones a puntos estratégicos, nos hubiéramos visto obligados a hacer la paz en diferentes condiciones. Nosotros los latinos, por lo general, tenemos valor cuando el éxito es seguro o muy probable. El sacrificio que aparece estéril o puede resultar estéril, lo realizamos solamente cuando resulta espectacular. Montaigne, en uno de sus ensayos dijo, hablando de sus tiempos que, cuando veían la derrota segura, los italianos huían antes de combatir, los franceses al iniciarse el combate y los alemanes después de la derrota; y atribuía este hábito al grado de inteligencia de las tres naciones.

Al llegar con banderas desplegadas al Cuartel General de la Demajagua, el General José Miguel, me incorporé otra vez a sus fuerzas y le leí, más tarde, la carta de Duque a él dirigida, pero remitida a mí, y la contestación mía. El General, con su habitual calma, siguió sus preparativos, sin entrar en polémicas. Miraba, sin embargo, hacia Máximo Gómez, ya que conocía la opinión adversa a toda nueva operación del General Carrillo. Sólo Gómez podía dar la orden de distribuir las fuerzas en sus zonas respectivas, y quedar en la defensiva, echando a rodar los planes laboriosamente preparados.

Los tres jefes superiores se entrevistaron bajo el palmar maravilloso de la Demajagua. Gómez y Carrillo felicitaron efusivamente a José Miguel por la toma del Jíbaro. Luego pasaron a discutir los planes futuros. Carrillo abogó porque se imitara a los españoles: "Ellos están agachados, agachémonos nosotros también". José Miguel recordó que al atacar a Arroyo Blanco, hacía más de año y medio, nos habían obligado a retirar, y que había llegado el momento de vengar aquella afrenta. Los dos discutieron con vivacidad. Máximo Gómez no dijo nada hasta el final, y sólo al ponerse de pie, dió la decisión: "Siga Vd., General; suya es la responsabilidad". Los tres se separaron amablemente, pero José Miguel no quedó satisfecho. Al llegar a su tienda me llamó y se quejó de uno y otro de sus jefes. No se explicaba cómo el General en Jefe, siempre decidido en todo, tomaba ahora la actitud de Pilatos. "Temo", me dijo, "que si hay resistencia por parte del enemigo, me manden a retirar después de iniciado el ataque. Una derrota no es la mejor forma de terminar mi carrera militar". Durante el resto de la conversación me apuntó la idea de que fuera a hablar con Gómez y, al tratarle de las opiniones discordantes en la conducta de la guerra, obtuviese de él una decisión última y concreta sobre lo que debía hacerse.

Para explicar por qué el General José Miguel se servía de mí en esta ocasión, debo observar que Enrique Villuendas, su jefe de Estado Mayor, estaba enfermo y que el Dr. Duque se hallaba cuidándolo, siendo los dos, los únicos miembros del Estado Mayor que tenían graduación más alta. Pero debo observar que yo empezaba a tener toda la confianza de mi jefe directo. En aquellos días se habían ya formado la amistad protectora por parte de él, y la devoción amistosa por parte mía, con lazos que nos ligaron a ambos hasta su muerte en tierra extraña, en un tétrico hotel, y que me mantienen ahora a mí con gran reverencia hacia su ilustre memoria.

La Demajagua no era en esta ocasión el campamento que había conocido antes: unas pocas tiendas bajo el palmar, unas hamacas cobijadas por los árboles y un centenar de caballos ensillados comiendo a breve distancia la yerba amarillenta. Ahora, siendo la estancia prolongada y segura, se habían levantado como por encanto centenares de bohíos hechos de yaguas, bien alineados. Los caballos estaban más lejos y desensillados. La yerba del campamento había sido chapeada y se podía caminar cómodamente. Los rostros de todos sonreían. Las conversaciones no eran patéticas o epilépticas, sino animadas y gentiles. Se estaba mejor vestido, gracias a las expediciones que por primera vez habían traído prendas de este género; un gran gentío circulaba por todas partes y con agradable bullicio revelaba la menor disciplina. En medio del campamento una bandera nueva, enviada por las damas de Sancti-Spíritus, que la habían bordado en secreto, con el riesgo de sus vidas, flotaba muy en alto, bella, ufana y victoriosa. La civilización iba penetrando en nuestros campamentos.

Pedí la entrevista al General en Jefe, y le hablé largo tiempo. Mi misión era difícil, pues debía evitar que me creyera emisario del General José Migul Gómez; y sobre todo, no debía hacer surgir en él la sospecha de que su frase "de Vd. será la responsabilidad", no había gustado. Era joven, había cumplido los veintiún años y me acercaba a los veintidós. Los jóvenes temen siempre que se les lea la verdad en los ojos. Gómez desde mis primeras palabras comprendió todo, y, después de haberme oído tranquilamente, me dijo:

—"Comuníquele a José Miguel que no asumo, ni puedo asumir la responsabilidad histórica de suspender las operaciones militares. Son los españoles los que deben hacerlo. En cuanto al hecho de pasar de la defensiva a la ofensiva, es cosa que cada jefe debe decidir en su propia zona. Si él cree que debe atacar, que ataque. No le doy órdenes, ni contraórdenes. La situación es moralmente muy difícil, y yo no le tengo miedo a ella, pero reflexiono un poco más para evitar acusaciones tontas. La guerra, hoy o mañana terminará, y tendremos muchos críticos que querrán juzgarnos. El es joven y podrá defenderse".

Animado por estas palabras sinceras, le presenté la duda que más pesaba en el ánimo del General José Miguel:

—"Muy de acuerdo, General. Comprendo perfectamente su punto de vista. Ahora bien, es preciso pensar que dentro de Arroyo Blanco hay muchos soldados, defendidos por fuertes bien colocados y abastecidos de pertrechos de guerra de todo género. La resistencia será dura, y probablemente larga".

—"Dígale a José Miguel que lo único que le ordeno es la victoria, y que si veo que no la alcanza, me iré a hacer cargo de las operaciones, y tomaré a Arroyo Blanco". Y se levantó y me volvió las espaldas. Saludé y me retiré poco satisfecho de aquellas últimas palabras que en lenguaje guerrero, de todos los tiempos, significaban: si te falta algo, por poco que sea, en tu empresa, te lo daré yo, pero la gloria entonces será mía íntegramente.

Relaté todo a mi jefe directo, y cuál no fué mi sorpresa al notar su satisfacción completa, especialmente con las últimas palabras: —"Muy bien, muy bien", exclamó. "Le agradezco este recado que me tranquiliza. El General Máximo Gómez ha atribuído siempre el éxito suyo a otros. No me quitará a mí el que alcance. Lo conozco. Tiene la palabra acerada, dura... pero es la nobleza y el desinterés en persona. Mañana saldremos para Arroyo Blanco. Veo que el General en Jefe es el guerrero de todos los tiempos: Cuando agarra, no suelta. Quiere la victoria; la tendrá". Así diciendo y tornando a su compostura habitual, agregó:

—"He hablado con Tello Sánchez. Hemos acordado el plan de ataque. Conoce la zona como nadie, y me ha dado buenas ideas. Tomaremos a Arroyo Blanco en uno o dos días".

A la mañana siguiente, en efecto, partimos rumbo a la pequeña población del centro de la Isla, que un día fué próspera y hasta rica Villa, dedicada a la ganadería. La despedida que nos hizo el Cuartel General fué entusiasta. Carrillo, siempre jocoso, le dijo a José Miguel ya a caballo:

—"José Miguel, José Miguel, cuídate, que de lo contrario, no podremos comer juntos el lechón en Sancti-Spíritus".

Los jefes y oficiales nos vinieron a saludar. El propio General en Jefe vino a estrechar la mano de José Miguel, y le puso al Coronel Lucas Alvarez Cerise, un excelente médico y magnífica persona, a sus órdenes. La estrella del más joven de los Gómez empezaba a subir gracias a sus grandes cualidades; era la misma estrella que luego dirigió sus pasos hacia la presidencia de la República, y la misma que lo llevó a bajar de ésta a su debido tiempo.

Nosotros, ya formados frente al General en Jefe, contestábamos a los augurios repitiendo:

—"Nos veremos en Arroyo Blanco".

Pero, la alegría fué disminuyendo paulatinamente, pues durante la marcha empezaron a venir recados adversos sobre los movimientos excesivamente lentos de la infantería y artillería. Estas fuerzas las mandaba el Brigadier González, jefe de gran prestigio y de suma habilidad. Había que pasar los cañones de dinamita por veredas, por ríos, por fangales; la tarea no era fácil. Del Jíbaro a Arroyo Blanco hay una buena distancia, que no se puede salvar en pocos días cuando se deben evitar los caminos reales y las zonas pobladas, a fin de que el enemigo no conociera nuestros planes. Había que actuar sigilosamente para que no se reforzara la guarnición de Arroyo Blanco con tropas de Ciego de Avila o de Sancti-Spíritus. Además, cerca de la población que iba a ser atacada, había que ir aún más ocultamente, pues, su jefe militar podía por el heliógrafo,—el "espejo que habla" de nuestros guajiros—, pedir refuerzos, o salir a batirnos.

El General José Miguel puso su campamento al anochecer a una legua de Arroyo Blanco. Su propósito era recibir a González aquella misma noche, colocar inmediatamente los cañones y la infantería en las posiciones fijadas y atacar al amanecer. Pero González no llegaba. Las órdenes a la columna en marcha se multiplicaban, y las contestaciones eran tan lentas como su avance; todos sufríamos y el General José Miguel sufría más que todos. No dormimos aquella noche, memorable aún más que el día de la toma de la población.

González avanzaba. Treinta y seis horas estuvo a caballo, este jefe magnífico. Al lado de él se distinguió Pepe Estrampes, oficial vigoroso y valiente, jefe de la Artillería. José d'Estrampes había nacido en los Estados Unidos de una familia ligada a la causa de Cuba; se había batido durante la guerra briosamente. Hombre decidido, capaz de cualquier audacia, era muy querido del General Máximo Gómez. Sus compañeros le teníamos un gran afecto por su noble corazón y gran espontaneidad. Era, a la par, un valiente y un buen muchacho.

La primera pieza de Artillería llegó por la mañana. La traían un oficial americano voluntario y un oficial nuestro, Agramonte, compañero de expedición de los Maceo, improvisado artillero. El Teniente Coronel Alonso, del Regimiento de Caballería "Martí", la acompañaba con sus fuerzas. El General José Miguel Gómez personalmente fué a situarla en la posición prefijada, frente al fuerte que defendía el heliógrafo, en la parte alta de la población. Alonso era un bravo, español de nacimiento, de los más decididos y valientes jefes de la Brigada de Sancti-Spíritus. Su misión debía ser atacar y tomar aquel fuerte tan pronto se le ordenara iniciar la operación, y luego, sin demoras, dirigir la pieza de artillería contra el Cuartel Central, y, al mismo tiempo, infiltrarse con sus hombres en el poblado mismo, tomando por retaguardia a los defensores de las trincheras que cuidaban la entrada occidental del pueblo, que el General pensaba atacar simultáneamente por el frente y por el flanco.

Bastante más tarde llegó el Brigadier González, a quien acompañaba el Coronel Tello Sánchez, que había ido a prestarle auxilio. Sus soldados estaban extenuados aunque llenos de entusiasmo. El Coronel Sánchez, gran conocedor del terreno colocó esta fuerza frente a los fuertes de la parte occidental. Se levantaron trincheras rápidamente encima de un abra. En ésta, para resguardarlas de las balas enemigas, fueron distribuídas las tropas de infantería, que se tiraron al suelo a dormir, sin duda, el más tranquilo y reparador de los sueños. González, hombre de hierro, continuó a caballo, al mando de todas las fuerzas de la Brigada de Remedios, que se situaron en los caminos adyacentes preparados para detener cualquier refuerzo enemigo procedente de Sancti-Spíritus.

El General José Miguel se colocó a su vez con su Estado Mayor, frente a frente al pueblo en una altura. Después de la una de la tarde, me ordenó que fuese a la trinchera que mandaba el Coronel Sánchez pidiéndole a éste, que enviara una carta al jefe de las fuerzas españolas demandando la rendición de la plaza. Un soldado, hecho prisionero en el Jíbaro, retenido para ello, debía llevarla. Pero el soldado rehusó la misión echándose en el suelo y llorando ruidosamente. El Coronel Sánchez, con el beneplácito de todos nuestros hombres, conmovidos por la actitud del joven soldado, casi un niño, ordenó el fuego sin más dilaciones. Ya la carta no tenía razón de ser, pues el cañón de Alonso enviaba dinamita sobre el heliógrafo.

El Comandante Estrampes, a quien yo había llevado unas palabras escritas de puño y letra del General, palabras que le daban aliento para que cumpliera con su deber, o "más de su deber", apuntó, su pieza después de haber medido la distancia a ojo de buen cubero, o sea sin ningún instrumento, y disparó. Al oir el estallido, nuestros soldados que ya pensaban en el ataque rápido, como en el Jíbaro, subieron del abra y algunos se lanzaron fuera de la misma trinchera al grito de "Viva Cuba", grito de guerra que agigantaba a nuestros improvisados militares.

—"¡No dió!... ¡No dió!..." "Cayó un poco más atrás, pero en la misma línea"... "No, un poco más adelante del fuerte"... "La dinamita no estalló"... "Es que ha llovido mucho..."

El Comandante Estrampes impuso silencio. Hizo volver a todos a sus puestos. Sobre nuestra trinchera el enemigo hacía un fuego nutrido. Cientos de "máusers" descargaban proyectiles continuamente. En ella quedamos un grupo pequeño: Estrampes y cuatro "números", entre los cuales el soldado Santana que por estar, a pesar de las advertencias, siempre con la cabeza de fuera, fué pronto gravemente herido; el Teniente Tariche, que mandaba el grupo que tenía a su cargo el cañón, herido también poco después; Antonio Duque, que sin atender consejos del hermano se arriesgó demasiado, portándose con valor extraordinario y desempeñó un importante papel; Rodolfo Reyes Gavilán, Pepe Jerez y Varona, el Coronel Sánchez, que iba y venía, y yo. A poca distancia de nosotros, bien resguardada del fuego enemigo, como he dicho, se encontraba la infantería; pero en gran descuido, al punto, que de haber salido del Pueblo, que estaba solamente a unos quinientos metros de distancia, una columna enemiga, nos hubiera, por lo menos en los primeros momentos, puesto en aprieto para defender la pieza de artillería.

El cañón funcionaba mal. No sólo porque el proyectil no alcanzaba el fuerte, sino porque el casco metálico después del disparo, se quedaba en el primer tubo de los tres que tenía la pieza. Al enfriarse, el bronce se adhería a las paredes del tubo y no salía sino después de grandes esfuerzos mecánicos. Como la tarea era larga y monótona, se inició en la trinchera espontáneamente una conversación sobre la actitud de las grandes Potencias europeas, y sobre lo que haría Sagasta para llamarlas en ayuda de España contra los Estados Unidos.

Nosotros recibíamos las noticias mundiales con mucho retraso, y sólo las más importantes. Así que con poca información y no muchos conocimientos, disparatábamos de lo lindo. Antonio Duque y yo éramos los que estábamos en mayor desacuerdo y, por ello, gritábamos más. Pero, dicho sea en nuestro honor, comprendíamos que a las Potencias del Concierto europeo de la época, no les faltaba deseo y, quizás, propósito, de cometer alguna injusticia. Yo sostenía que la actitud americana de rendir por hambre al Ejército español, actitud pasiva que, para producir el éxito deseado, necesitaba de bastante tiempo y manos libres, era peligrosa. Antonio Duque, convencido de la enorme fuerza americana, se reía de las Potencias europeas.

Debo hacer notar, para el estudio de la psicología cubana de aquel período y de los sucesivos, que encontré dos clases de cubanos, aún en las filas del Ejército Libertador. Una, idólatra del inmenso poderío de los Estados Unidos. Conste que los que así pensaban no eran anexionistas; sino, algunos de ellos, tan decididamente contrarios a la anexión que creían necesario, caso que los americanos desearan mantenerse en Cuba indefinidamente, quemar la Isla de punta a punta. Estaban simplemente convencidos de la fuerza de expansión de la vecina Unión, y el porvenir parece haberles dado razón. Otra, tenía para los americanos el criterio despectivo de los españoles. Decían muchos, que los americanos eran simples comerciantes, que no servían para la guerra, y que si bien era verdad que tenían mejores barcos que los españoles, éstos eran marinos de superior calidad, amantes de la Patria y de la Gloria. Tales pregoneros, a su vez no eran tampoco españolizantes, ni favorables a una paz separada; al contrario, si se les hubiera hecho tal proposición, habrían fusilado al emisario. Yo deducía entonces, que tales diferencias eran puras abstracciones. Luego he reflexionado y he visto que se trataba de algo más profundo: En unos dominaba el espíritu de la raza; en otros la fuerza de atracción de la posición geográfica.

La discusión en la trinchera subía de punto. Y Estrampes, que se frotaba los ojos a cada minuto por el largo desvelo, y la atmósfera caliginosa, mandó a callar a todos con insolencias de Cuartel.

Segundo y tercer tiros, sin éxito. Para sacar cada casquillo se empleaba media hora por lo menos. Estrampes, que era la única persona que me tuteaba en la guerra, pues no conocía las personas en los verbos, me dijo: "Ven a almorzar conmigo". Eran cerca de las cuatro de la tarde. Conversamos. El vocabulario español de los dos debía ser pintoresco. Lo cierto es, sin embargo, que nos entendíamos.

Volvimos a la trinchera, nuevo tiro, nuevo fracaso. El deseo nos engañaba a todos, y nos hacía engañar al artillero, que no era muy práctico que digamos. Nos creíamos siempre que el proyectil caía a pocos pasos de la trinchera enemiga, cuando no en el mismo fuerte. Cansado Estrampes de los "pocos pasos más acá" o "pocos pasos más allá", me dijo con cierta solemnidad que asumía siempre cuando estaba en actos oficiales:

—"*Háme Vd.* el favor de subir a aquel árbol y *mídeme* la distancia lo más exacto posible, que quiero dar ahora".

El árbol era alto y frondoso; se encontraba casi a medio camino entre el fuerte y nosotros, en la parte alta, frente por frente a la línea de casas, y por lo tanto, a las trincheras del largo poblado. En realidad, no era una encomienda para darse a un amigo. Pero, un vez dada, se debía cumplir. En la guerra así se prueba la amistad, y lo imponen las circunstancias.

Comprendí el peligro grave, y me repetí para mis adentros el bello verso de Virgilio: "Ultima salus est desperare salutem". Por ello en lugar de salir de la trinchera por el lado izquierdo, el lado opuesto al fuego enemigo, y aprovechar las sinuosidades del terreno, y caminar arrastrándome por el suelo, como aconsejarían ahora los tácticos, salté la trinchera misma y, más derecho que de costumbre, me dirigí al árbol sobre el cual trepé con la flexibilidad y presteza que me daban los años y mi extrema delgadez. Cuando fuí a la Habana, Pepe

Jerez, que era un *clubman* y hombre de sociedad, había propagado esta acción mía con bellísimos colores, haciéndome un ambiente favorabilísimo entre la llamada buena sociedad.

Realmente, desde que salí de la trinchera, hasta mi entrada luego en el fuerte, mis oídos sintieron continuamente el ya familiar silbido de las balas. Al saltar por encima de la trinchera parece que una astilla de alguna piedra que la formaba, rota e impulsada por una bala, me rasgó fuertemente la piel de mi pecho desnudo a la altura del corazón. Ví salir sangre, y como en realidad por el exceso de peligro no me encontraba en plena posesión de mí mismo, me creí fuertemente herido y al avanzar me preguntaba si estaría muerto, y no me daba cuenta. *Incredibilia, sed vera.*

Dos veces fuí al árbol recorriendo el mismo trayecto. El enemigo me vió,—no podía dejar de verme—y disparó sin cesar aunque sin tocarme. Estrampes informado por mí con exactitud, dió contra la plaza la segunda vez. El proyectil cayó en medio del fuerte, matando, hiriendo o aterrorizando a sus defensores, de los cuales algunos, los que pudieron, huyeron hacia el poblado haciendo fuego, y llevándose los muertos y heridos que les fué posible. El General José Miguel, desde su posición, vió los efectos decisivos del lento, pero terrible cañón de dinamita, y ordenó al corneta el "paso de ataque", cuando ya nosotros corríamos al asalto, sin orden, ni concierto. Terminado mi peligroso papel de vigía, me descolgué del árbol y me lancé hacia el fuerte. Rodolfo Reyes Gavilán, rápido, me alcanzó; uno de los jefes de la infantería, el Teniente Coronel López Leiva, nos siguió de muy cerca. Casi todos los primeros asaltantes éramos jefes y oficiales. Reyes Gavilán me gritó: "Teniente Coronel, vamos juntos, por si acaso". Buen *mambí*, se refería con aquel "por si acaso", al peligro de poder ser herido uno de los dos y quedar desangrado en aquella yerba, por no ser atendido a tiempo. El Coronel Tello Sánchez olvidó sus fuerzas y corría él también hacia el fuerte. Mientras yo entraba en él, por el boquete abierto con el cañonazo, ví agarrado al mismo al Comandante Jiménez de la Brigada de Remedios. Creo que fuímos los primeros a entrar en el fuerte. Yo caí sobre un cadáver destrozado.

Antonio Duque, que era Comandante, conservó su sangre fría y vino con las fuerzas de la infantería. Desde la trinchera ordenó a los soldados que estaban en el abra que subiesen, los organizó y a su frente tomó en buena forma y definitivamente posesión del fuerte. Sin esta previsión de Duque, hubiéramos sido expulsados del mismo por un contrataque enemigo que se preparaba.

El fuego que nos hicieron los españoles durante el asalto fué ensordecedor y mortífero. Por nuestra parte, hacíamos más ruido con nuestros gritos de "Viva Cuba", que con los tiros. Los primeros asaltantes tuvimos un buen número de bajas, calculo el cincuenta por ciento de los que salieron de la trinchera para el ataque inicial.

Al final de 1898, estando en Tunas de Zaza, yo único jefe del Cuartel General de la División que quedó, porque los otros fueron a abrazar a sus familiares, escribí sobre este hecho de armas con los sentimientos de entonces:

"El entusiasmo era extraordinario, vivísimo; la marcha se hacía a paso regular, entre la hierba de guinea que nos ahogaba. Resonaba repetido, noble, sublime, el eterno grito de los combates: ¡Viva Cuba!, mientras los compañeros caían entre el humo al mortífero fuego de todos los fuertes; caían en aquella tarde hermosa que el sol tropical doraba; con la sonrisa en los labios, la cara al enemigo, y en el corazón la fe, la fe pura del revolucionario; caían pobres compañeros, para encontrar sólo la mano piadosa que a la voz serena del jefe: "Recojan a éste", acudía presurosa, caían en vísperas de la victoria, después de haber soñado ver la patria, matrona augusta en el mar Caribe, arrojando la humilde vestimenta de la esclava".

"Nosotros, los que quedábamos, seguíamos avanzando; y la apoteosis para el caído, era solo una lánguida y tierna mirada pero fugitiva, porque el "Viva Cuba" seguía entusiasmándonos, y la molesta música enemiga interrumpía la enajenación del espíritu que en nuestras almas sensibles provocaba aquél espectáculo al mismo tiempo, horrible y grandioso de la Naturaleza".

"¡Oh, la guerra! Pobres madres que llorarán mañana, cuando nosotros levantemos himnos de gloria a la Patria y festejemos el nuevo paso dado hacia la redención final... ¿Qué hado siniestro impuso a estos animosos jóvenes su fin tan próximo? La virtud cuesta cara, y sólo a fuerza de sacrificios se compra; pero bien hermosos son estos sacrificios, y sublimes son las lágrimas de las madres para el hijo que cayó erigiendo un altar, un ara santa, al sublime ideal del amor patrio".

Hoy, después de cuarenta y tres años, tengo los mismos sentimientos para los que murieron aquel día; aunque no expreso estos sentimientos del mismo modo. La muerte y la gloria, o sea la desaparición física y la eternidad moral, no me producen, la primera, el mismo temor, ni, la segunda, el mismo entusiasmo.

Para comprender las dificultades de este asalto que fué decisivo, es preciso considerar que hubo necesidad de recorrer unos setecientos metros paralelamente a las trincheras del pueblo, ocupadas por doscientos soldados y guerrilleros; trincheras que estaban situadas a menos de quinientos metros; y que frente a nosotros teníamos dos fuertes en lo alto que nos dominaban con sus rifles.

Tomamos el fuerte atacado, y en él tuvimos una baja más. Un joven de unos diez y ocho años, de la infantería, estaba a mi lado mirando desde la aspillera, cuando una bala que penetró por tan estrecho espacio le alcanzó la cabeza, cayendo con un lastimero grito desgarrador. Lo recogimos un hermano suyo y yo. Los dos hermanos, bajo las órdenes de Antonio Duque, habían corrido al asalto juntos, con entusiasmo casi infantil. Ahora uno yacía en el suelo con la masa encefálica fuera del cráneo, y el otro como atontado iba repitiendo: ¡Caballeros, han matado a mi hermano! ¡Escena imborrable!

Al día siguiente, en Arroyo Blanco, mientras me dirigía rebosante de entusiasmo y de alegría a un banquete dado por los jefes y oficiales de la Infantería, al cual había sido invitado especialmente, me abrazó el pobre doliente. No sabía si llorar, o unirse a mi júbilo. ¡Qué espantosa tragedia ésta de un alma dolorosa llevando luto tristísimo en el ambiente de frenesí! Nunca he sabido los nombres de los dos, sea porque siempre he despersonalizado todo accidente humano, sea porque entonces, me parecía ridículo anotar el nombre de uno que moría, cuando morían tantos...

Habiéndonos posesionado bien del fuerte, y notando que el Teniente Coronel Alonso había tomado el del lado opuesto casi simultáneamente, bajo el mando del Coronel Sánchez nos preparamos para el nuevo ataque. Estrampes arrastraba el cañón hacia el fuerte, cuando apareció sobre las trincheras del pueblo una bandera blanca. El Coronel Sánchez me envió a que le avisara al General José Miguel, y ordenó a Antonio Duque, que fuese de parlamentario a encontrarse con el oficial español que ya salía de Arroyo Blanco hacia nosotros.

El General José Miguel, con su tino habitual, había organizado mientras tanto el asalto del fuerte que dominaba al nuestro y al mismo pueblo, haciendo penetrar en él por sorpresa unos "números" de su escolta. Nosotros no lo sabíamos. Los españoles, sí. Por ello, al verse ya vencidos en tres puntos, levantaron aquella bandera de parlamento. No encontré al General José Miguel en su sitio de observación. Por otra vía, a caballo, había marchado hacia donde estaba el Coronel Tello Sánchez. Cuando volví tampoco lo encontré en esta posición. El Coronel Sánchez me dijo sonriendo:

—"¿Quién lo puede contener? Se ha metido en el pueblo con tres ayudantes, y está parlamentando él directamente".

En efecto, el General José Miguel encontró al jefe militar dispuesto a seguir la lucha, alegando que al Comandante Antonio Duque le había pedido solamente una suspensión de hostilidades, el enterramiento de los muertos y el respeto para el hospital de sangre cuya situación señalaba. El General discutió ampliamente con él, y con su trato amable lo convenció que era criminal derramar más sangre.

—"Usted cree poder resistir, y se equivoca. Esta noche mismo cae usted prisionero con todas sus fuerzas. Morirán cubanos y españoles inútilmente. Y usted en lugar de una rendición honrosa tendrá que sucumbir sin gloria. Fíjese usted, lo tengo "copado" por tres lados, y por el cuarto no puede usted siquiera asomar las narices porque toda nuestra caballería con el General Máximo Gómez a la cabeza le caerá encima".

—"¿Dónde está Máximo Gómez?"

—"A una legua de aquí".

—"¡De manera que es una gran concentración de fuerzas, la que habéis hecho!"

—"Mucho más grande que la necesaria".

—"Yo no me rindo, no me rindo, no, no".

—"Pues, entonces cada uno irá a cumplir con su deber, en campo opuesto. Yo pensaba disfrutar de su hospitalidad comiendo con usted". Y el General José Miguel Gómez se puso de pie.

—"General no se vaya. Los españoles nunca le negamos hospitalidad a los que la piden", dijo un oficial.

José Miguel con sus ayudantes se retiró hacia un lado comprendiendo que jefes y oficiales querían tratar sobre la rendición. Discutieron algún rato, y luego preguntaron por los términos de la misma.

—"Los términos son todos lo honrosos posible, los que merecen los bravos", contestó el General.

La comida fué servida y los dos jefes se entendieron al fin, sobre los siguientes términos consignados en esta acta que transcribo:

"En el pueblo de Arroyo Blanco, presentes en el Hospital Militar de la guarnición española, el jefe de ella, Comandante Dr. Pedro Romero Ramírez, Oficial 3º de Administración Militar, Dr. D. Antonio Conde y Médico 1º Dr. Sebastián Foscá y Lambert, en delegación de los oficiales de la guarnición ante el General José Miguel Gómez, del Ejército Cubano y sus ayudantes Comandante Jorge Villuendas, y Enrique Pina, y Capitán Francisco Regueira, acordaron extender esta acta para hacer constar las condiciones de la capitulación a que se someten: El Comandante Sr. Pedro Romero Ramírez, al frente de sus fuerzas y el día 28 saldrá del recinto del pueblo, dejando las armas y municiones en el Hospital y acompañado de la Escolta armada que más adelante se expresa.

1º El General José Miguel Gómez al frente de sus fuerzas terciará armas como saludo y distinción al valor y resistencia del Destacamento.

2º Además, el General José Miguel Gómez, cumpliendo un deber de caballerosidad militar y como un especialísimo honor a los que con tanta bravura se defendieron, concede al Comandante y Oficiales a sus órdenes una escolta armada de cincuenta hombres". Al pie la fecha de 27 de julio de 1898.

La operación había terminado. Al retirarme encontré a Pancho, mi *alter ego*, con unos trozos de carne de puerco, un poco de harina de maíz y no sé cuantas otras cosas enviadas por la Providencia. Eran las diez de la noche. Comí y me acosté al lado de la trinchera en donde por la tarde había tronado el cañón de dinamita.

La alborada que vino a saludar nuestra victoria, anunciaba un día hermosísimo y nuestra alma aumentaba sus goces ante la sonrisa de la Naturlezaa. Aquellas lomas que rodean a Arroyo Blanco, otras veces viviendas de tranquilos campesinos, estaban ocupadas por numerosos grupos armados, que se iban acercando con sus jefes para reorganizarse después, y entrar triunfalmente en el poblado. Nuestro General había dispuesto, el día anterior, que durante el ataque todo el grueso de la fuerza quedase en los caminos, pronto a la primera llamada, y preparada para batir cualquier refuerzo enviado a los sitiados. Ahora todos los regimientos, salvo las guardias, se iban organizando en las afueras.

El General José Miguel entregó al Comandante Enrique Pina, la siguiente carta para el General Manrique de Lara, con el cual nos habíamos encontrado en otra célebre operación, la de Cañamabo, en el Valle de Trinidad.

—"Señor General Juan Manrique de Lara.—Jefe de la División de Sancti-Spíritus.—Muy Sr. mío: Va como emisario portador de ésta mi Ayudante el Comandante Pina, que tengo el gusto de presentarle. Motiva esta carta la toma, por las fuerzas cubanas a mi mando, del poblado de Arroyo Blanco, después de capitulada la guarnición. Faltaría a mi deber de caballero y de militar, si no le hiciera presente que la resistencia del Comandante Sr. D. Pedro Romero y Ramírez y de las fuerzas a su mando ha sido heroica ante medios tan poderosos y ofensivos como de los que he dispuesto, y creo que su valor ha rayado a gran altura, por lo que no tengo reparos en recomendarlo para una recompensa.

Para la conducción de prisioneros y heridos, hará llegar una comisión desarmada y portando banderas blanca y de la Cruz Roja, hasta las casas de Vega Grande, entendiendo que no deben pasar de allí. Como son muchos los heridos, debe venir la comisión con camillas y médico. Los más graves quedan aquí a mi cuidado según mutuo acuerdo entre el médico 1º de su Ejército, Sr. Sebastián Foscá, y los nuestros; así es que si Vd. quiere, puede contestarme con el Ayudante si envía parte de la Comisión que llegue hasta Arroyo Blanco por esos heridos, aunque de mi parte no corre prisa, pues serán, entre tanto, curados con solicitud; sí, debe ocuparse en avisar a Ciego de Avila y Placetas, para que no venga columna entretanto tenga los heridos aquí, pues no me atrevería a responder de ellos. Firmado: General de División. — José M. Gómez. — Arroyo Blanco 27 de julio de 1898".

El General Manrique de Lara contestó con la siguiente carta el día veinte y ocho.

—"Sr. Don José M. Gómez.—Muy Sr. mío: Ha sido en mi poder su carta de ayer que he recibido por su Ayudante D. Enrique Pina, en la que me anuncia la entrega que desea hacer de los heridos y prisioneros hechos por Vd. en el destacamento de Arroyo Blanco. Para recogerlos, nombré a un oficial de Estado Mayor o Ayudante mío que irá completamente autorizado llevando escolta desarmada y camillas para el transporte de heridos. Este oficial saldrá de aquí mañana para estar a las nueve de la misma en las casas de Vega Grande; se detendrá como Vd. indica, fiado en su ya probada caballerosidad. En cuanto a los heridos graves que quedan en Arroyo Blanco, ya el oficial comisionado manifestará a Vd. si ha de ir a recogerlos. Procuraré avisar a las fuerzas vecinas no emprendan operaciones hasta que los heridos se hayan entregado, y espero que Vd. verificará lo mismo con los de su mando.

Reitero a Vd. las gracias por su generosidad, y queda suyo atento y s. s. q. b. s. m. Firmado: Juan Manrique de Lara".

Resueltas todas las modalidades de la entrega de los heridos, y también de los prisioneros, el General José Miguel se preparó para entrar formalmente en el pueblo. La música de nuestra División tocaba el saludo a la bandera, cuando llegó el General Carrillo a la cabeza de su escolta. Naturalmente, por su mayor jerarquía, tomó el mando de todas las fuerzas, y la dirección de la columna.

Atravesando de extremo a extremo de la calle principal, las tropas tomaron posesión del pueblo, y luego acamparon en la antigua Comandancia, en el Cuartel, en las casas y hasta en la iglesia, con airada protesta del Cura. Esta era la segunda población de Cuba que yo conocía. La primera fué Victoria de las Tunas; también conocida después de un asalto y una entrada triunfal. Pero en la primera ocasión, nuestra ocupación de lo habitado fué en precario, mientras ahora sabíamos que *aquello* seguiría nuestro, siendo el primer pueblo de importancia que quedaba conquistado dentro de Cuba Libre. Además, en Tunas, de ambas partes destilaba el odio, pues la lucha estaba entonces en su punto más agrio. Mientras aquí, ya flotaban nuncios de la paz próxima, y se corría alborozados por las calles, se cantaba y tocaba la música, allí fueron ahorcados, en la plaza pública, los traidores cubiertos por la humareda de las hogueras que quemaban casas y bestias; allí fueron macheteados, en masa, los guerilleros y voluntarios, cazados algunos a tiros en sus escondrijos; allí oímos llantos desoladores de mujeres desconsoladas deshechas por el dolor... Allí nuestra alegría terminó pronto bajo los cascos de los caballos del General Luque. En Tunas hubo un frenesí de sangre. En Arroyo Blanco, la valiente tropa española y los españoles del poblado parecían tomar parte en nuestra alegría, que no incurría en abusos ni desmanes, y ni siquiera hacía ostentación del triunfo para no ofender al adversario. La parte buena del alma del cubano y del español resurgía.

Mientras nuevamente gozábamos de la vida entre paredes y bajo techo, mirando las casas como pudiera hacerlo un hombre que hubiese vivido eternamente en los bosques, llegó la noticia que estaba muy cerca e iba a llegar con su Estado Mayor y su Escolta, el General en Jefe. Entre tanto bullicio la noticia llegó a todos como polvo agitado por vientos contrarios. Se pensó en formar las Brigadas. Pero ya el General estaba en la altura vecina, a la vista de todos. De prisa Carrillo y José Miguel montaron a caballo, con sus Estados Mayores, y fueron a recibirlo, encontrándolo en la palizada que había ocupado durante más de tres años la fuerza enemiga, y había sido centro de las operaciones de Weyler en esta parte de Las Villas. Formada la columna marchó hacia el pueblo.

El General Máximo Gómez iba delante de todos, solo, y a algunos metros de los que le seguían, como era su costumbre en las grandes ocasiones. Montaba su hermoso caballo moro; la cabeza erguida, el cuerpo a plomo, aunque ligeramente hacia atrás, las piernas fuertemente estribadas.

Aquella figura física, era la más perfecta revelación de su carácter, la expresión más exacta de su vida: siempre sin doblegarse, siempre altivo, siempre superior a los que lo rodeaban, siempre arrogante...; una vida que consideraba la transigencia como vileza, el contemporizar como traición, la condescendencia, debilidad. Las líneas precisas de su cara que parecían cortadas por la mano decidida de un Rodín, resaltaban en aquel momento, bajo el sol diáfano de la mañana, más severas, y si puede decirse a tantos años de distancia sin ser erróneamente interpretado por el cambio de ambiente, más terribles. De todo su cuerpo se desprendía vigor, energía, elasticidad. Aquél viejo casi setentón, después de muchos años de guerras despiadadas, era joven, el más joven de los presentes, a su entrada triunfal, más joven que los que gritaban ¡Viva el General Gómez! La naturaleza le había dado todos los dones para forjar en él al más grande de los guerrilleros de todas las épocas. Entre estos dones, su eterna juventud, que, como él decía, en los pocos ratos de buen humor, era el reflejo de su ideal en marcha, joven aún, por no haber alcanzado el triunfo definitivo.

Pasó delante de las fuerzas españolas, que habiendo sabido de su llegada, le esperaban con mayor deseo e interés que nosotros mismos. Bajó el machetín que tenía desenvainado, y exclamó con fuerza, con una voz seca y sin eco: "Saludo a los valientes". Recorrió todo el pueblo entre aplausos entusiastas y gritos frenéticos de alegría, serio y grave.

Carrillo y José Miguel conferenciaron con él largamente. José Miguel hizo un informe pormenorizado de todo lo acontecido. El General en Jefe le prodigó muchos elogios. Al almuerzo, que fué el primero que hice en la guerra alrededor de una mesa, el General José Miguel Gómez nos habló de la entrevista y nos repitió la frase última que le había dirigido:

—"Una vez, le dije, que peleaba Vd. como un sargento. Yo tenía razón, porque usted entraba en combate con la vanguardia y se retiraba con el último *retén*. Ahora le digo que usted sabe mandar bien. Y por las dos cosas lo felicito".

Máximo Gómez insistía mucho en esta frase de "pelear como un sargento" y la justificaba, porque sabía que cuando fué dicha la primera vez, no gustó a su subordinado.

En puridad de verdad, el General José Miguel no necesitaba de la operación de Arroyo Blanco para probar sus dotes de mando. Los dos hombres que durante la guerra consideré como los mejores generales nuestros, conste que no digo guerrilleros, fueron el General Calixto García y el General José Miguel Gómez. No conocí a Maceo, que tuvo gran y merecida fama de pelear con bravura, a la par que de dirigir con maravillosa precisión y previsión sus célebres batallas. Sin duda, fueron él y Máximo Gómez, superiores a todos los demás. Peralejo, Mal Tiempo, Coliseo, que aseguró el paso franco a las Provincias occidentales, etc., y más memorables acciones de esta guerra, y otras, de inextinguido eco, de la inmarcesible década, los consagran. Otros notables e intrépidos Caudillos, operaron subordinados a Jefes más altos, de la División o el Departamento, y no planearon los grandes combates. El resto de nuestros renombrados valientes Capitanes de la guerra del 95, algunos procedentes de la del 68, Cabecillas, que despectivamente les llamaban los españoles, pueden calificarse de hábiles conocedores del ataque en guerrilla, que realizaban, con astucia, o con temeridad, según la ocasión, pero poco prácticos en la guerra de maniobra. Así se explican muchas frases que corrían entonces de boca en boca: "No le caben cien hombres en la cabeza" o "se olvida de la retaguardia", o "No sabe donde están los flancos", etc., etc.

Después del almuerzo, el General Máximo Gómez me llamó. Me habló con una tranquilidad de espíritu, poco habitual en él. Ya asomaba el hombre de la paz. Me dijo:

—"José Miguel me ha hablado sobre sus futuros planes, y me ha comunicado que de acuerdo con el Brigadier González, tiene preparados algunos ataques a las poblaciones de la jurisdicción de Remedios. No le he contestado de manera directa a estos propósitos suyos. Pero, siendo mis noticias, especialmente las que recibo de Nueva York, que la paz está próxima, creo que debemos mantenernos en la defensiva. Comprendo todas las razones contrarias a la defensiva. Sé que una vez entrada la idea de la paz en la cabeza de nuestros soldados, difícilmente podremos llevarlos otra vez a la lucha. Pero hay razones más poderosas en el otro lado. No tanto de orden moral, como de orden político. La paz no significa deponer las armas; significa mucho más: crear un ambiente en el cual reine armonía. Aquí en Arroyo Blanco, estamos navegando bastante bien; no ha habido violencias, pero podría haberlas en otras partes. Aquí ha habido solo la protesta del Cura que el General José Miguel ha dejado satisfecho con buenas palabras. Pero, ¿quién podrá evitar la muerte violenta de algún guerrillero malo? ¿Quién podrá evitar actos de venganzas, a veces hasta muy justificados, pero siempre del todo impolíticos?"

"Nosotros debemos preparar el futuro. Yo no sé aún lo que haré personalmente; sí sé que mientras tenga deberes, los cumpliré. Necesitamos dos cosas: la unión de los cubanos, y la amistad de los españoles. Hay que olvidar. Sé que hay muchas heridas abiertas; es preciso olvidar. De lo contrario no habrá Patria. Tengo mucha experiencia en esta materia. Me codeo con el siglo, mire si tengo experiencia".

"Los países alcanzan la independencia con más o menos facilidad; pero crean repúblicas con inmensas dificultades. Hay que evitar que estas dificultades se agraven. Si nosotros seguimos la lucha, el encono aumentará. En cambio, un par de meses de sosiego, creará un ambiente de paz, antes de la paz misma".

"Por otra parte, nuestro porvenir no es muy claro. Un tercer elemento ha entrado en juego: los americanos. Martí, que conocía bien estas cuestiones, esperaba que el buen juicio español evitara la intervención de los Estados Unidos, que han deseado en distintas ocasiones la posesión de la Isla. Pero los españoles cuando luchan no emplean el juicio, sino la pasión, por esto hacen *buenas guerras y malas paces*. La intervención ha venido, y nosotros no nos podemos quejar de ella. Todos me escriben que Cuba quedará independiente, pues los Estados Unidos, a la faz del Mundo, han declarado que la independencia es un derecho de Cuba, y yo deseo creer en ello. Pero nosotros debemos ayudar al Destino y no ponerle dificultades".

"Por todo esto, hay que desistir de los proyectos hechos. Explíquele al General José Miguel la situación como yo la veo".

"Me marcho para mi campamento. Venga usted en estos días por allí".

El General José Miguel no comprendió la razón por la cual el General en Jefe no le había hablado a él como me habló a mí. Yo no se la pude dar tampoco. Por la noche, el General Carrillo, ordenó formalmente que todas las fuerzas del poblado debían retirarse en los próximos días inmediatos, y, al mismo tiempo, la suspensión de toda acción de guerra. Esta orden cayó como una bomba. Pero Carrillo, con su amable sonrisa, y José Miguel con gran espíritu comprensivo, suavizaron las asperezas de todos y sus propias asperezas.

Por la noche de aquel día inolvidable hubo una manifestación importantísima; los jefes de las tres Brigadas fueron a pedir permiso al General Máximo Gómez para vitorear, ya como en tiempo de paz, al General José Miguel. Gómez lo dió con gusto. Y se prodigó un desbordamiento de entusiasmo. Las jerarquías desaparecieron. Jefes, Oficiales y soldados se unieron en una igualdad ciudadana. Una masa compuesta de todos los soldados y de todos los civiles de Arroyo Blanco, fué al pabellón del Jefe de la División que nosotros rodeábamos. Sobre unas ruinas humeantes se organizó un *meeting*. Los discursos se sucedieron numerosísimos como en las reuniones de revolucionarios de todos los países; el entusiasmo llegó al delirio; los "Vivas" ratificaban y concluían las ideas de los oradores, y también los discursos de los que no tenían ideas. La música aumentaba el loco regocijo con las notas del Himno de Bayamo. Aquella masa de hombres tenía sed de actividades cívicas.

Entre otros, hablamos, Manuel Delgado por la Brigada de Remedios, el Comandante Jiménez por el Cuerpo de Ejército, yo por la División. No recuerdo los demás. Delgado produjo gran impresión por su pausada elocuencia. Allí surgieron los primeros electores que luego lo llevaron a la Cámara de Representantes. Yo hablaba en público esa noche por primera vez en español. Este era simplemente infernal; pero la palabra no se detenía, y la masa agitada de los oyentes pareció satisfecha. Pablo Mendieta estaba al pie de la tribuna, y habiendo yo empezado el discurso con las palabras: "la muchedumbre me alcoholiza" (habiendo querido decir "me embriaga") me persiguió con tal frase y con las palabras "connubio indecente", también pronunciadas, todos los días posteriores y aún después en la paz, imitando mi fuerte acento exótico.

Se tocó silencio ya muy tarde. Los jefes superiores querían que hubiese entusiasmo, pero como se dice en música: *non troppo* (no demasiado). Silencio sepulcral. El cornetín había llamado a todos a la realidad. La guerra continúa; la disciplina tiene sus exigencias férreas; cuidado con lo que se hace.

Cuando ya los soldados dormían y aquel vasto campamento, en impresionante contraste, poco antes tan locamente ruidoso, quedó tranquilo bajo el cielo hermosamente estrellado, y las calles desiertas recibían un poco de luz de los pabellones de los jefes que escribían, el Estado Mayor del General en Jefe y el del General Carrillo, con los agregados de ambos, se dirigieron, con severa disciplina, a la casa que nosotros ocupábamos; no era ya el aplauso popular, era el acto oficial que venía a cerrar la histórica jornada. El General Rafael Rodríguez habló en nombre del General Máximo Gómez. Otros tejieron breves elogios en honor del Jefe de la División.

Hicimos los honores de la casa, los que rodeábamos al General José Miguel. Nunca ha habido camaradería más sincera.

Alguien murmuró a mis oídos: Un Gómez ha sido el hombre de la guerra, otro Gómez será el hombre de la paz.

No comprendí el alcance de la observación; por eso no recuerdo quien me hizo el vaticinio.

Al día siguiente abandonamos a Arroyo Blanco, que quedó como el último hecho de armas glorioso de Occidente.

Años después, en 1901, pasé por Denia, cerca de Valencia, en uno de mis constantes viajes, y me encontré con un militar español que había estado en Cuba durante la guerra, en la cual había peleado con mucho vigor. Camaradas de campo opuesto, como el ilustre Churchill se calificó él y me calificó a mí, un día en que hablamos de nuestras respectivas posiciones en Cuba, nos sentimos unidos por el noble vínculo de haber luchado con honor, sin vilezas, y sin traiciones, aunque en ejércitos contrarios. Hablamos largamente, porque él nos había perseguido y desbandado en el camino de Blanquizal, y había caído prisionero en Arroyo Blanco. Amaba a Cuba como todos los españoles, especialmente los que han combatido sobre su suelo, y recordaba con fidelidad los pormenores de sus campañas.

A él debo la opinión del soldado español sobre Máximo Gómez:

—"Nosotros no considerábamos como importantes, más que a tres jefes insurrectos: Máximo Gómez, Antonio Maceo y Quintín Banderas. Los otros los creíamos poca cosa. La prensa y el mismo mando nuestro popularizó siniestramente a estos tres hombres. Se llegó a formar el mito de su invencible ferocidad. Nuestros soldados que son valientísimos, llegaron a tenerles miedo, pues al pronunciarse en la refriega uno de estos tres nombres, ya veían a un gigante con un largo machete levantado sobre sus cabezas".

"En el Blanquizal nosotros vimos a Gómez al salir de la emboscada, y no nos atrevimos a perseguirlo, sólo por ser Gómez. Hubiera sido tan fácil aquel día hacerle pagar todas las que nos había hecho. En cambio, atacamos a la columna que lo seguía, en donde se encontraba usted según me dice, y dejamos al "Chino Viejo" que se escapara. En Arroyo Blanco, cuando nos dijeron que atacaba Gómez, no pensamos que era José Miguel Gómez que nada tenía que ver con el otro, creímos en cambio que era Máximo, que siempre andaba por aquellos parajes, y estuvimos convencidos que no saldríamos vivos de la ratonera en que estábamos".

"El elogio que nos hizo aquel "Guerrillero" al pasar, bajando un machetín sin importancia y gritando: *Saludo a los valientes*, fué para nosotros un desencanto".

Exacto: en lugar del Mago asesino, vieron al Guerrero generoso y noble.

Capítulo VII

GÓMEZ EN YAGUAJAY

El Armisticio y la Paz.—Los primeros momentos.—Inquietud y regocijo.—Otra vez en el Cuartel General.—Francisco Federico Falco.—El examen psiquiatra abortado.—Unas elecciones falsas.—La asamblea de Santa Cruz.—La primera lucha entre cubanos.—Las preocupaciones de Máximo Gómez.—El Ejército Libertador no debe disolverse.—Tunas de Zaza.—"La Nación".—Ultima entrevista con Gómez en un campamento.—Reuniones secretas.—La visita de Porter y Gonzalo de Quesada con Gómez.—Mi viaje a la Habana.—Carta a "La Discusión".—Triunfos populares de Gómez.—Disolución de nuestro Ejército.—A la vida civil.

El armisticio, primero; incertidumbres que oprimen, ilusiones que alientan, temores angustiosos, las premoniciones indefinidas de un estado de ánimo que en vano tratara de reproducir aquí, del que vé surgir lo anhelado y por lo imprevisto que acaba de ocurrir, cree fugazmente que se malogra, prevaleciendo el optimismo y la confianza; luego, los preliminares de paz, con anuncios gratos y adversos, las afirmaciones y negaciones alternativamente, las retiradas de las tropas españolas de pequeños poblados e ingenios, las visitas populares a los campamentos y, sobre todo, los encuentros de familiares que no se habían visto durante años de constante y recíproca ansiedad, en el período que siguió a la toma de Arroyo Blanco y al fusilamiento del General Bermúdez, y a los pocos días, el advenimiento de la victoria, crearon en nosotros una verdadera revolución del espíritu. ¡Qué alegría! ¡Qué felicidad! Nos mirábamos los unos a los otros, y nos reíamos sin motivo. Nos abrazábamos a cada instante. Empezábamos a hablar sobre el futuro, y no continuábamos; del pasado, ni una palabra. No. Sólo el presente nos interesaba. Aquellos acontecimientos que vivíamos, formaban un oleaje que nos sacudía, que nos elevaba continuamente. En una hora de júbilo semejante, tuvo que surgir en la mente de los antiguos "el nacimiento de Venus", la oración de la Belleza.

Imaginad: no se trataba de una revolución de plaza que dura poco; no terminaba una guerra entre naciones que os ha permitido vivir de tiempo en tiempo, algunos días, la existencia normal, vuestra vida acostumbrada; era el retorno a la comunidad civilizada de unos anacoretas armados que habían pasado tres años en un desierto lleno de asechanzas; era la vuelta súbita a las viejas costumbres después de haber perdido el hábito de practicarlas. Ahora, el padre vé al hijo, ¡tan diferente a como lo dejó!, o el hijo al padre, seguro que no será huérfano de un momento a otro; el hijo abraza a la madre, entre lágrimas benditas; los hermanos se miran en los ojos otra vez sin temor de hallarse en campos opuestos; la esposa abandona el rostro mustio que como máscara trágica la había acompañado meses y años. Ahora vuelven a la mente las concepciones humanas; se acaricia la idea de crear un afecto puro, consagrarlo ante el altar y tener una familia; fórmase el deseo de seguir las actividades privadas, y por noble esfuerzo, prosperar. El amor al semejante sustituye al ansia brutal del exterminio. Las satisfacciones físicas: el techo, la cama, la mesa, el traje y luego la música, el canto, la lectura, el círculo de amigos, las recepciones, la alegre diversión, empiezan a aparecer en nosotros como reminiscencias y como aspiraciones.

Una sinfonía de placer, de satisfacciones, de júbilo, hacen oír sus notas más agudas en nuestras almas. Al caer la revolución política estalla en cada uno la revolución del espíritu.

Yo no tenía las mismas razones que los demás para estar tan satisfecho, pero sentía los goces comunicativos. La alegría de todos se reflejaba en mí fuertemente. Sin embargo, en esta hora, una vez más comprendí que era un extranjero. Cuba, mientras había sido un ideal, nos cobijaba a todos; ahora era un país en el que yo no había nacido, y no conocía. Aquella masa ciudadana con la cual entraba en contacto, no me había visto nunca. Mis amigos se reclutaban exclusivamente en el campamento, ni uno solo entre la gran mayoría de los cubanos. Y sin embargo, toda mi tendencia era, adaptarme, incorporarme a mi nueva Patria; toda el ansia mía era, compenetrarme con quienes había luchado juntos, formada la confraternidad de las armas.

—"¡Ah! ¡Este es el italiano! ¡Qué raro es! ¡Qué flaco está! ¡Este se va a morir!...

Oía a distancia, éstas y otras observaciones hechas por voces argentinas y penetrantes, y me decía a mí mismo:

—¡Qué buenos epitafios me están preparando para esta muerte inevitable!

Un poco más tarde supe, que me habían puesto un apodo que provocó toda mi hilaridad. Me llamaban el *melenudo nieto de Colón*.

Estábamos, sin embargo, todavía en los campamentos. Sólo algunos gravemente enfermos los habían abandonado. Un día llegó el Teniente Coronel Miquelini de parte del General Máximo Gómez, con una carta para el General José Miguel en la que le pedía me enviara rápidamente al Cuartel General en compañía del propio Miquelini. Miquelini era, como Paulino Gueren, un hombre de confianza del General Máximo Gómez, que le daba misiones especiales. Tenía el pelo larguísimo, pues había prometido, al alzarse en armas el 95, no cortárselo hasta que estuviese en Cuba independiente; y mantuvo la promesa. Delgado y trigueño, con aquel pelo negro y lacio, parecía un indio.

José Miguel y mis compañeros se apenaron mucho al verme partir. Noté en el General José Miguel esa mirada típica, como cubierta de un ligero velo, que tienen los hombres fuertes cuando quieren refrenar un gran dolor. No me pude dar entonces la explicación de su estado de ánimo. Supuse que mi jefe creía que ya no me vería más, pues debió pensar que del Cuartel General, quizás, me retiraría de Cuba, idea esta que yo había manifestado algunas veces a mis compañeros. Más tarde supe que la razón de la triste despedida era muy distinta. En aquellos días se estaba procediendo a una *purga* de antiguos elementos maleantes, no redimidos por la Revolución, y José Miguel, recordando el incidente primero de mi llegada al Cuartel General, después de mi paso de la Trocha, temió que estuviese incluído entre los no deseables para el día de la paz. Yo no conocía todavía las causas de aquella poca amable recepción, y de conocerlas no hubiera tenido tampoco preocupación alguna. La amistad y protección que me dispensaba el Jefe del Ejército, hubieran impedido, por sí solas, cualquier acto estúpidamente artero. El General José Miguel cuando me comunicó más tarde aquel temor suyo y de mis compañeros, a mis observaciones, replicó: "Recuerde que hay una razón de Estado que justifica ciertos actos".

De todas maneras, Miquelini, ocho números y yo, llegamos al medio día, después de dos etapas largas, al Cuartel General, en la mayor amistad y sincero afecto. El Cuartel General se encontraba en el Central Narcisa en la jurisdicción de Yaguajay.

Una escena igual a la que se presentó cuando el proceso de Rego me esperaba. Ya dentro del campamento y antes de llegar a la residencia del Jefe, un hombre alto, bien vestido, con grandes ojos negros y vivaces, me detuvo y me gritó en italiano:

—"¿No me conoces?"

Repliqué:

—"No, verdaderamente... Por lo menos, no recuerdo".

—"Soy Falco".

—"¡Ah, Falco! ¿Tú aquí?"

Yo nunca había visto a Falco, pero sabía bien quién era, y en Italia habíamos estado en correspondencia epistolar. Francisco Federico Falco me manifestó que debía comunicarme algo antes de que hablara con Máximo Gómez, y yo, con la aquiescencia de Miquelini, me bajé del caballo y hablé largamente con él. Ya la disciplina no tenía las férreas exigencias de antes. El ingenio de azúcar no me imponía el respeto del campamento en la manigua.

Falco me contó que había tenido un grave incidente con el General en Jefe, y que éste lo había hecho retirar de la Casa de Vivienda, y lo había tratado mal. Me añadió que creía que el incidente podía tener consecuencias graves, y me pedía que interviniese en este asunto de la mejor manera.

Estaba dispuesto a retirarse del Estado Mayor, aunque deseaba encontrarse al llegar la paz definitiva dentro del Ejército Libertador. Luego me informó que había llegado a Cuba al tiempo del Armisticio por haberse demorado en Nueva York, Tampa y Cayo Hueso, pronunciando conferencias y discursos, y que había estado en Camagüey, y conocido a muchos miembros distinguidos de la intelectualidad revolucionaria, de los cuales tenía el más alto aprecio. Concluyó diciéndome con esta agresividad que los estudiosos italianos no saben frenar:

—"Tú eres un napolitano astuto, pues te has apoderado del alma de todos. En el Gobierno te quieren, y aquí, que reside el anti-Gobierno, también te quieren. Gómez me ha hablado de tí, en los primeros días, con mucho afecto. Arréglame todo de manera que no quede en una situación desairada que no merezco, ya que durante tres años mi vida, mis estudios, mis intereses se han sacrificado por este País, que bien merece todos los sacrificios por su belleza y su historia".

Traté, infructuosamente, de saber en qué consistía el incidente surgido con el General en Jefe. Falco me repetía con impaciencia:

—"No lo sé, no lo sé. Un buen día me dijo un mundo de cosas y me botó de la Casa de Vivienda".

Seguí después de esta conversación, para el Cuartel General. Máximo Gómez estaba mejor vestido, y más derecho que nunca. Lo saludé; me invitó esta vez a sentarme sobre una silla, y en seguida me dijo:

—"Tenemos un loco en el campamento. Es un italiano también. Usted es tan cuerdo, y él tan loco. ¿Lo conoce Vd.?"

—"General, no conozco ningún italiano loco en Cuba".

—"¿No conoce usted a Falco?"

—"Sí, General, conozco muy bien de nombre al Dr. Falco, y lo he visto al entrar en el campamento saludándolo breves momentos". Y sin dejar que me interrumpiera añadí:

—"Es un hombre de ciencia, distinguido, médico de profesión. Es el extranjero que habiendo actuado fuera de Cuba, más le debe la causa de la Independencia. Ha trabajado para dar a conocer nuestras luchas en Italia y en toda Europa. Durante tres años ha gastado su patrimonio en libros, folletos, publicaciones periódicas en favor de este País. Ha abandonado su profesión, sus estudios, sus amistades. La causa de Cuba ha sido para él un sacerdocio".

—"¡Hombre, me alegro! Yo sabía algo de esto, pero no tanto. Usted me lo dice ahora, y le creo. Pero este loco me quería medir la cabeza".

—"¿Cómo?" dije yo, que no había comprendido.

—"Sí, después de haber almorzado conmigo y con los ayudantes, se levantó y me pidió que le dejara mi cabeza en sus manos. Tenía ya preparado unos hilos para medírmela. Figúrese Vd. Yo doy mi cabeza solamente en manos del barbero".

"Le dije que se fuese de aquí; y no le he visto más. Ni lo quiero ver más".

—"General", dije yo pausadamente, queriendo que no desvaneciera la buena impresión que le habían producido mis palabras anteriores sobre Falco que, por otra parte, respondían a la más exacta verdad, "General, en Italia en este último período ha surgido una escuela que quiere juzgar el valor de los hombres por la exterioridad del cráneo y por los rasgos fisonómicos. Esta escuela tiene muchos prosélitos y algunos maestros. Falco se ocupa de estos estudios, y creo que su intención ha debido ser preparar un trabajo encomiástico sobre usted para alguna revista científica. Estoy seguro que en el ánimo de Falco estaba algo favorable a usted, al venirle esta idea de tomar las medidas de su cráneo. Ciertamente, quería probar la genialidad de usted, pues esta escuela se deleita en probar las cosas ya probadas".

—"Yo no soy un mono que se exhibe".

—"Comprendo, General, pero hay que ver la intención que tuvo. Por mi parte creo que estos estudios no son científicos". Y le seguí diciendo que en Italia surgían continuamente fuertes polémicas entre los que se dedicaban a las cuestiones sociales, y que la mayoría combatía esa nueva magia que por las indicaciones externas juzgaba y predecía los actos y la vida de los individuos. Como en efecto, era contrario a los trabajos de Lombroso, de Ferri y de otros, y venía, desde no hacía mucho de la arena universitaria, me extendí sobre el argumento. El General Gómez a un cierto punto me interrumpió:

—"Bueno, bueno, me alegro que sea así. Vea usted a Falco y resuelva el asunto".

Llevé al Dr. Falco, uno de los días siguientes a ver al General, que lo recibió bien, y quedaron buenos amigos. Falco, como había previsto, hizo un buen trabajo sobre Máximo Gómez, titulado "El Jefe de los Mambises".

El General al dar por terminado el asunto Falco, me dijo que quería hablar de otras cosas de mayor importancia, más tarde; y me invitó a que mientras estuviese en el Cuartel General fuese a almorzar y comer a su mesa:

—"Ahora estamos mejor; podemos comer bien; y dormir bajo techo" y luego como hablando a sí mismo, añadió: "Pero no me he acostumbrado todavía a la comodidad".

En ese Ingenio empecé a comprender que en Cuba se vivía bien y con gran *confort*. Fuí tratado con exquisita cortesía. La generosidad de los dueños era desbordante. El mejor de los hoteles del mundo no podía estar mejor abastecido. Me impresionó sobre todo la cantidad de platos que se ponían en la mesa: platos de diferentes carnes, de res, carnero, puerco, luego, pavo y pollo, legumbres distintas, predominando los espárragos; tasajo, frijoles, arroz en enorme abundancia, en fin, Lúculo hubiera palidecido. La cantidad rivalizaba con la calidad.

Creo inútil decir que todos comíamos abundantemente. Menos el General Gómez, que casi se limitaba a su comida habitual del Campamento.

En el Cuartel General no encontré a mis antiguas amistades, por lo menos a muchas de ellas. Un incidente que tuvo el Estado Mayor con el General alejó a algunos de sus miembros; otros se habían ido a las zonas de sus ciudades natales en cuyas afueras podían abrazar a sus familiares.

Una tarde el General en Jefe me llamó, y empezó por preguntarme las razones que había tenido al no aceptar la candidatura a representante del Ejército Libertador en la Asamblea, que luego se reunió en Santa Cruz. Le dije que en una reunión de unos cincuenta o sesenta oficiales y jefes, presidida por el Coronel Enrique Villuendas, se hizo la elección, que, en efecto, el General José Miguel me había propuesto a mí y que así lo manifestó Villuendas; pero no sólo decliné el honor, sino que protesté contra aquella forma extraña de elección, y salí de la reunión seguido por el Dr. Matías Duque, que hizo suya mi protesta.

—"Usted no tuvo razón. ¿Cómo quería hacer las elecciones?"

—"General, contesté, esta asamblea que se va a reunir no tendrá autoridad, porque no representa a nadie. Cualquier miembro del Ejército Libertador podrá impugnar su legitimidad. Me explico que para hacer una Revolución se créen asambleas ficticias, pero para hacer una República hay necesariamente que hacer elecciones".

—"Yo no me he metido en nada. Supe de su candidatura porque el General José Miguel me lo dijo espontáneamente. Recomendé solamente que se tuviesen en cuenta nuestros grandes hombres de la Emigración y a los que venían de Ceuta y de otras cárceles. Pero no veo cómo hubiéramos podido hacer elecciones. Un Ejército no es libre, pertenece a sus jefes. Los soldados no pueden tener opinión propia, porque entonces desaparece la disciplina, y ésta existe o no existe. Exigirla para unas cosas y no para otras, es no conocer al soldado, ni a los hombres. Esta Asamblea se crea para tener una representación y tratar con los americanos. Ciertamente tendrá sus tropiezos, cometerá sus errores. Así son todas las cosas. Nosotros y el pueblo de Cuba estaremos detrás. Veremos".

Luego, como inspirándose, añadió:

—"Este momento de alegría, a mí me da miedo. Es un momento difícil, el más difícil después que se inició la Revolución. Ahora Martí hubiera podido servir a la Patria; este era su momento. Martí reconocía todo esto, convencía a los recalcitrantes y animaba a los retardados. Como orador era formidable. El que lo oía no tenía ya voluntad propia, y estaba dispuesto a seguirlo. La Asamblea hubiera sido él".

"¿Qué va a suceder ahora? No lo sé. Habrá mucha gente que pensará en sus intereses, pues la paz amortigua el patriotismo; habrá otros que se llenarán de vanidad".

"Aquí lo peor es que estamos ante un Tribunal, y el Tribunal lo forman los Americanos".

Le contesté:

—"General, usted puede hacer mucho. Al dejar usted de ser el Jefe del Ejército, será Vd. el ídolo del pueblo de Cuba".

—"No sé si seré ídolo. No estoy hecho de la madera de los ídolos. Yo mismo no sé qué es lo que haré. Pero, sépalo usted, es muy posible que se olviden de que estoy en este rincón. La necesidad de mi esfuerzo ha cesado. Mi autoridad también. Ahora surgirán muchos que lo hubieran hecho mejor que yo, y saldrán de sus escondrijos mis enemigos. Todo esto no importa. Tengo un deber, que es vigilar por la independencia de Cuba, y lo cumpliré... Por lo menos mientras esté en Cuba''.

Después de estas observaciones generales, me dijo que deseaba conocer el estado de la División.

—''El General José Miguel va a la Asamblea como delegado. ¿El Coronel Villuendas queda?''

—''No, General, él y su hermano están gravemente enfermos''.

—''Y ¿el Coronel Duque?''

—''Parece que volverá a la Habana a sus actividades profesionales''.

Me fué preguntando por todos, pues a todos los conocía por sus nombres.

—''La razón principal por la cual lo he llamado es que no deseo esta desbandada, especialmente en cuanto a los soldados. Dígale al General José Miguel que la evite de todos modos. Pocas licencias y sólo a los padres de familia. Pero a nadie más''.

—''Ordenaré lo mismo en toda la Isla. Mientras no estemos seguros de la Independencia, nuestra misión no ha terminado. Le repito, dígaselo bien a José Miguel: nada de disolución de las fuerzas. De ningún modo. Sería traicionar a la Patria en el momento decisivo de su triunfo''.

El General en Jefe notaba que la *situación* se le salía de las manos. Aquel barco que él había llevado a la entrada del Puerto a través de aguas borrascosas, podía naufragar precisamente a la entrada. Infausta enormidad que había que prevenir. La férrea disciplina que había mantenido entre aquellos guerreros, improvisados de un pueblo que psicológicamente no era el más preparado para el orden, iba cayendo por fuerte pendiente. El Gobierno que le había estorbado débilmente durante la guerra, iba ahora a ser sustituído por una asamblea, del género de las que le hicieron sufrir tanto en los años 68 a 78. El viejo con su experiencia y con su espíritu penetrante, me decía, con frases recortadas:

—"Pueblo cubano... no existe aún. Asamblea... La habrá. ¿Pero quién hará valer sus decisiones?.. Ejército Libertador... es un nombre. Todos se van para sus casas. ¿Qué queda en Cuba? Los Estados Unidos y su buena voluntad. ¡Su buena voluntad! Sí. Creo en ella; pero nadie que ha luchado con tanto ahinco debe tener como única esperanza la buena voluntad de otro". Perspicacia y sentido realista asombrosos, despiertas y vigilantes por inmenso celo patriótico.

—"Vinimos al campo a hacer la independencia de Cuba. ¿Dónde está la independencia? No la veo. ¿Vendrá? Sí, vendrá, pero cuándo y cómo... No basta una afirmación del Congreso americano, es necesario que el pueblo cubano organizado, o sea el Ejército Libertador, esté en pie reclamando la promesa".

Lo dejé con estas preocupaciones, andando a grandes pasos, cosa que no hacía habitualmente, por los portales de la casa de vivienda del Ingenio.

Al día siguiente, a caballo, caminaba yo hacia Sancti-Spíritus. Esta vez por caminos reales y sin acompañamiento, ni guardias.

Cuando llegué al Cuartel General de la División, tuve apenas tiempo de unirme a los demás compañeros para conducir a los dos Villuendas, desde el ingenio Mapos a Tunas de Zaza. Desde allí siguieron en vapor a la Habana. Los dos estaban casi moribundos. Jorge, inteligente, sereno, inalterable, murió al llegar a la Habana, Enrique se salvó para caer luego arteramente pocos años después, en una de nuestras desventuradas luchas fratricidas. Esta despedida me amargó el alma. Luego me enfermé yo gravemente.

El General José Miguel opinaba lo mismo que el General en Jefe sobre la necesidad de mantener unido al Ejército Libertador; pero hacía depender todo de las decisiones de la Asamblea que se iba a reunir en Santa Cruz. Para José Miguel Gómez la Asamblea era una Convención Soberana con poderes omnímodos. Como miembro de ella, tuvo que salir para Santa Cruz. Y una tarde lo acompañamos a Tunas de Zaza, en donde embarcó en los vapores de la Compañía de Antinógenes Menéndez. Ausente José Miguel, todos los demás compañeros se fueron uno a uno, el último, Plácido Hernández.

Mientras estuvimos en Mapos, o sea durante el último período del gregarismo libertador, la uniformidad de hábitos y hasta, en cierto modo, la física, fué disminuyendo. El hambre no era ya un común denominador que enflaquecía a todos. Algunos iban engordando. A otros les asomaban ligeros colores rosados en la cara. Uno portaba bien el traje enviado del pueblo y lo cuidaba; un segundo continuaba descuidado como lo había sido bajo los harapos de la Revolución. Las maneras, las buenas formas nos diferenciaban también. Recuerdo siempre la gentileza exquisita de Ernesto Jerez Varona, que no se sentaba sino después que todos lo habían hecho, y como estaba agregado al Estado Mayor, creía que no tenía derecho a nuestra comida, y cuando se le servía repetía siempre:

—"No mucho, no mucho. Sólo lo necesario para no morirme de hambre".

Apropósito de este fino compañero, y a guisa de digresión, lo siguiente.

En plena guerra el inicio de una comida colectiva era como un ataque al machete. Ernesto Jerez se habría muerto de hambre si hubiera llegado unos meses antes. Más de una vez en la vida he encontrado esta clase de ejemplares de corrección social acompañada de un enorme valor. Ernesto Jerez Varona marchó a la guerra de Independencia abandonando no sólo las comodidades de una casa rica, sino las elegancias de una vida fácil y despreocupada. Descendiente de una familia en la cual se hallaban muchos jefes militares españoles, fué hecho prisionero en el campo de batalla. Condenado a muerte, Weyler se negó a perdonarle. Una hermana del reo que estaba en capilla, se echó a las rodillas de aquel rudo militar de enorme crueldad. Echando a un lado a la infeliz, exclamó:

—"No hay perdón para los enemigos de España".

Por suerte, esta teoría de la guerra no encontró eco en España en este caso. Una orden llegada a tiempo desde la metrópoli conmutó la pena a Ernesto Jerez, que fué enviado a un penal de Africa. Este hombre, tan delicado y cortés, tan tímido en sus modales porque no deseaba estorbar a los demás, huyó de la cárcel africana y a través de mil dificultades, volvió a luchar a los campos de Cuba Libre.

Continuemos. La cohesión moral, también iba decayendo por aquellos días. Se hablaba ya de los amigos de las ciudades; se pronunciaban los nombres de parientes que habían sido favorables a España, y se dudaba de si seguiríamos o no en paz. No digo que no hubiese mil proyectos de mantener relaciones futuras. Mas, es evidente que, ensanchándose el radio de acción de cada cual, decaía la estricta y exclusiva camaradería de las armas.

La paz nos diversificaba. Volvíamos a ser el abogado, el médico, el estudiante, el propietario holgazán o diligente, el agricultor activo, el pesador de cañas, el pequeño empleado, etc., etc., relegando la encarnación común del soldado del Ejército Libertador al campo abstracto del recuerdo.

Cuando mejoré de mi enfermedad senté mi Cuartel General, que era el Cuartel General de la División, en Tunas de Zaza. Un oficial, luego distinguido Magistrado de la Audiencia de la Habana, Fernando de Zayas, quedó de ayudante mío. Petriccione llegó de Oriente con la idea que yo favorecía, de irnos los dos a pelear a las Filipinas. Para distraerme, seguí publicando "La Nación", en la cual colaboró Máximo Gómez. Zayas y yo escribimos también un folleto, editado luego a principios del 99, en Santa Clara, con anécdotas de la guerra, que he aprovechado en parte para estos relatos. Vivíamos esperando los acontecimientos. Lo único que nos afligía era que nuestros soldados se morían de hambre.

En el Ejército Libertador hubo en estos últimos días del 98 y principios del 99, otra gran divergencia de opiniones. Algunos seguían las instrucciones del General en Jefe, manteniendo la cohesión de las tropas; otros creían que terminada la guerra quedaba disuelto el Ejército Libertador, que era un Ejército voluntario. Algunos jefes animados por este criterio, tenían ya puestos en las nuevas administraciones locales.

Otros nos decían desde las ciudades: ¿Qué hacen ustedes en el campamento? Disuélvanse.

El hambre hacía víctimas. Me ví obligado a enviar una "comisión" a Camagüey a buscar ganado. La "comisión" fué recibida a tiros. Escribí al General Santiago García Cañizares, miembro del Consejo de Gobierno bajo la Presidencia del Marqués de Santa Lucía, a la sazón Alcalde Municipal de Sancti-Spíritus, y por suerte, nos envió alguna comida para la Brigada, pero acompañada igualmente con la palabra: Disuélvanse.

Los menos discretos, compañeros o jefes de la víspera, nos decían: Váyanse a trabajar, la propiedad común ha cesado, busquen alguna actividad cívica que les dé la subsistencia. La Habana, festejaba con entusiasmos a los Libertadores. Todos los días se celebraban banquetes y se pronunciaban discursos de fraternidad y de amor. Terriblemente irritado, escribí un artículo en *La Nación* con el título: "En la Habana se grita "Viva Cuba Libre" con la copa de champagne en la mano, aquí se muere con el mismo grito sobre los labios". Y en efecto se moría. En el campamento de la Brigada de Sancti-Spíritus, cuatro hombres murieron de hambre en una época en que la mayoría de los jefes y oficiales habían entrado en las ciudades. Nosotros mismos, los pocos de Tunas de Zaza, comíamos jutía y majá ya comenzado el año 1899.

El peligro de la diferencia de opiniones estaba en la posibilidad de un choque armado. El incidente estuvo a punto de ocurrir en mi jurisdicción.

Por otra parte, la autoridad del General Máximo Gómez iba disminuyendo considerablemente. Cuanto él había previsto en la conversación del Central Narcisa, iba asomando al horizonte. Todo aquel que había recibido un fuerte agravio en la guerra, no se atrevía aún a ponérsele en frente, pero no disimulaba su criterio de que "el Viejo había sido útil a Cuba, pero ahora empezaba a ser un estorbo". ¿Qué hace allí, en Yaguajay?, se decía y se repetía. La Asamblea reunida en Santa Cruz lo había ignorado desconsideradamente. Los americanos estaban en la Habana y no se ocupaban de él. Mientras tanto, la Independencia seguía siendo un punto lejano, de un muy extenso horizonte.

Al recibir un recado del General en Jefe, un tanto sibilino, en oposición a todos los hechos circundantes, me creí en el deber de dar un último largo viaje a caballo. Fuí otra vez a la zona de Yaguajay, con el alma inquieta. Hasta entonces había pensado dentro de moldes bien formados. Sabía que debía obedecer al Jefe, cumplir con mi deber y explicar sinceramente mis convicciones. Ahora empezaba por no saber a quienes se debía obedecer, no tenía reglas para cumplir mis deberes, y lo que es peor, no tenía convicciones. Educado en la escuela de la libertad sin barreras, me inclinaba por tendencia mental al respeto a la Asamblea, sin embargo, toda mi espiritualidad estaba con Máximo Gómez. Me parecía vil que los que habían temblado hasta el día de la víspera delante de él, quisieran ahora ofenderlo y vilipendiarlo. Además, temía que el choque, que fatalmente se iba a producir, daría lugar, por lo menos, a un aplazamiento de la deseada Independencia.

El General Máximo Gómez estaba tristísimo el día que lo ví nuevamente. Me dijo:

—"Estoy preocupado y ofendido. La ofensa la puedo sacudir; la preocupación, no. ¿Qué es lo que va a ser de la Independencia? Los americanos, parece, no piensan en ella por ahora. De Nueva York me siguen manifestando lo contrario. Pero veo que si, al fin, nos la dan, será como regalo, mientras que nosotros nos la hemos ganado, y más que ganado, con esfuerzos continuos durante más de medio siglo. Los americanos han tenido una campaña fácil, porque nosotros habíamos agotado a los españoles en cuanto a hombres y en cuanto a recursos. Debo estar agradecido a los Americanos; pero sólo cuando cumplan su promesa, y si la cumplen con decencia, sin agraviar al cubano. De lo contrario, seré un enemigo de ellos como lo he sido de los españoles".

"No se entra en un País extraño, sin acercarse a los que representan una organización que es expresión del derecho y la fuerza, como lo es nuestro Ejército Libertador. No se llega y se toma posesión de todo, sin contar con los habitantes, como se hace con un País conquistado. Cuba no ha sido conquistada por los americanos".

Y, como conclusión y con mucha fuerza, me dijo:

—"El Ejército Libertador no puede disolverse sin que yo reciba la seguridad, honorablemente prometida, de que la Independencia será dada a Cuba, y le será dada como un premio a sus esfuerzos, a sus sufrimientos y constancia, a su sangre. De lo contrario tenemos un nuevo empeño delante de nosotros. ¿Caeremos en él? Mejor... ¿Usted me seguirá?"

—"Yo le seguiré, General; pero no habrá necesidad de ello".

Durante los días pasados en Tunas de Zaza había estudiado el estado de relaciones entre Cuba y los Estados Unidos, por documentos recibidos de Nueva York y periódicos de la época. Un amigo, cortés, un italiano, me los envió todos. Así pude hablar ampliamente con el General. Mi tesis fué, "que los Estados Unidos podrían ciertamente derogar por una ley lo que habían acordado con otra precedente, cosa que no esperaba sin embargo, por la gran repercusión popular que había tenido la ley reconociendo la Independencia de Cuba. Pero los Estados Unidos no podrían variar los actos internacionales que habían creado al amparo de la *joint-resolution*, porque habían entrado en ellos terceras entidades. La forma de la declaración de guerra y los preliminares de paz, así como las manifestaciones a las potencias, que suponía hechas, especialmente a Inglaterra, y todos los discursos públicos hacían de la Independencia de Cuba un pacto internacional, que no rompería brutalmente un pueblo nuevo y sentimental como los Estados Unidos".

—"Es muy humano que los Estados Unidos traten de presentar este acto generoso como unilateral, y la nueva República como una exclusiva creación de ellos; pero la Historia no la escriben los unos o los otros; la Historia la escriben todos. Ninguna revolución americana ha despertado el interés que la nuestra. Las otras fueron hechas en época de comunicaciones lentas. Pero ésta ha dado lugar a que diariamente, en todos los periódicos del mundo, durante más de tres años, se hable del heroico esfuerzo cubano. Todos saben que hubo otra guerra que duró diez años, diez años largos, excesivamente largos para un país de poco más de un millón de habitantes. Los mismos españoles con sus exagerados "partes de guerra" nos han hecho el mejor reclamo pues han dicho al mundo que han matado más soldados del Ejército Libertador que habitantes tiene Cuba".

"En cuanto a la actitud que usted debe tomar, no soy quien debe sugerirla; sin embargo, por mi devoción a usted, me permito decirle que sería útil que usted se quedara apartado de todo para servir como reserva en caso necesario. Su abstención impedirá que se le discuta, y servirá de constante advertencia a los Americanos".

Hablé muy largo en esta ocasión, y él no me interrumpió una sola vez. Nunca he visto en la cara de un hombre el sentido de la responsabilidad mejor evidenciado.

—"Yo quiero hacer lo que se debe hacer", fué el sello que puso a mis palabras.

Terminada esta parte, le traté de que carecíamos de comida en la Brigada de Sancti-Spíritus, en muy apurada situación.

Me dijo:

—"Sí, hay que hacer algo. Váyase a la Habana. Yo le daré una carta para *Segundo Luis*; lo encontrará usted en los almacenes de Boada y Ca. El le dará lo que pueda".

Segundo Luis era un señor de apellido García; gran patriota, corresponsal del General Máximo Gómez en la Habana durante la guerra. Hombre respetabilísimo, con el cual la República ha sido avara en honores y favores.

Antes de dejar el Cuartel General hubo una reunión de jefes y oficiales en que se trataron asuntos graves, que nos obligamos a no revelar. A tanta distancia y por el interés histórico, me inclino a no respetar el juramento hecho; pero debo advertir que todo lo que se dijo, y se dijo mucho fuera de todo sentido común, tenía bases hipotéticas, y las hipótesis no se han verificado. Nosotros consideramos que no debíamos disolver el Ejército Libertador hasta tener la seguridad absoluta de la Independencia; que en el caso doloroso de que ésta no viniese, de acuerdo con lo ofrecido, continuaríamos la revolución considerando que un cambio de amo no podía terminarla. Creíamos además, que la lucha sería aún más fácil que con los españoles, porque difícilmente los americanos del Norte podrían enviar, dadas las proporciones de su Ejército de entonces, doscientos mil o más soldados, como lo había hecho España, y que no habría guerrilleros al servicio de los Estados Unidos. Careciendo además de las previsiones tácticas, como se vió en las Filipinas, en donde aconteció lo que por suerte no sucedió en Cuba. Pensábamos, por último, que la Junta Revolucionaria debía trasladarse de Nueva York a un país cercano, en la América Latina.

Ciertamente nuestra lucha, como lo probamos en tiempo de las guerras con España, hubiera sido dura y larga, pero hubiéramos sucumbido. Nos hubieran faltado las armas y las municiones y el apoyo moral del mundo, y, en cuanto a soldados y guerrilleros hubiera habido de sobra, de los unos y de los otros.

Entonces no pensé así, y me declaré favorable al sacrificio, pero haciendo constar que creía que los norteamericanos cumplirían la palabra empeñada.

Salí para la Habana con mi carta para "Segundo Luis", haciendo el recorrido parte a caballo y parte, la mayor, en tren. En el tren me encontré con el Coronel José Miguel Tarafa, buen patriota, que había estado durante algún tiempo cerca del General Máximo Gómez. Vi en él desde el primer momento al hombre práctico, comprensivo, lógico, sereno, o sea el gran hombre de negocios que luego se reveló. Me expresó la opinión que atravesaríamos días difíciles, pero todo se arreglaría. Su opinión era que los Americanos lejos de estorbar, facilitarían la constitución de la República. Entendía que los Estados Unidos necesitaban tener un gobierno amigo a sus puertas, y que Cuba a su vez no podría vivir sin el gran mercado americano. Cuba, afirmaba, fuera de los Estados Unidos, tiene como vecinos países de producción semejante a la suya, y por lo tanto elementos de competencia económica y no de cooperación. La amistad entre la grande y la pequeña repúblicas se hará sobre la base de un intercambio político-económico.

Sus preocupaciones eran más bien internas. Temía las rivalidades e indisciplinas, tan humanas, o probables, después de aquel período, azuzadas por los mismos hábitos bélicos. En aquel inocente amanecer de la Independencia, en que todo sonreía y alentaba nuestro espíritu puro y entusiasta, no podíamos sospechar, ni temer, las violaciones que corromperían el sufragio, fuente del régimen, los peculados que han corroído la Administración republicana, ni las concupiscencias de la vida pública.

Cuando el *ferry-boat* me lanzó sobre el empedrado de la Habana, aquella plazoleta del muelle de Luz me pareció enorme; saludé a Tarafa, miré a todos lados y vi que todos se fijaban, con admiración y entusiasmo, en mi sombrero de paja de alas anchísimas, mis polainas todavía llenas de fango, mis resonantes espuelas. Vestido de dril crudo el frío me molestaba.

—"¿Dónde voy? Por primera vez recordé que no tenía ningún dinero. En Cuba Libre se comía de la propiedad común; en el tren, Tarafa me había convidado a dividir con él comestibles comprados en la estación de Santo Domingo. Pero, ahora, un Restaurant exigiría que le pagara la comida; un hotel, el cuarto; un coche, la carrera. ¿Qué cosa extraña, pagar para realizar actos necesarios a la vida? Esto discurría instintivamente hostigado por las circunstancias. Tal vez, sedimentos, rezumos de mis primeras ideas juveniles colectivas. O quizás después de casi dos años de olvido de todo esto, tenerse que poner nuevamente a cada instante la mano en el bolsillo, y medir y proporcionar el beneficio recibido con un poco de oro o de plata, y, lo que es más raro, con un pedazo de papel!... Vaya, me dije, los hábitos muertos vuelven... Vuelven, sí, cuando los permite la posibilidad...

¡Qué cosa más extraña! ¡paralizarse, inutilizarse!, no por el enemigo, sino por no tener dinero!

La necesidad promueve, alumbra la idea. Recordé que Matías Duque me había dado la dirección del Sr. Dorta, pariente suyo, y en cuya casa se albergaba en los primeros momentos. Busqué en mi cartuchera la dirección y la encontré. "Cerro", número tal. A mí en aquel entonces, la palabra "Cerro" no me decía nada más que un lugar. Un amable cochero vió la dirección, y me aconsejó que fuera en un carro urbano arrastrado por caballos, porque la distancia era mucha para ir en un coche de alquiler. El pobre hombre, según he reflexionado luego, temía que el Libertador no le pagara a la llegada. Y yo, que había adquirido la conciencia de la nueva situación rápidamente, pensé que al subir a un carro de uso público debía pagar en seguida. Era una cantidad menor, ínfima si se quiere; pero para quien no tiene nada, no valen proporciones.

Insistí que me llevara. Matías Duque estaba en casa. Pagó el coche y me condujo primero a una fonda, y luego a una posada en Cuatro Caminos. Por la mañana, diligente y afectuosamente, me vino a buscar y fuímos juntos al centro de la Habana. Conocí a Segundo Luis y también al señor Boada. Viví modestamente tres días más en la Habana, sin un centavo en el bolsillo. Y en esta misma condición me embarqué para Cienfuegos; pero con once mil pesos de tasajo, bacalao, tocino y frijoles. ¿Poca cosa? Mucho para mí y los pobres soldados. No pagué nada por el transporte marítimo. Los trabajadores de la carga y descarga tampoco quisieron cobrar, a pesar de que les ofreciera el pago en especie.

Llegado hambriento a Cienfuegos, el Dr. Fernando Escobar, de un Club revolucionario de la ciudad, me dió de comer en abundancia. Este acto generoso por su parte, unido a mi agradecimiento, nos ha ligado con una buena e inalterable amistad durante muchos años.

Volví a Tunas de Zaza y a los pocos días de estar allí, una nueva llamada de urgente recibí del Cuartel General. Corrí a Placetas, para encaminarme al Cuartel General. La decoración había cambiado. El señor Porter, en representación del Presidente Mac Kinley, acompañado de Gonzalo de Quesada, acababa de tener una entrevista con el General Máximo Gómez. El General salió satisfecho de ella. Quesada parecía un iluminado con su rostro rosado, grandes ojos y cabellera larga. Porter silencioso y cortés.

Se celebró en seguida una reunión de Jefes y Oficiales; tomé parte de ella. Pero no se discutió sobre nada importante.

Ni supimos con pormenores que es lo qué se había tratado en la entrevista. En realidad, la síntesis de nuestro acto fué: saber que no había dudas, que la Independencia se establecería en Cuba muy pronto, y que el Gobierno interventor sería temporal, gobernaría con prudencia, el menor tiempo posible, y se ocuparía del Ejército Libertador. Por lo tanto, era preciso disolverse. Después de la reunión hablé con el General en Jefe largamente. Me dijo que había creído útil tener confianza en la palabra de Mr. Porter, que era la palabra del propio Presidente Mac Kinley. Había pensado además, que si hubiera dejado este asunto a la Asamblea, el emisario americano no hubiera hablado tan decidido y tan abiertamente como lo había hecho con él. Una Asamblea es siempre una colectividad con múltiples pareceres. Las cuestiones delicadas no pueden ser tratadas públicamente. Insistió mucho sobre el hecho que él no se había sustituído a la Asamblea, ni había intervenido en sus facultades privativas. Como Jefe del Ejército se había ocupado de este Ejército. Con ello había cumplido con su deber. Terminó diciéndome, que las declaraciones habían sido formalmente oficiales, pero no se le daría tal carácter, y que yo debía guardar mucha reserva.

Le pedí permiso para decirle francamente mi opinión. Le dije, que él, en efecto, con este simple acto que había realizado, anulaba la labor de la Asamblea. Esta, ya, a mi entender, no tenía otra función que aprobar lo hecho por él, y disolverse. Como los hombres de la Asamblea eran hombres, al fin, no lo harían, y dirigirían toda su actuación contra él. Le expliqué mis puntos de vista sobre el civilismo, y el mal que acarrearía a las futuras instituciones nuestras, la acción personal de un Jefe militar, aun siendo un hombre del patrotismo suyo. Terminé diciéndole, que hubiera preferido verle a él sin contacto con los americanos mientras éstos ocuparan a Cuba, no porque dudara de su retirada, sino porque este acto de abstención o resistencia pasiva, sería para él y para el Ejército Libertador, de una noble belleza. El General me despidió diciéndome, que yo no había comprendido el asunto.

Esta entrevista, el último acto en que estuvimos en relación siendo él General en Jefe, me apenó sobremanera. Al llegar al Cuartel General había tenido el propósito de solicitar que se me agregara al Estado Mayor para acompañar al Jefe en su viaje, que luego resultó triunfal, hacia la Habana; después de la discusión que tuvimos, no me atreví a hacerlo. En cambio, salí con anticipación para la Habana a fin de ver a algunos compañeros influyentes y tratar de evitar la lucha, que luego dolorosamente se presentó, entre la Asamblea y Gómez. He considerado siempre estas luchas civiles como cosa infecunda y nociva. Una Nación no se forma con odios partidarios, y nosotros necesitábamos mantener como imperativo categórico, un espíritu de Nacionalidad muy acendrado. No es que estuviéramos amenazados por un poder extraño. Ningún poder gubernamental nos amenazaba; pero estábamos bajo el peso absorbente de algo que tenía aún mayor fuerza que el Estado más poderoso, o sea, la de una civilización resplandeciente y rica, ordenada y dinámica, que al propietario e industrial le muestra riquezas sin límites; al obrero, mayor salario; al intelectual una cultura que rivaliza con las más altas; al ciudadano, paz, seguridad y defensa; al hombre, bienestar en las horas normales, asistencia en las difíciles. Entonces que nacíamos a la vida independiente, para encauzarla, y después y siempre, nos es esencial aquella solidaridad.

La única buena impresión personal que me llevé del Cuartel General en esta ocasión, fué la noticia, que el General me dió personalmente, de haberme propuesto para el grado inmediato, o sea el de Coronel, y de haberme pasado al cuerpo de Estado Mayor.

En la Habana había un hervidero de pasiones. La mayor parte de los jefes libertadores estaban a favor de la Asamblea; el pueblo en masa en cambio se entusiasmaba por Gómez.

Después que mi sentido lógico—¡oh! la lógica tan enemiga de la realidad!—me fué abandonando, comprendí la situación claramente. La lucha se entablaba entre un hombre que todos consideraban como el supremo representante de nuestra guerra libertadora, y una Asamblea que no había sido electa por nadie, que era una creación artificial, la cual, no obstante, tenía todos los poderes. La visita de Mr. Porter al General Gómez fué un simple pretexto, pues la lucha entre las dos fuerzas, la real y la legal, se habría presentado siempre, sobre cualquier otro terreno. En la Asamblea había personajes notables que se podían hombrear con Gómez, pero el momento se llamaba Gómez. Verlo, saludarlo, abrazarlo, era lo que deseaba todo habitante de la Isla, aun los españoles que lo habían combatido. Gómez lo era todo, la Asamblea, nada.

Los Americanos, por su parte, después del incidente de Santiago de Cuba, con el General Calixto García, que obligó a éste a retirarse de la ciudad conquistada con sus tropas, evitaban tener otro del mismo género y especialmente con el mayor miembro de la Revolución. Por ello habían enviado a Mr. Porter a visitarlo. En fin, todo el mundo, menos un grupo numeroso de altos oficiales libertadores, estaba a favor de Gómez. En un momento en que se quieren ídolos, no se pueden dar instituciones. Hacerlo es no conocer el alma popular. No son de admirar estos estados de ánimo colectivos, pero existen, y hay que contar con ellos.

La Asamblea tomó una actitud airada. Pero a medida que iba actuando, la popularidad del General en Jefe crecía. En las poblaciones que recorrió las recepciones fueron delirantes.

En la Habana desplegué mis iniciativas de armonía. Reunamos al General Gómez con la Asamblea. Esta era mi tesis. Escribí al General José Miguel Gómez. Pero el ambiente en que me movía estaba saturado de pasión, la misma que luego he visto reproducida en Cuba en todos los momentos. "O todo o nada", era el lema. Encontré a Manuel María Coronado, que estaba publicando "La Discusión" otra vez, mejor dispuesto que los demás; pero no quería enemistarse con nadie, dedicado como estaba al periódico prefería dar publicidad a todo. Luego se entregó a la causa de la Asamblea.

Esta pasión ciega ha sido causa de muchos males en Cuba Ella impidió un arreglo a principio de 1906, para evitar la Revolución de Agosto de aquel año. Ella puso frente a frente a los Generales José Miguel Gómez y Mario Menocal, sin motivo alguno; hecho que fué la desgracia nacional de un largo período de veinte años, y que dió lugar a la Revolución de 1917, la más injustificada de las revoluciones, no porque dejara de tener razones, sino porque un pueblo no debe, máxime en las singulares condiciones jurídico-internacionales de Cuba entonces, conmover su vida y correr tantos peligros, sin agotar todas las gestiones de otras soluciones. Ella evitó que el General Machado dejara el poder después de seis años de presidencia, como se había convenido entre la oposición y el gobierno, sirviendo yo de intermediario. Ella desoyó siempre, en los contrapuestos bandos, la voz serena y previsora, invitándolos a la avenencia. Nuestras crisis no han sido reales, sino sentimentales, pasionales, expresión de una raza de poderosa sensibilidad y escasa reflexión. Las hemos dejado crecer por un gran espíritu de intransigencia, las hemos acariciado con mórbido deleite, pensando en nosotros mismos, y no en el interés público.

En esta primera hora en que el Ejército Libertador se dividía para dar un espectáculo triste a la faz del mundo, conservé toda mi ecuanimidad, haciendo esfuerzos enormes dentro de mí mismo para armonizar mis principios ultra-democráticos, con mi admiración, respeto y cariño al viejo General. El día seis de febrero de 1899, bajo el epígrafe "La conducta de Máximo Gómez", se publicó en el periódico *La Discusión*, lo siguiente:

"El Teniente Coronel Ferrara, director del periódico "La Nación", que acaba de llegar del Cuartel General del Ejército y que formó parte de la reunión de jefes que el General Gómez convocó con posterioridad a la entrevista con Porter y Quesada, nos remite la siguiente carta que refleja sus opiniones, y que con gusto publicamos:

Sr. Director de *La Discusión:*

Mi distinguido amigo: Por muchos jefes de la Revolución se duda de lo que la prensa dice haber ocurrido entre Máximo Gómez, Gonzalo de Quesada y Mr. Porter.

Lo que la prensa dice es verdad y los que dudan, ponen en tela de juicio—por ese mero hecho—las declaraciones del General en Jefe.

Ciertamente la forma seguida por él podría parecer ilegal, pero la sustancia no lo es y encierra un beneficio trascendental para el pueblo cubano. La Bolsa así lo afirma.

El General Gómez ha tratado, pero sin prometer, y ha hecho práctico lo que una comisión de la Asamblea—que todo el mundo sabe oficiosamente—había acordado en Washington, imprimiendo al mismo tiempo un sello de cordialidad a las relaciones que se sostienen entre el gobierno norteamericano y el Ejército Libertador. Todos se deben alegrar de esto, y el que suscribe, a pesar de rechazar en teoría toda cordialidad entre *ocupantes y ocupados*, entre los que mandan con el sable y los que deben obedecer ciegamente, se alegra también, no encontrando otra solución.

Lo patriótico, lo sensato en este momento en que estamos escribiendo la última página del Testamento Revolucionario, es unirnos todos y no buscar discrepancias y antagonismos, si queremos que la sucesión sea legítima.

Gómez—si se juzga sin pasión—ha hecho lo que debía hacer el General en Jefe de un Ejército en las condiciones del nuestro, a saber: facilitar al poder supremo ejecutivo—la Asamblea—la solución, predisponiendo a favor de un plan que la prudencia aconseja, las voluntades de sus subordinados, plan con el cual gran parte de nuestro Ejército podría no estar conforme.

Ayer en el campo y en las ciudades se soñaba en una guerra generosa sí, pero suicida; hoy se desea la paz, verdadera y pronta; ayer nadie tenía confianza, y hoy se va adquiriendo. El resultado, pues, no ha podido ser mejor.

El General Gómez no puede ni quiere ser contrario a la Asamblea, o por lo menos, esto se desprende de sus actos.

A la Asamblea incumbe decidir todo como el supremo poder revolucionario, y decidirlo pronto, pues la actual situación es insostenible.

Sabe Vd. cuanto lo aprecia,

Su affmo. compañero. (Fdo.) Orestes Ferrara".

Esta carta refleja mi deseo de armonizar, a que ya me he referido, y revela algo de mayor importancia, la tendencia del

Ejército Libertador de no deponer las armas hasta el reconocimiento de hecho de la Independencia. Las palabras que uso de ocupantes y ocupados, americanos y cubanos, expresan un antagonismo del momento, pues a pesar del agradecimiento general hacia los primeros por su intervención, el pueblo de Cuba quedó ofendido debido a la forma brusca de la ocupación. Este antagonismo fué en aumento en los años siguientes, porque el gobierno interventor, después de la retirada del General Brooks, se produjo violenta y arbitrariamente, aunque fué fecundo en obras de higienización y culturales.

La frase "la Bolsa así lo afirma", me hace sonreír a tantos años de distancia, porque entonces desconocía del todo las Bolsas. Pero me indica que, muy escondido en el fondo de mi cerebro, estaba la teoría que luego he sustentado, conociendo ya estas grandes instituciones, a saber: que el instrumento más perfecto de la previsión colectiva se halla en tales Cámaras de compra-venta de valores, en donde cien mil codicias concurrentes, como los ojos de Argos, mirando a distancia con ávido interés, observan la sensible aguja que recoge los síntomas múltiples y lejanos de lo útil o de lo peligroso.

En efecto, en la pequeña Bolsa cubana de la época, subieron los valores al publicarse las declaraciones de Máximo Gómez, que expresaban su convicción de que ninguna duda empañaba el horizonte cubano.

Esta lucha entre cubanos en hora tan temprana, provocó en mi ánimo el primer desprecio por los hombres acomodaticios, por estos viles que saben esperar en las sombras, para salir al limpio en el momento oportuno posterior, y no cuando los elementos principales, los luchadores de las filas del frente, se encontraban en la dura contienda y agotado en ella, sus fuerzas. En esta ocasión aparecieron rápidamente los que habían sonreído hasta la víspera a los Capitanes Generales. Máximo Gómez fué reverenciado por todos los que le habían odiado por largos decenios. Las antesalas de las casas en que vivía, en los distintos pueblos, se llenaban de caras desconocidas.

Máximo Gómez no conocía el ambiente, pero su espíritu genial le hacía comprender que aquellas genuflexiones, no se parecían al saludo militar de las horas terribles; y si bien entendía, que un buen número de patriotas había debido permanecer en las poblaciones, no lo consideraba tan numeroso. Con su espontaneidad habitual dijo en cierta ocasión:

—"Si hubiéramos estado en la guerra todos los que estamos aquí, la hubiéramos ganado en el 95".

Los presentes aplaudieron, y el "Viejo" replicó en alta voz:

—"No comprenden que los injurio".

En otra ocasión con mayor energía y crudeza, dijo:

—"Creo que si hubiera llegado aquí el último Capitán General, hubiera visto las mismas caras".

De todos modos, esta flojedad moral concurrió a la fórmula "paz y concordia", que como lema levantamos desde el primer momento muchos de los que habíamos luchado por la Independencia.

Personalmente, a mí me importaba sólo la cuestión libertadora: Gómez y la Asamblea. Pero vista la inutilidad del esfuerzo y queriéndome separar de un pugilato en el cual no podía tomar una posición definitiva, me volví a Tunas de Zaza.

"La Nación", el pequeño periódico que se había elevado a cierta consideración por las firmas ilustres que lo honraron, fué víctima del choque de opiniones entre el General Máximo Gómez y la Asamblea, y cesó su publicación.

Pocos días después el Ejército Libertador se disolvió, y yo abandoné el campamento para dirigirme a Cienfuegos, que, desde aquella temprana hora, empecé a considerar como mi terruño. Allí he recibido mis mayores satisfacciones y he corrido grandes peligros en enconadas luchas; pero allí, más que en ninguna otra parte, he podido, por la elevada comprensión de sus habitantes, propagar mis ideas de Libertad integral y Democracia sin distinciones, a la manera de Jefferson; ideas que legaron a nuestro pueblo para que las defendiesen contra enemigos, exteriores e internos, los grandes hombres de sus guerras.

Capítulo VIII

MÁXIMO GÓMEZ EN LA PAZ

La Habana y El Calabazar.—Mi vida en Santa Clara.—La formación de los hombres que han gobernado la República.—El Partido Republicano.—El Partido Nacional.—Actitud de Máximo Gómez.—La formación popular de las organizaciones políticas.—La Convención Constituyente.—Lucha con el pueblo.—El temor a Gómez, presidente.—Elección Presidencial.—Masó y Estrada Palma.—Recorrido por la Isla.—Dificultades en Camagüey.—El General en Jefe apedreado.—El General Wood ofrece volver.—La República perfecta.—Dificultades obreras.—Formación del Partido Liberal.—La Camarilla Gubernamental.—El Hombre indispensable.—La frase de Gómez: oigo latidos de Revolución.—La muerte.

El conjunto anónimo pero actuante, de todas las clases, de todas las razas, y también de todas las nacionalidades inclusive la española, vió en Máximo Gómez a la Revolución benéfica, sana, honorable, con el arrastre nobilísimo de las glorias pasadas, y el augurio de risueñas esperanzas en un porvenir tranquilo y próspero. Gómez era una hermosa conjunción: la rebeldía legendaria, y la indiscutible garantía del orden futuro. Esta superchería que toma el nombre de "Revolución en permanencia", que se ejerce a través de partidos revolucionarios, que son al mismo tiempo partidos constitucionales, como si Orden jurídico y Revolución fuesen términos concordantes, no había surgido aún en el eternamente egoísta cerebro de los hombres. Los principios mesiánicos no habían aparecido, por suerte, en el campo de la política de aquel tiempo de patriotismo generoso y sincero, que ansiosamente quería el establecimiento y la consolidación de la República. La idea del Partido único, con su secuela de apetitos no reprimidos, ni controlados, y sus fanfarronadas místicas, hubiera sido aborrecible entonces. Revolución se consideraba un fenómeno de desviación del camino histórico, que, destruída la pesada cadena de los hechos tradicionales, terminaba su misión con la victoria. Porque, con la aquiescencia de la mayoría al principio triunfante, debía entrar en escena el programa de cerrar ordenadamente el período constituyente, y la práctica democrática que exige en la gobernación del País el concurso solidario del mayor número. Estas eran las convicciones nuestras. Por esto Máximo Gómez aceptaba sonriendo los aplausos y los elogios de los enemigos de la víspera; por esto mismo, nosotros todos, nos uníamos a la gran masa del pueblo cubano sin preguntar la procedencia de los que la formaban. Las pocas violencias que elementos inferiores realizaron sobre enemigos del día precedente, fueron duramente castigadas. Ninguna tolerancia gubernamental pactó con la delincuencia. Nuestra Revolución fué amada, y no temida como las del Siglo Veinte. Ningún revolucionario ha sentido más que el Libertador de Cuba, los goces amorosos del triunfo, que fué sobre todo triunfo moral, y Máximo Gómez fué el centro de tanto aplauso, de tanta devoción, de tanto entusiasmo, de tanta fe...

El General se situó en la Habana y en el pueblo del Calabazar, después de una marcha a través de la Isla, pacífica y triunfal, reminiscente de la otra, bélica entonces, e igualmente triunfal; que se llamó la Invasión.

Si Máximo Gómez merece bien de la Patria por su sobrehumano esfuerzo en la guerra, aún más merece la gratitud de las generaciones posteriores, por su prudencia en la paz. Prudencia en las relaciones con el interventor norteamericano; prudencia hacia los partidos cubanos que se iban formando; prudencia, aún mayor, al ahogar en su pecho, en homenaje al bien público, toda legítima aspiración; prudencia para con el pueblo no dejándose arrastrar, por el aplauso unánime, a motivos demagógicos tan comunes en períodos post-revolucionarios. Sus violencias de la guerra, se cambiaron en maduras reflexiones, y magnífica moderación.

Mis relaciones con él fueron debilitándose poco a poco, porque habiendo aceptado el cargo de Secretario del Gobierno Civil de Las Villas, residía permanentemente en Santa Clara, donde me entregué con entusiasmo al trabajo administrativo, bajo la dirección del General José Miguel Gómez, gobernador de la Provincia. Me había resistido al principio a este cargo, a la sazón especie de vice-gobernador; pero el talento y el cariño de José Miguel, me convencieron, desviándome del propósito de volver a Italia, que a veces me asaltaba. Dí en Santa Clara, riendas sueltas a mi temperamento y me impuse un trabajo ímprobo, como si mi cerebro se diera exacta cuenta de que las primeras pruebas y sus consiguientes éxitos, forman la reputación que impulsa luego a los jóvenes por el camino ascendente de la vida, más que sus propias obras.

En esta Provincia un grupo de funcionarios procedente de la Revolución, independizamos virtualmente la administración pública de la Intervención americana y trabajamos en la reorganización del País con ahinco y éxito. Allí, dominaba, no discutido, el General José Miguel Gómez. Él fué localmente, el jefe de nuestro pequeño Estado. La autoridad militar norte-americana residía en Cienfuegos en la persona del Coronel Bates, hombre honorable, que limitaba sus actividades al mando de sus fuerzas de ocupación. Sólo más tarde el General Wilson intentó, desde Matanzas, esporádicas incursiones en los asuntos nuestros, pero fué siempre hábil o enérgicamente detenido en sus propósitos. En las Villas pues, gobernábamos los cubanos exclusivamente, y esta patriótica situación, en lo referente a mí, se traducía en un continuo trabajo de organización, de inspecciones y de vigilancia, que no me permitía ver con la frecuencia que hubiera querido, al antiguo General en Jefe. Además, yo no sirvo para los días del triunfo, sino para los de lucha y de peligro; no me gustan las antesalas palaciegas, ni las fotografías conmemorativas al lado del ídolo del momento.

Otro motivo de importancia agravaba este alejamiento.

Una situación política, que realmente no era antagónica al General Máximo Gómez, pero, sí, distinta a la que él, por su grado y significación, representaba, se iba creando en el ambiente en que me encontraba y en el cual actuaba ya en primera fila. Era algo traído por la paz, y por lo tanto distinto de la guerra. Mientras Máximo Gómez, representando la Revolución, permanecía, superior a todos, como vínculo supremo entre el pasado y el porvenir, surgía el presente con nuevas demandas, se preparaban los pilares de las Instituciones y se forjaban en nuevos modelos los hombres de la República. Sí; la República con mayores exigencias pedía una labor constructiva, lenta pero intensa, que no podía llevarse a cabo entre aplausos continuos, manifestaciones públicas y recuerdos heroicos. Era preciso ordenar los tribunales y las escuelas, los hospitales y los asilos, la policía y las cárceles, los ayuntamientos, las instituciones semi-públicas, la vida ciudadana en general, y sus relaciones con el Estado. Nadie que no haya vivido estos días, puede comprender las dificultades que supone la terminación brusca y total de un régimen, y la creación de otro de la nada. Para cumplir con tal misión era preciso que un número de hombres se dedicara a ella con noble espíritu de sacrificio.

En Las Villas, al lado de José Miguel Gómez, que ya era astro de primera magnitud, se había reunido toda una juventud enérgica y laboriosa, de valor positivo y de gran inteligencia. Las cualidades relevantes de los que la componían han sido probadas durante estos últimos cuarenta años de vida pública, pues de ella han salido los hombres que con mayor éxito e intensidad han luchado en nuestras agitadas contiendas. Sus nombres han formado la *élite* más numerosa de la política cubana. Como en el Renacimiento italiano los grandes artistas procedieron en gran parte de Florencia entrelazándose a diario sus nombres en la vida artística y en la privada; y como en los Estados Unidos, Virginia primero y Ohio después, dieron las personalidades más connotadas entre los juristas constitucionales y los gobernantes en general, así, en Cuba, de la cuna villareña, no porque todos fueran hijos de la ciudad o provincia, sino por haber estado allí reunidos en un momento en que gobernar, juzgar, administrar, era agonía del espíritu y no vanagloria o provecho, salieron a la vida pública de la joven nación, los elementos que han llenado con sus actos las primeras páginas, no ciertamente fáciles, de nuestros anales.

El General José de Jesús Monteagudo, enérgico y decidido, era políticamente el segundo jefe de este grupo. En una casa que había ocupado el General Luque del Ejército español cuando tuvo su cuartel General en Santa Clara, vivíamos en afectuosa camaradería cuatro de los edecanes más activos de José Miguel Gómez; Enrique Villuendas, jocoso y chispeante, Cosme de la Torriente, diligente y reflexivo, Nicolás Alberdi, que parecía sin ser lo uno ni lo otro, un andaluz despreocupado, y yo. En otra, se reunían Roberto Méndez Peñate, rectilíneo y severo, ligado con amistad entrañable a Gerardo Machado, a la sazón alcalde de la ciudad, y de carácter opuesto, transigente y alegre; Federico Laredo Brú, respetado por todos, que después ha desempeñado los más diversos y altos cargos, hasta la Presidencia de la República; Marco Aurelio Cervantes, luego magistrado del Tribunal Supremo; Carlos Mendieta con sus laureles de la guerra estaba en Sagua; Martín Morúa Delgado, estudioso y constante, en Palmira; Manuel Delgado en Yaguajay; Santiago García Cañizares en Sancti-Spíritus, y todos venían a menudo a la Capital de la Provincia. A estos libertadores se añadían los estimables ciudadanos que habían simpatizado con la Revolución sin haber concurrido a ella por distintos motivos: Pelayo García, el incorruptible y severo primer presidente de la Cámara cubana, y el gran orador Rafael Martínez Ortiz, en Santa Clara; los dos ilustres Gutiérrez Quirós, Manuel y Juan, y el respetado ciudadano Francisco de Paula Machado, en Sagua; en Cienfuegos, José Antonio Frías. El General José B. Alemán y los Generales Carrillo y Robau hacían tienda aparte; si bien el primero se unió a nosotros en la organización de los partidos políticos. Los otros dos tomaron rumbo opuesto, hacia el campo del partido adverso a las ideas populares, que se llamó con nombre distinto hasta adoptar el de Conservador, para cambiarlo luego en sucesivas metamórfosis.

Estos futuros Presidentes de la República, estos Presidentes o Magistrados del Tribunal Supremo del día de mañana, estos Ministros plenipotenciarios en lo porvenir, estos Senadores, Representantes, parlamentarios *en gerbe*, eran jóvenes, no tenían experiencia política, pero estaban bien dotados cerebralmente y eran serios, patriotas y trabajadores. La opinión pública fijó su atención en ellos; y los reputó como el grupo civilista de la revolución, el mejor preparado para actuar en la vida democrática que el País pedía. Los consideró como la representación de la fuerza popular más compacta y de mayor prestigio que podría apoyar, al constituirse la República, a hombres de la envergadura intelectual de Méndez Capote, Lanuza, Juan Gualberto Gómez, Carlos Fonts y otros, de mayor experiencia entonces, por la identidad del origen revolucionario y de las tendencias gubernamentales. El grupo de Santa Clara era la palanca democrática, adversa a cualquier caudillaje potencial, porque sus laureles revolucionarios le daban suficiente prestigio para una oposición de este género. Al Partido Nacional de la Habana, que se iba organizando con elementos procedentes de las emigraciones políticas y con jóvenes de profesiones liberales, y que también sustentaba ideas avanzadas y democráticas, no se le consideraba con igual fuerza, porque carecía de ancha base libertadora, para oponerse a un movimiento popular a favor de un jefe revolucionario de primer orden; y mucho menos si éste jefe respondía al nombre de Máximo Gómez.

Conste que hablo teniendo en cuenta la psicología de la época, los eternos recelos de los pueblos, y los principios, siempre vacilantes, de los Estados nuevos, no los hechos con su prueba histórica.

El público sospechaba en consecuencia, que había o podía haber oposición entre Máximo Gómez y el llamado grupo de Las Villas. Entiéndase bien: no digo que la divergencia existiera, o pudiera existir, pues ni Máximo Gómez nos consideraba como adversarios, ni los de Las Villas dejábamos de tener por él una veneración sin límites; ni había caudillaje en perspectiva. Pero la parte de la opinión pública que pensaba, sin razón, en una posible dictadura del Gran Jefe, a la sazón de tal manera popular que podía alcanzar lo que quisiera, o no tenía fe en las instituciones libres de nuestro País, que salía del Coloniaje, o veía en estos hombres jóvenes, audaces, liberales, inteligentes y con gran autoridad revolucionaria, la única fuerza capaz de oponerse a todo intento de desviación democrática, aún si ésta se hiciera tomando el nombre tan querido y respetado de Máximo Gómez. Gran suerte tuvimos que Gómez fuese siempre hasta sus últimos días, de una gran incorruptibilidad mental, así como de una absoluta incorruptibilidad moral.

Lo que dejo consignado debe servir solamente, para comprender la evolución de la idea democrática en Cuba, y sobre todo, para que se aprecie el anhelo continuo de no perder la libertad alcanzada, batallando aún en contra de meros fantasmas, temidos desde los primeros días republicanos.

Por el desarrollo natural de la política, los elementos villareños, agrupados, o la mayoría de ellos, constituyeron luego el "Partido Republicano de Las Villas", mientras en la Habana, se organizó definitivamente el "Partido Nacional Cubano". Máximo Gómez se inclinó hacia este último, que tuvo por ello la adhesión de la mayoría de los habitantes de la Capital. Desde esta primera hora se dibujaron como elementos directores de ambos grupos, los dos jefes que luego los dirigieron hasta sus últimos momentos: El General José Miguel Gómez y el Dr. Alfredo Zayas.

Quizás influído por la pasión política, opiné entonces que el General Máximo Gómez debía haber quedado por encima de los grupos y de los partidos. Le expresé a él, que prefería verle como fuerza moral de unión ciudadana, y tenerle como la gran reserva a la cual todos pudiéramos acudir en los días tristes. El Viejo, agudo cuanto fácil observador, me contestó:

—"No me he adherido a ningún partido. Esta gente de la Habana, porque me quieren más que ustedes de Las Villas, dan la sensación que estoy con ellos. El partidarista no soy yo, es Vd., que desea que esté prevenido contra unos hombres de bien y amados por el pueblo. Usted quiere poner en mi ánimo un recelo injustificado contra un partido adversario al suyo para favorecer los intereses políticos que Vd. representa".

Las palabras de Gómez eran injustas en su forma absoluta, pero probablemente había algo en el fondo de su sospecha. Quizás no hubiera surgido en mi mente la teoría del "Hombre superior a los Partidos", si él se hubiese inclinado hacia el Partido Republicano. Reconozco a tantos años de distancia, lo frágil que resulta el equilibrio moral en el campo de las pasiones políticas. Las palabras de Gómez me mortificaron. Pero nosotros estábamos acostumbrados a las frases agresivas del General Gómez. Era un oráculo. ¿Quién hubiera pedido en la antigüedad formas corteses al oráculo de Delfos? Por lo tanto, seguí hablando con él a pesar de la sospecha con que había recibido mis primeras palabras.

—"Muy bien, General. Usted puede hacer el juicio que crea, aunque mis intenciones son buenas. Lo importante es que estos partidos nuevos sean expresión sincera de sectores populares, y no organizaciones de intereses formados *de arriba* hacia abajo".

Le hablé luego de los grupos franceses de Deroulède que se organizaban en forma piramidal, y cuya eficiencia había apreciado a mi paso por Francia. Me contestó:

—"Nosotros tenemos un buen modelo, el Partido Revolucionario Cubano. Sígase este modelo".

—"General, no creo que se trate del mismo caso, aunque reconozco que la organización dada al Partido Revolucionario Cubano, vá de abajo hacia arriba y responde a fines democráticos". Insistió:

—"Sígase la organización del Partido Revolucionario Cubano y adáptese a las nuevas condiciones. Voy a hablar con el Dr. Zayas y con Diego Tamayo. Véalos usted también. No entiendo de estas cosas. Lo único que sé, es que el pueblo debe dirigir sus destinos, y no formaré parte de ninguna agrupación política en la que no domine la masa popular. Martí al organizar el Partido Revolucionario lo previó todo".

"He visto en nuestra América como se desnaturaliza la Democracia a través de los Partidos políticos. Sé que el mandatario suele quedarse con el mandato. Hay que evitarlo. Espreciso impedir a toda costa que el que mande haga de su cargo un feudo. De lo contrario iremos de revolución en revolución, como los pueblos hermanos. El politiqueo es enemigo de la política. La industria electoral es la negación del sufragio. La permanencia en los cargos, es la vanidad o la codicia, no una delegación limitada de facultades, que obliga a la probidad, que con la modestia y la competencia deben ser cualidades para servir bien a la República". "Yo sé cuáles son los fines que debe tener la política cubana, no conozco, sin embargo, los medios. Hable usted con los que saben de esto, no conmigo".

El General se ocupó mucho de esta cuestión. Habló con sus amigos de la Habana, que le visitaban a diario, y les adelantó mis ideas. Efectivamente, celebramos una entrevista, por primera vez en la historia política de Cuba, entre representantes de partidos opuestos, para acordar la organización básica que han tenido en Cuba desde su constitución todos los partidos.

Las cosas después de consagradas por el tiempo, parecen fáciles. Mas, en este caso, conviene saber que fue una conquista, obtenida después de vencer mucha resistencia. La tradición cubana era la de la Junta Central Autonomista. La española de la Península era aún peor. La norte-americana, a fines del siglo pasado, consignaba el triunfo de las peores camarillas. Debíamos pues, plasmarnos sobre fórmulas malas o incompletas. Acertamos en cambio, derrotando a los que no creían *al pueblo capaz de organizarse por sí mismo*.

No deseo que se interprete que sólo Gómez y yo pensáramos en la solución que se alcanzó. El General José Miguel Gómez y el Dr. Zayas, se adhirieron a la fórmula entre los primeros. Morúa Delgado y Messonier, un obrero luego representante en la Cámara, muy popular a la sazón, trabajaron con ahinco en ella. Gonzalo Pérez y Sarraín dieron fórmulas jurídicas.

Sin embargo, la acción de Máximo Gómez en la organización piramidal y democrática de los partidos políticos cubanos, conquista popular de primer orden, la más eficiente a pesar de haber sido violada mil veces, fué decisiva.

—"No formaré parte de ninguna agrupación política en que no domine la voluntad de la masa popular", su frase de esencia popular, era una orden perentoria, porque, además de su gran autoridad, todos los partidos aspiraban a tenerlo entre sus miembros.

Las elecciones de la Convención Constituyente que dictó nuestra primera carta fundamental, vinieron pronto. El antiguo Jefe del Ejército Libertador no intervino en la lucha de los grupos que, por otra parte, no dieron recia batalla. Fuí invitado por cable, pues en aquel momento estaba en Europa, a aceptar la designación de uno de los puestos por Las Villas. Por no tener la edad, contesté negativamente. El General José Miguel me sustituyó, en las indicaciones que hizo al Partido, con el nombre ilustre de Enrique Villuendas que iba probando ante la Audiencia de Santa Clara como Fiscal, su poderosa oratoria.

El General Máximo Gómez se mantuvo neutral en las elecciones de la Convención Constituyente y ajeno por completo a sus trabajos. Ella, en cambio, no pudo evitar entrar en lucha con él, y más que con él, con el pueblo de Cuba que seguía viendo en Gómez a su gran "Protector". Al discutirse los requisitos ciudadanos que debía tener el Presidente de la República, se entabló una lucha sorda que no fué conocida por el público más que posteriormente. ¿Hay que considerar a los extranjeros que han luchado por la Independencia de Cuba como ciudadanos nativos, o limitar sus derechos como a todos los naturalizados? La mayoría teóricamente estaba a favor de la primera solución; pero en la práctica, prefería una disposición legal que impidiera indirectamente la elección del General Máximo Gómez para la Presidencia, que todos daban por descontada. Y por ello, poco a poco, se fué abriendo paso la segunda solución que impedía, sin ofender a Gómez, su elevación al Poder supremo.

Los que opinaban así eran buenos patriotas y fervientes admiradores del ex General en Jefe; pero pensaban como aquellos atenienses de la gran época que condenaban al ostracismo a sus mejores hombres, precisamente por ser los mejores, creyendo que involuntariamente constituían un peligro para la democracia, pues su excesiva popularidad ponía sus ideas y sus actos por encima de las instituciones. La gran popularidad es, en efecto, en las democracias, una fuerza decisiva, y quien la tiene resulta dictador, aún en contra de su voluntad. Gómez y Dictadura eran considerados sinónimos, porque ¿quién en la Cámara, en el Senado, en el Tribunal Supremo, se hubiera atrevido a oponerse a un deseo del viejo General? ¿Quién hubiera podido discutir la esencia patriótica de una ley frente a él, que el pueblo había elevado a *Sanctus Sanctorum*? Y, además, estaban su temperamento y su pasado. ¿Tantos años de dominio absoluto sobre vidas y haciendas, durante las revoluciones libertadoras, no habían formado en él, una tendencia psicológica hacia la concentración de los poderes en sus manos?

Aunque ningún dato escrito indique que la mayoría de la Convención Constituyente pensara en la forma que he indicado, habiendo vivido aquel período y conocido a todos los nobles varones que nos dieron la primera y la mejor Constitución, no tengo reparo en afirmar, porque la Historia debe ser sinónimo de Verdad, que en el primer momento todo el estudio del problema sobre el *status* ciudadano del extranjero que había luchado por la Independencia, se enfocó en vista a evitar la candidatura presidencial de Máximo Gómez.

Evidentemente, aquellos hombres, en teoría bien inspirados, se equivocaban en la práctica, queriendo prevenir algo que no estaba en el orden de las posibilidades, porque Máximo Gómez, examinada su posición personal desde el tiempo de la Guerra, había decidido no ser Presidente de la República de Cuba, de ningún modo, ni aún si todo el pueblo de Cuba se lo pidiera. Yo estaba seguro que el General no aceptaría ninguna candidatura, y se lo comunicaba a los amigos de ambos bandos. Pero en nuestro País, se exige siempre la seguridad absoluta, pues lo relativo no existe en nuestros ánimos.

Descendiente de los españoles que a lo largo de la Historia han sido recios y rectilíneos, los cubanos mantienen la misma psicología intransigente y resolutiva. La *combinazione* italiana, el *possibilisme* francés, la adaptabilidad a las circunstancias de los ingleses evidenciada en el lema *watchful waiting*, no existen en la mente de esta enérgica raza hispana, en la cual los godos dejaron la huella férrea de su mente oriental, más preparada para la mística que para las sinuosidades y matices del Derecho.

El cubano que patrióticamente temía a una posible dictadura, quería tener la seguridad absoluta de que Gómez no sería el primer presidente de nuestra República; y no se satisfacía con las garantías normales; exigía garantías absolutas. Y, sabido es, que entre tal exigencia y la prepotencia moral, no hay más que un paso.

Por mi parte, estaba seguro que la palabra del gran Hombre, sería mantenida contra todo y contra todos.

Un día, como lo había hecho en una ocasión en la guerra, le pregunté si, obligado por los acontecimientos, aceptaría el cargo, y sin teatralidades y sin protestas airadas, me contestó:

—"Que el pueblo me quiere para presidente, no lo dudo. Que yo no quiero serlo de ningún modo, el pueblo no debe tampoco dudarlo. ¿Soy yo un farsante? ¿Soy un débil? ¿Me ha oído Vd. nunca decir una cosa y hacer otra?"

En una próxima ocasión cuando la controversia se hallaba en un momento pasional, fuí enviado por un grupo de amigos a *explorarlo*. Yo aseguraba una vez más, que él no iría en la candidatura de ningún modo, y que hasta se retiraría de Cuba, de insistirse en tal propósito. Pero mis amigos pidieron una última prueba. Tuve la debilidad de acceder a la demanda:

—"General, parece que Vd. no se podrá defender del asalto popular. Sé muy bien que usted no quiere ser presidente; no veo, sin embargo, cómo se podrá evitar que esto acontezca". Y la firmeza y la modestia congénitas, resplandecieron en esta rápida contestación:

—"No tengo que evitar nada. Con mi decisión basta".

—"Pero, General, en la vida pública no se puede ser así. Usted ha concurrido como el que más a crear esta nacionalidad. Usted debe afianzarla. Usted no se puede retirar a la vida privada, pues electo un presidente que no fuese usted, la nación se encontraría con un jefe político y otro moral, uno respetado por la ley, y otro por la voluntad espontánea del pueblo..." Y ratificó:

—"A mí no me importa la vida pública, ni la privada. Tengo mi manera de pensar. Y, oiga usted bien, dígale a José Miguel que se vaya fijando en otro candidato, o que espere para ver si el "mío" es bueno".

Había comprendido quien era el principal mandante, y me reveló al mismo tiempo, que tenía un candidato. Es posible que otros, más íntimos que yo, como lo eran los generales Emilio Núñez y Alejandro Rodríguez, el Dr. Diego Tamayo y el Dr. Carlos de la Torre, ya supiesen sus intenciones. Por aquellos días en que le hablé, no creo que fuese público la participación del General Máximo Gómez en la lucha electoral con un candidato presidencial de su agrado. En realidad, José Miguel Gómez, Enrique Villuendas, Monteagudo y convencionales de Oriente querían conocer la decisión de Máximo Gómez, no para oponerse a ella, sino para facilitar o canalizar su aspiración si ésta se dirigía a la Presidencia, o caso contrario, poder convencer a sus colegas, de no insistir en las restricciones legales proyectadas. Monteagudo y Villuendas me constaba firmemente, que eran abiertos partidarios de Máximo Gómez para la presidencia de *quererlo él*. José Miguel era más reservado.

Con un poco más de ecuanimidad, la Convención Constituyente hubiera evitado el choque que tuvo con el pueblo de Cuba en esta cuestión, que la debilitó profundamente.

Cuando la opinión pública comprendió que se estaba dictando una disposición legal que impedía al gran Libertador ser Presidente de la República, se rebeló como un solo hombre. Esta protesta colectiva por su fuerte decisión, se parece a la individual de Víctor Hugo después de la Guerra del 1870, en la Cámara francesa, cuando ésta rehusó convalidar la elección de Garibaldi, electo por varios distritos como premio a sus batallas victoriosas con los voluntarios italianos en los Vosgos. Como Víctor Hugo decidió retirarse definitivamente de la Asamblea al salir Garibaldi de ella, así el pueblo de Cuba amenazó con no votar por nadie, si el derecho de Máximo Gómez fuera desconocido.

La Constituyente se vió obligada, al fin, a aceptar una solución de compromiso, manteniendo la cláusula general restrictiva, como la había ya dictado, y poniendo en cambio, una excepción para el Libertador extranjero que hubiese estado diez años en las guerras de Independencia. La excepción virtualmente era sólo para Máximo Gómez. Quizás incluyera también al General Roloff. La opinión pública no había protestado por un principio, sino por un hombre, y quedó satisfecha.

Mi opinión, entonces y ahora, era y es, que el *no* nacido en el país no debe ser presidente, pero que, con esta única excepción, el Libertador extranjero debe equiparársele al nativo. Lo muy peculiar, en el campo del derecho, de esta cuestión, se halla en que la Convención Constituyente, en un principio, era favorable a la equiparación de los extranjeros que habían luchado por la Independencia con los naturales, desviándose luego de este propósito sólo para impedir la elección de Máximo Gómez, y que, detenida en su intento por la presión violenta de la opinión pública, se vió obligada para salvar su dignidad, a exceptuar a Máximo Gómez del precepto general, no obstante haber sido el que le inspirara tal precepto.

Los juristas tienen materia para reflexionar sobre la importancia de la famosa *mens legis*. La *mens legis* es como la mente colectiva: un conjunto circunstancial y transaccional de ideas encontradas.

Descartado Máximo Gómez de la candidatura presidencial, por voluntad propia y no por la de la Ley, y terminada su labor la Convención, se empezó a hablar libremente de los candidatos presidenciales. Y en definitiva los dirigentes, presentaron uno frente a otro, al General Bartolomé Masó y Don Tomás Estrada Palma.

Las grandes intervenciones de Máximo Gómez en la política de la nueva República fueron solamente dos: una en esta ocasión, y otra más tarde, poco antes de morir, cuando se empezó a tratar de la reelección del primer Presidente. Otra más, al tiempo de las primeras grandes huelgas obreras, fué de importancia secundaria y muy en contra de su voluntad.

En estos tres casos me encontré nuevamente a su lado, como lo había estado en la guerra de Independencia.

Sobre la primera elección presidencial se ha formado una leyenda, que es preciso desvirtuar. En algunos libros y folletos, reproduciéndose comentarios de la época, se ha dicho que Estrada Palma fué apoyado por los Estados Unidos, y que Masó, siendo más popular, se vió obligado a retirarse por las violencias gubernamentales de los americanos que dirigían a la sazón, nuestra administración pública. No es cierto. Los partidarios de Masó, sí, asumieron el papel de víctimas y al retraerse de las urnas hicieron formales declaraciones en tal sentido, pero el hecho y las consiguientes declaraciones fueron consideradas como un simple ardid electoral, y una justificación del acto pasional e injusto de retirarse de la contienda cívica. La historia no debe aceptar como hechos ciertos las afirmaciones mendaces, interesadas o unilaterales, sólo porque fueron lanzadas a los vientos con enorme sonoridad y aparente indignación. Examinemos la situación.

El General Máximo Gómez fué el verdadero gran elector de nuestro primer Presidente. No, los americanos. El General Masó, por su parte, fué apoyado por un binomio ilustre, cuya formación, sin embargo, nadie pudo comprender, por la procedencia de campos opuestos de los dos esclarecidos ciudadanos que lo formaron: Juan Gualberto Gómez y Rafael Fernández de Castro. Máximo Gómez hubiera podido hacer elegir a no importa que candidato; su bandera hubiera llevado al triunfo, aun al menos preparado. Estrada Palma, además, no era un desconocido: había sido presidente de la República revolucionaria en la Guerra de los Diez Años; vencido, marchó al destierro, que sufrió ininterrumpido manteniendo viva la protesta cubana, y estallada la Guerra de 1895, fué nombrado por Martí representante máximo de la Revolución en el Extranjero, prestando en tal cargo servicios eminentes. La decisión de Máximo Gómez a su favor encontraba gran apoyo en las cualidades que hemos indicado.

Juan Gualberto Gómez era, como lo fué toda su vida, hombre de gran popularidad, pero no del grado y extensión de Máximo Gómez. Juan Gualberto, patriota de la primera hora, hubiera recibido todos los votos populares que hubiera pedido para cualquier cargo personal, menos el de presidente, en las provincias de Oriente y Habana. Orador de gran fuerza dialéctica, animado de una pasión que llegó al más alto grado en la época prerevolucionaria, tribuno en el verdadero sentido de la palabra, era, y lo fué siempre, utilísimo en todas las batallas comiciales. Pero no tenía dotes de organizador, y menos de jefe de Partido. Era un luchador sin método, rebelde a todo, personalísimo. Masó tuvo en él a un gran propagandista. La propaganda es la siembra electoral, pero, luego, hay que saberla cuidar y recoger los frutos. Juan Gualberto Gómez era un demócrata clásico, al estilo del cuarenta y ocho, y no entendía de estos menesteres de la democracia orgánica.

Rafael Fernández de Castro, el segundo adalid, no había sido revolucionario, y la Revolución había terminado hacía solamente dos años. Orador autonomista de los que más se acercaban a los sostenedores de la Independencia, durante la última fase de la dominación española, se le conocía popularmente por una frase pronunciada en un gran discurso: "lo bueno es lo malo que esto se va poniendo". La Revolución no lo tuvo en sus filas por un incidente muy penoso que irritó su alma ardiente. Es útil conocer tal incidente en relación con esta interesante figura de la política cubana. Manuel García, bandido, y luego patriota, secuestró a un familiar de Fernández de Castro y le exigió un alto precio para el rescate. La familia lo pagó. Manuel García destinó el dinero a la Junta Revolucionaria de Nueva York. Martí, Jefe del Movimiento en aquella ciudad, recibida la oferta, la rechazó indignado. Martí no era de aquellos que aceptan el apotegma que el fin justifica los medios. Pero la suma nunca fué devuelta a los Fernández de Castro, y algo turbio quedó en este asunto. Parece, que un intermediario del grupo revolucionario de Matanzas, que mantenía el contacto entre Habana y Matanzas, se aprovechó de una parte, y comprometió a un jefe de la Provincia de la Habana comprándole algunas armas para su levantamiento y dándole además algún efectivo para fines revolucionarios. Digo, *parece*, porque no me he querido informar bien de esta página poco limpia, y por suerte, única, de nuestra revolución. La consigno no sólo como relativa justificación de la no participación en la guerra de Rafael Fernández de Castro, sino también, porque con ella queda evidenciada la repulsa de Martí, que afirmó una vez más el concepto moral eterno, de no poderse asociar hechos malos y hechos buenos, sin enlodar toda empresa política o social.

Una noche oí discutir este episodio triste al General Máximo Gómez y a Juan Gualberto Gómez; les oí hacer acusaciones precisas contra dos hombres importantes; pero no conociendo los antecedentes y hablando los dos con cierta cautela, no entendí exactamente lo que decían. Rafael Fernández de Castro que había hecho alardes públicos de disponer para las horas graves, de "sus ocho mil jaruqueños", se quedó alejado de la Revolución, erróneamente asqueado, pero legítimamente herido. En esta hora electoral volvió a la palestra pública con bríos, con su fogosa y brillante palabra, pero sin la popularidad de Juan Gualberto Gómez, y con los mismos defectos, o sea, ardiente, pasional y poco apto para la organización electoral.

El General Bartolomé Masó, personalmente, tenía todos los requisitos patrióticos para el alto cargo. También había sido presidente de la República revolucionaria. Había salvado la revolución del 95 con su resistencia moral, negándose a deponer las armas, cuando todo parecía ya terminado, en el mismo comienzo del levantamiento. Fué entonces que vencido por la dialéctica de sus amigos de Manzanillo, que habían ido en comisión a su Cuartel General a pedirle que no sacrificara su vida y la de sus soldados por una causa abortada al nacer, no sabiendo qué contestar, exclamó con voz de trueno: ¡Y mi dignidad!

El General Masó hubiera sido un buen presidente de una república parlamentaria, pero no tenía ya todo el vigor para el cargo de presidente de una república representativa en período de organización. Juan Gualberto Gómez y Rafael Fernández de Castro, los dos, políticos de formidable energía, hubieran gobernado por él, en desdoro del propio General Masó y de las instituciones que Cuba acababa de darse.

A favor de Estrada Palma se declararon los únicos Partidos organizados nacionalmente y, por lo tanto, el Dr. Zayas y el General José Miguel Gómez. Máximo Gómez dirigió la campaña.

De vuelta de Italia a donde había ido a dar mis exámenes finales de Doctor en Jurisprudencia, mi antiguo Jefe me invitó a seguirlo como uno de los oradores de la campaña electoral. Acepté inmediatamente y le acompañé en su excursión a Las Villas y Camagüey. Tenía yo bastante popularidad en la provincia que me favoreció después con sus votos durante toda mi vida pública siempre que he acudido a ella. Esta popularidad me la había dado, no sólo el hecho de haber organizado el Partido Republicano, junto a Martín Morúa Delgado, a Pelayo García, a Rafael Martínez Ortiz, a Enrique Villuendas y muchos otros, así como los Centros de Veteranos con Francisco López Leyva, Gerardo Machado, Exquerra, Pedraza, Alberdi y gran número de compañeros de armas, sino porque había renunciado al cargo de Gobernador Civil, poniéndome frente al General Leonard Wood, Gobernador Militar, administrador activo e inteligente, gran organizador, pero violento y arbitrario, General que creyó siempre, que yo desde el alto puesto que ocupaba, fomentaba las huelgas de la Provincia, lo cual no era cierto. Me acusaba de estar siempre en favor del aumento de los salarios, que eran salarios de hambre, pues todavía se mantenían los del período de la Guerra, mientras las utilidades capitalistas habían subido excesivamente. Y en efecto, así era; pero mi acción era aplaudida por cubanos y españoles, aunque no por algunas empresas de otros países, que durante la Intervención, eran las únicas con predicamento o influencias en Cuba. Por otra parte, yo a mi vez, acusaba al General Wood del acto arbitario de haber disuelto la Sala de lo Civil de la Audiencia de la Habana, y luego de haber quitado al Colegio de Abogados sus prerrogativas por haber protestado contra aquella disolución. Yendo más lejos, ataqué al Gobernador Militar, por el distinto tratamiento a que sometía a los funcionarios americanos y cubanos, bastándole la palabra de los primeros en materia de cuentas, y a los segundos exigiéndoles pruebas a veces imposible de darse. Mi protesta contra el Jefe omnipotente y agresivo fué enérgica y pública: Artículos, comunicaciones, discursos, entrevistas agitadas, incluyendo la que tuve con él en Trinidad, en fin, como fase última, mi renuncia en forma dramática. Al pueblo gustó mi actitud abandonando por una cuestión de principios, uno de los más altos cargos del País, a los veinte y cuatro años.

Creo que el General Gómez tuvo en cuenta estas circunstancias, cuando me invitó a que lo siguiera.

La Comisión de Propaganda por él formada y presidida, durante su excursión a Las Villas y Camagüey, se componía, principalmente, de Enrique Villuendas, Mario García Kohly, José Lorenzo Castellanos, Felipe González Sarraín, Francisco

María González y yo. El cuadro oratorio que formaban mis compañeros era notable. Enrique Villuendas, voz cálida, bella presencia, palabra fácil, imaginación vivísima, era de una espontaneidad sin igual. Mario García Kohly, orador atildado, magnífico en la forma, maestro en el estilo castelarino, con abundante adjetivación y párrafos rotundos. José Lorenzo Castellanos el más elocuente, de un lirismo conceptouoso y sólido. Felipe González Sarraín, acerado, polemista sin par, preocupado del fondo más que de la forma, agresivo, demoledor. Francisco María González se calificaba de obrero, por haber sido lector de fábricas de tabacos, tenía voz de tenor dramático, y elocuencia de catarata abrumadora, le era fácil manejar los tópicos que gustan a las masas.

En las ciudades y pueblos se alternaban con nosotros en las tribunas los oradores locales que, entonces, eran hombres de alto vuelo, pues la intelectualidad cubana estaba esparcida por el territorio todo, y no se había concentrado en la Habana como ha sucedido después.

En esta gran excursión electoral los recibimientos al General Gómez eran apoteósicos. Él nos recomendaba siempre hablar de Estrada Palma, pero los oradores, a pesar de la indicación, trataban de él, no sólo por su personalidad tan sobresaliente, sino porque los párrafos a él dirigidos encontraban las mejores ovaciones. La marcha propagandista fué, en sí misma, la elección. El desbordamiento popular no daba lugar a dudas sobre este resultado. Además, todo lo que valía en Cuba venía a decirle a Máximo Gómez, que hacían propia la causa que le llevaba a aquel recorrido. Hacendados, propietarios, los colegios de abogados, los médicos en nutridas comisiones, los gremios obreros y también los Ayuntamientos, las asociaciones de Veteranos recién formadas, los Gobiernos Provinciales, le visitaban como un plebiscito espontáneo para declararse favorables a la candidatura del que entonces era calificado, el Solitario de Central Valley. En Cuba nadie dudaba de la victoria de Don Tomás Estrada Palma.

El otro sector, por ser minoría, gritaba más y gritaba sin organizarse; buscaba nutrir sus filas con los elementos pretéritos o descontentos; se declaraba, como acontece siempre, más patriota que su adversario, y, por fin, tomó una actitud adversa a los Estados Unidos, que no venía al caso, ni era, menos que nunca, prudente y acertada. Todo esto, hubiera podido crear un buen partido de oposición; no podía sin embargo, cambiar el triunfo ya popularmente decretado.

En la entonces poco poblada provincia de Camagüey la situación era distinta. Un grave incidente lo vino a probar; un incidente penoso y desagradable, que es uno de los primeros actos de nuestra ciega pasión política.

¿Por qué trato el incidente y no lo relego al olvido? Porque entiendo que para hacer el bien, hay que conocer el mal. La Historia no debe enardecer los ánimos como cualquier canto bélico, sino educar al ciudadano formando sus convicciones y su conciencia. Este acto de violencia que voy a relatar contra el Gran Libertador, debe servir para indicarle al cubano, que aun en la hora delirante hay que respetar a las grandes figuras, pues la vida de un hombre de noble pasado, debe mirarse en su conjunto y no a través de un acto solo, con el cual podamos estar en discrepancia, con razón o sin ella.

Después de *los mitins* triunfales de Las Villas, pasamos a Camagüey. Esta provincia era, como ya he indicado, favorable a Masó en gran mayoría. Pero todos pensábamos que la presencia del General Gómez la haría cambiar de opinión. Máximo Gómez tenía gran predilección por los camagüeyanos. Los jefes que tuvo a sus órdenes inmediatas, durante la guerra fueron casi todos camagüeyanos: Javier Vega, Bernabé Boza, Armando Sánchez Agramonte entre otros muchos; y también lo eran toda su escolta y el Regimiento llamado Expedicionario que lo acompañó en su estancia en Las Villas. Arraigado en la Provincia oriental cuando la Revolución de los Diez Años estalló, conservó por aquel su primer terruño cubano gran afecto. Con Las Villas igualmente tenía grandes lazos, pues así en la primera, como en la segunda guerra, dió en ellas fuertes combates y sufrió allí las más duras persecuciones. Pero, creo, que si hubiese debido optar por una de las Provincias cubanas, como se hace con la ciudadanía, hubiera escogido Camagüey.

Nuestra comitiva desembarcó en Nuevitas. La Isla entonces no era una unidad geográfica. Los viajes eran largos y difíciles. Esta unidad la ha creado la República, y es obra de los tan calumniados gobernantes de estos pasados tiempos. Diré para que se comprenda esta frase mía "que la Isla no era una unidad geográfica", que he conocido a personas nacidas en Santiago que habían visitado París y Nueva York, y no habían estado nunca en la Habana, y que familias santiagueras debiendo dirigirse a la Habana, lo hacían vía Nueva York.

Nuevitas nos recibió bastante bien, y nos dió esperanzas de éxito. Al día siguiente, en la tarde llegamos a la Capital de la Provincia heroica. El andén de la Estación estaba bien adornado; una caballería bastante nutrida afuera; al pie del tren unos cuantos amigos y antiguos compañeros. Poco pueblo; abundancia de coches. Entusiasmo epiléptico de unos cuantos, revelador de la situación minoritaria, ínfimamente minoritaria de nuestros secuaces. ¡Qué lejos estábamos de los recibimientos del resto de la Isla!

Atravesamos la ciudad que hizo alarde de silencio teniendo hasta las ventanas cerradas. Ya desde la Estación nos habían advertido que se imponía la prudencia, pues el pueblo nos era profundamente hostil. No hostil a Máximo Gómez, a quien hubiera deseado recibir con entusiasmo delirante, sino a la candidatura de Estrada Palma. Nuestra silenciosa caravana atravesaba la ciudad lentamente y se detuvo frente al Liceo. En esta sociedad tan distinguida como anti-popular entonces, penetramos como en un reducto defensivo. La caballería, que había venido de las comarcas cercanas acudiendo al nombre de Máximo Gómez, se situó a la izquierda del Liceo, mientras la parte derecha, en donde la plaza se ensancha, se iba llenando de público, en el cual notábamos a compañeros nuestros de la guerra, con las caras severas o el ceño adusto.

Salimos al balcón. Algunos aplausos; muchos gritos adversos a nosotros, y continuos, de "Viva Masó". Imposible hablar. Diez minutos... veinte minutos... Los gritos continuaban. Máximo Gómez apartó a todos de su lado e intentó dirigirse a la muchedumbre: —Cubanos... Cubanos... Cubanos...

Ciudadanos... Ciudadanos... Libertadores... Jefes, Oficiales, Soldados...

Explosiones de protestas cubrían su voz. Yo no podía creer en tanta demencia. Aquellos protestantes me hacían el efecto de unos locos huídos de un manicomio, pues, saltaban, amenazaban con el puño, agitaban sus caras congestionadas, lanzaban gritos estentóreos, como gritos de dolor. E indignados por nuestras réplicas vigorosas, empezaron a tirarnos piedras que tímidas al principio, adquirieron luego fuerza y dirección, llegando a los balcones que ocupábamos.

No pude más, y perdiendo todo dominio sobre mí mismo, grité con voz que cubrió el enorme ruido:

—"Alcoholizados... borrachos... malos patriotas... guerrilleros..." La tormenta adquirió nuevas fuerzas. El grito más común empezó a ser: "Muera el italiano", "Muera Ferrara". Era la primera vez que lo oía. Me impresionó. Luego lo he oído tantas veces como quien oye llover, sabiendo que la violencia del grito no supone la razón ni la dignidad, y que la condena de muerte tan ligera y caprichosamente dictada, nunca se ejecuta.

Pasada la primera impresión, me seguí encarando con aquella masa epiléptica, en un estado de epilepsia yo también.

El General Gómez al fin, ordenó que nos retirásemos del balcón, pues las piedras menudeaban ya de una manera peligrosa. ¿Qué hacer? El Viejo estaba indignado, pero supo dominarse.

—"Les hubiera podido tirar la caballería arriba. No queda uno de esos *majases*. Pero... no estamos en la guerra".

El General se retiró del Liceo. Aunque la caballería rodeó su coche, no pudo impedir que algunas piedras llegasen al vehículo.

Felipe González Sarraín y yo salimos después, solos. La muchedumbre nos chifló de lo lindo. Nosotros contestábamos con gritos de "Viva Estrada Palma". Como Dios quiso, llegamos al hotel, que por suerte estaba cerca. La policía nos protegió; pero ella también gritaba de voz en cuello, "Viva Masó". Esta escena fué de una aguda intransigencia republicana, y un primer indecoroso exponente de la funesta parcialidad de la fuerza pública.

Por la noche tuvimos una junta presidida por Gómez. La totalidad de los asistentes se inclinaba a que nos retiráramos otra vez para Nuevitas, al día siguiente bien temprano. Pero Manuel Márquez Sterling, que representaba el periódico *La Lucha* y estaba a mi lado, me dijo en voz baja: "Sería una vergüenza". Esta frase me decidió a tomar la palabra. Después de un largo debate en que José Lorenzo Castellanos y yo discutimos vivazmente, me dirigí al General:

—"General, le prometo organizar un meeting para pasado mañana. Y será un triunfo".

El viejo guerrero se levantó de su silla lentamente, y extendiendo el brazo hacia los concurrentes exclamó:

—"Pues, nos quedaremos. Organicen el meeting. Más piedras que las que hemos recibido, no nos las podrán tirar". Y dirigiéndose a mí, añadió:

—"Pero oiga usted, no alborote usted tampoco. Acuérdese que los de la *Plaza* son cubanos también".

Me quedé muy corrido. Pero las preocupaciones de la juventud duran segundos.

Por la noche, por prudencia no salimos del hotel. Recité a mis compañeros muchos trozos de Shakespeare. Me aplaudieron el "To be or not to be" de Hamlet, y el discurso de Marco Antonio sobre el cadáver de César, ambas piezas del repertorio que tenía más para divertir a mis amigos, que para provocar emociones trágicas. Mario García Kohly y Castellanos dijeron bellas poesías clásicas, y Márquez Sterling nos hizo cuentos interesantes con pausada brillantez mental.

A Márquez lo había conocido en París, en la primavera de 1900. Pero en esta segunda ocasión nos ligamos con una amistad sincera, la cual sin embargo, después de treinta y dos años, no resistió a los embates de un traslado diplomático que me negué a hacer. ¡Cosas de los hombres!

Quien tiene la experiencia de los años y juzga en un momento sereno de su vida, y medita y aquilata el pasado, comprende cuán deleznables son los afectos humanos. Incidentes de poca monta, nos hacen olvidar toda una vida; pasiones de momento destruyen cálidos sentimientos de largos años. Mirando a este inmenso cementerio en que reposan la grey y los líders que he conocido, no sabría decir quén fué amigo de quien, ya que a tantos abrazos asistí, y luego a tanta diatriba... Y es en verdad gran suerte, vivir mucho, no para gozar, sino para que el tiempo nos dé la altura moral de saber perdonar.

El meeting que prometí, se dió con éxito magnífico. La reacción producida por el duro ataque del día de la llegada, nos favoreció grandemente. En Camagüey, sin embargo, al celebrarse las elecciones, ganaron los masoístas, que se negaron a aceptar el retraimiento ordenado por los Jefes, siendo la única Provincia que concurrió a los primeros comicios republicanos con candidaturas opuestas.

Masó se retiró de la lucha y el "masoísmo" se disolvió.

¡Primer error político nuestro! Si hubiera quedado este partido en la contienda, su derrota habría sido muy útil al País. El terreno, totalmente en poder de la mayoría, hizo caer poco a poco el gobierno democrático de los primeros años, en manos de una oligarquía que nuestra primera guerra civil barrió fácilmente.

De esto hablaremos más adelante.

El General Máximo Gómez, después de la victoria electoral de Estrada Palma y de la inauguración de la República, en aquel inolvidable 20 de Mayo de 1902, volvió a su vida tranquila, plácidamente indiferente a las agitaciones de los Partidos. Estrada Palma, como la gran mayoría de los hombres que deben a otro una elevada posición, se mostró desde el comienzo de su mando extremadamente celoso de todas sus prerrogativas. Nada de Gobierno dual, nada de colaboración. El Primer Presidente de nuestra República entendía que Gómez en su campaña electoral había servido a la República, y no a su persona. Idea justa, pero no humana. Estrada Palma cometió el mismo error de la Constituyente, al creer que Gómez quería gobernar. Le cerró una puerta por la cual el viejo guerrero no quería pasar.

En los primeros años, a pesar de incidentes de poca monta, la amistad entre el Presidente y el ex-General en Jefe, aparentemente continuó sin sombras. El gobernante dirigió la marcha de los asuntos públicos, mientras el antiguo jefe asumía la representación popular en actos no oficiales. La realidad de aquellos años queda bien clara ante la mente del lector, si piensa, primero, que el gran desinterés de Gómez, probado en múltiples ocasiones, lo hacía cada día más grande y popular, y, segundo, que esta enorme popularidad, que le daba una fuerza incontrastable sobre la conciencia pública, provocaba un justificado temor en el ánimo de los que mandaban, pues nadie gusta tener sobre sí un juez moral, inapelable. De este contraste psicológico, surgieron las dificultades del futuro.

Un día se preparó una gran conmemoración patriótica. Naturalmente Máximo Gómez fué invitado a presidirla. El jefe del Estado acudió como invitado de honor. No era la primera vez que los dos patriotas se presentaban en público; pero esta vez era en el Teatro Nacional, que todo el mundo llamaba todavía Teatro Tacón, lleno de bote en bote de cuanto distinguido en todos los campos había en nuestra Capital. Los aplausos a pesar de todos los esfuerzos que hicimos, cubrieron solamente el nombre de Gómez. Estaba cerca de él en el escenario, y puedo asegurar que el noble anciano sufrió mucho por esta preferencia del público. El meeting hizo época, y fué el primer acto público de gran importancia en que tomé parte. Un periódico lo organizó.

Manuel María Coronado publicaba *La Discusión*, como ya he dicho, y hacía nobles esfuerzos para mantener vivo el espíritu libertador. A pesar de la gestación revolucionaria, larga y llena de heroísmo y martirios, a pesar también de la convicción mayoritaria de lo útil de la Independencia, la psicología patriótica de los hombres *de pro*, no era en los primeros momentos republicanos la misma de los días presentes. Durante la Intervención los que se la daban de *enterados* y de *prudentes*, o sea, los que asumen actitudes de superioridad y de reserva, nos habían dicho y repetido: "los americanos no se marcharán más nunca" o "hay que desconocer un siglo de Historia estadounidense para creer que Cuba será Libre". Luego, llegado el 20 de Mayo de 1902, siguieron anunciando que *aque-*

llo era una breve farsa. ¿No había dicho el General Wood a todas sus amistades al marcharse, que los errores de los cubanos provocarían pronto su vuelta?

El estado mental de todos no era, repito, el de hoy. La república no nació como Minerva del cerebro de Júpiter por el simple golpe del enérgico Vulcano. Los hombres adinerados creían que nosotros, los de la Independencia *a toda costa*, aún a costa de la destrucción total de la Isla, les robábamos la riqueza, que les traería por secuela indeclinable, la incorporación a los Estados Unidos. Muchos de los que tenían alguna relación en el Norte nos acusaban de perder a Cuba, queriendo hacer un experimento que estaba destinado al fracaso. Personalmente, dos amigos, buenos patriotas a quienes la República ha elevado recuerdos marmóreos, me decían una noche comiendo en *El Louvre*, restaurant de moda: "Como Estado, Cuba podría aceptar su incorporación a la Unión. Tendríamos una vida más elevada y una mejor defensa en el Mundo". Y luego uno de ellos añadió: "Tú serías representante en la Cámara de Washington, y yo Senador". Esta frase última fue dicha con sonrisa burlona, pero no dejaba de expresar un estado de ánimo.

Poco a poco se fueron perdiendo esperanzas malsanas y se aclararon conceptos. Sin embargo, para afianzar el ideal nacional, hubo que luchar mucho. La eternamente buena, masa anónima de Cuba, triunfó sobre sus dirigentes.

En la redacción de la bella plazoleta de la Catedral, Coronado reunido con algunos amigos, resolvió proponer a Máximo Gómez la celebración de un acto de afirmación de la República, pidiéndole que lo presidiera. Gómez aceptó asistir, no sin antes indicar que debía darse la presidencia al Jefe del Estado. Cuando se llegó a tratar de los oradores, Coronado le dijo que tenía uno solo, Mario García Kohly, que era a la sazón redactor de *La Discusión*, y el orador joven más elocuente y popular. Gómez tomó un lápiz e hizo la lista, poniendo en primer término a Manuel Sanguily, patriota insigne, orador atildado, de forma bellísima, dramática en la expresión, conceptuoso y grandemente admirado por todos, luego, a José Antonio González Lanuza, de palabra facilísima, argumentativa, amena, de fuerte cerebro, rico en erudición, y por su extrema bondad amado de todos; y por último, escribió mi nombre. En definitiva, Gómez tuvo que aceptar la posición principal.

La noche del acto hablamos en el orden siguiente: Mario García Kohly, yo, Manuel Sanguily y José Antonio González Lanuza. Recuerdo que dediqué parte de mi discurso a la juventud intelectual que había formulado, antes de la acción, la teoría del derecho a nuestra Nacionalidad, y me referí especialmente, a la tesis de Doctorado, presentada en la Universidad Central de Madrid, en 1894, por Luis Octavio Diviñó, sobre la natural Emancipación de la Colonia, y el derecho de Insurrección; bella audacia que aplaudió *Patria*, periódico de Martí, con un artículo titulado: "Sangre Nueva". El homenaje que así rendí a los precursores del noventa y cinco, en uno de sus más legítimos representantes, me ha valido la amistad firme de este cubano, en el cual no se sabe qué admirar más, si la integridad del carácter, o la brillantez de la mente y la elegancia y vigor del estilo.

Diviñó se formó en el Ateneo de Madrid de la única manera que pueden formarse los grandes cerebros, o sea, en el estudio continuo. La Biblioteca fue su centro; el debate público, la palestra de su ingenio. Al presentar su tesis de Doctorado, recogiendo los anhelos allende los mares ante el Tribunal examinador, elevó a principio científico la preparación revolucionaria de su tierra, y lo defendió con brío. La tesis "Regímenes de Gobierno Colonial", fue expuesta con elevados argumentos, y también con ardorosas palabras de amor al país natal. Ella forma un libro que perdurará siempre por su contenido, y como acto histórico. Los profesores españoles la acogieron, para honra de España, con altura mental, solamente comparable a otra que tampoco debemos olvidar, la del Tribunal Supremo que absolvió a Juan Gualberto Gómez, juzgando legal la propaganda separatista, en pleno período colonial. ¡Qué raquíticos resultan nuestros modernos radicales, simples eliminadores, por apetencias presupuestales y celos bastardos, en contraste con estos profesores y jueces de aquellos tiempos!

Pero a los gobernantes no les enseñó nada la lección académica, y persistiendo en las intransigencias y engaños, al fin, por la obcecación de la Metrópoli, la Colonia se rebeló para realizar sus destinos. Durante la Guerra continuó Diviñó, fiel a ese acto inicial pre-revolucionario. Fue de los patriotas, que no incorporados al Ejército Libertador, auxiliaron útilmente desde las ciudades, a la Insurrección. Editó clandestinamente la "Exposición a Canalejas", concluyente alegato para convencer al Enviado Especial de la Reina, de la inminente intervención americana y de la necesidad de pactar con la Revolución invencible, y así lo aconsejó, según después se supo, pero, España, ciega y sorda, siguió hasta el desastre. También redactó y circuló, impresas entre los esbirros de Weyler, numerosas proclamas, para la propaganda y alientos. Esas producciones y sus recuerdos de conspirador, pensó recopilarlas, e iba yo a prologar la publicación, no decidiéndose a reunirlos para la imprenta, perdiéndose datos curiosos de nuestro ingenio y esfuerzos en la lucha por independizarnos. En las primeras épocas de la paz, desempeñó con honor, distintos altos cargos del Estado, luciendo su capacidad. Después, sin ser político militante, su pluma defendió lo que demandaba el bien de la República, el sufragio, el derecho, la libertad, la ley; ante difíciles problemas públicos, emitió su docta opinión, solicitada por su prestigio e imparcialidad; y en graves crisis nacionales, con su nombre sólido y ejemplar serenidad, lanzó cívicamente, su noble voz previsora, exhortando a prudentes criterios para la conciliación patriótica.

El General estaba de muy buen humor después del meeting. Felicitó efusivamente a Sanguily, diciéndole:

"Los años lo mejoran a usted en la tribuna. Recuerdo sus discursos de tiempos remotos, los de la manigua durante los diez años. Este los ha superado a todos".

A González Lanuza lo pintó con mano maestra:

—"Doctor, usted es un ciudadano. Oyéndole a usted no se le admira, pero se aprende mucho. Usted es un maestro de ciudadanía".

A Mario García Kohly le puso la mano sobre el hombro y le dijo:

—"Sus adjetivos me tenían aplastado. No creía que tuviese tantos el castellano. Nunca he oído a un Orador más fecundo que usted".

A mí me hizo observar que había mejorado en el castellano desde la campaña presidencial. El juicio justo sobre mi discurso, sin embargo, me lo dió Manuel Sanguily:

—"Yo no puedo decir honradamente si usted habla bien o mal. Pero lo que, sí, puedo decir es que el público se interesa por usted, y usted goza con el público".

La velada fué un gran éxito. Pero desde ese día Estrada Palma y Gómez aparecieron muy pocas veces juntos ante la masa popular.

El General Wood, antes de abandonar nuestro País, el 20 de Mayo de 1902, había dicho, como he indicado, que dentro de seis meses tendrían que volver las tropas de los Estados Unidos por la incapacidad de los cubanos en el arte del gobierno propio. A pesar de la profecía, el tiempo iba pasando, y la Administración pública resultaba en la nueva República más eficiente que la de la Intervención, y, naturalmente, superiorísima a la de la Colonia. El Ejecutivo era honrado, diligente y competente. El Senado presentaba una bella Asamblea en la cual rivalizaban oradores magníficos y conceptuosos como Bustamante, Sanguily, Zayas y Méndez Capote. La Cámara, más pasional, a pesar de sus deficiencias, daba pruebas de una lucha brillante y democrática en la que concurrieron sucesivamente: Pelayo García, Carlos Fonts, los Villuendas, Carlos Mendieta, Loinaz del Castillo, Gonzalo Pérez, y especialmente el Dr. Xiqués, que se hizo famoso por sus discursos altisonantes, en los cuales todo era perfecto, menos la convicción que los animaba. Los Tribunales de Justicia rayaban a gran altura.

La Revolución Libertadora había pasado a través del crisol de muchos años de lucha, y ella y sólo ella, fue causa de esta primera bellísima prueba de vida republicana. Depurada, por el tiempo, de los elementos malos que se infiltran en todas las revoluciones: curada del espíritu demagógico necesario en todo comienzo de los movimientos de fuerza; reacia a aceptar, por su disciplina y organización, a la delincuencia común que espera la hora del desorden para trocarse en delincuencia política, la gran Revolución libertadora, pura y magnánima, sin venganzas ni rencores, fué maestra de patriotismo y propulsora de unión ciudadana. Ella no engendró ganster, producto de épocas posteriores, que sirven para robar y matar, no para levantar una Patria, no para organizar y purificar la política. Ella no impuso un programa, ni impuso sus hombres. Sus únicas fuerzas fueron sus generosos ideales, y el ejemplo de su sacrificio. Armada de esta virtud moral, invitó a todos a colaborar al bien patrio. Así, los mejores hombres de todas las creencias, vinieron a la palestra pública. En el Ejecutivo se encontraban mezclados con los libertadores, hombres que habían servido a España, vistiendo el uniforme militar, hasta el día de la víspera; en el Legislativo peroraban, respetados y queridos, antiguos miembros coloniales de la retrógrada Unión Constitucional; en el Judicial estaban los grandes talentos "autonomistas" y los mejores funcionarios que habían servido a España. Los libertadores sirvieron, ellos también al País, de acuerdo con su capacidad, no de acuerdo con sus méritos revolucionarios.

Esta marcha ordenada y tranquila de los asuntos públicos, vino a ser interrumpida durante breves días, por el conflicto obrero que se presentó en una forma aguda, casi revolucionaria, aunque ligero paréntesis; pero, más tarde, sí fué completamente desviada por la reelección de Estrada Palma, causa de todas nuestras desgracias posteriores, pues al poner la Administración pública al servicio del favor político y del partidarismo exagerado e intransigente, truncó el impulso inicial hacia el bien. El precedente fué pernicioso, pues hizo sombrío y aciago el futuro.

Máximo Gómez trató de servir de corrector de estos dos males. En el primer caso, pudo luchar con algún éxito; en el segundo, no pudo actuar con eficacia porque la muerte lo sorprendió en el empeño.

La condición de los obreros de Cuba, como ya he dicho, era insostenible desde la terminación de la guerra. La agricultura, el comercio y nuestras pequeñas industrias prosperaban; pero el capitalista, considerando que aquel bienestar podía ser precario, se resistía a crear situaciones permanentes, aumentando los salarios. Las empresas extranjeras a su vez, habiendo hecho recientemente grandes inversiones, aspiraban a retirar lo más pronto posible la mayor parte del capital. La vida, mientras tanto, se encarecía mucho. Los trabajadores nuestros, movidos por la necesidad y guiados por trabajadores españoles, más duchos en esta materia, empezaron a organizarse, y, un buen día, sin agotar otros medios de lucha, declararon la huelga general, que muy pronto asumió formas revolucionarias.

El cubano ha tenido un complejo de inferioridad nacional desde el día que se constituyó la República. La llamada Enmienda Platt fué de ello la causa primera. Una huelga general representaba ante la poco firme conciencia de nuestro derecho, algo así como un mal definitivo. Se suponía por todos que su prolongación amenazaba directamente la Nacionalidad y la República. Los profetas de desventuras empezaron a decir: ¡Ya lo véis, somos incapaces de gobernarnos! Los buenos patriotas exclamaban: ¡Los americanos esperan el pretexto para volver, y esta vez definitivamente, pues ya no tienen empeñada con el mundo la palabra que dieron en la "Joint Resolution" de 19 de Abril de 1898!

La opinión general consideraba con toda sinceridad, que peligraba el reciente legado de sangre y de sacrificios no igualados, que habíamos recibido. Los mismos obreros creían en tales aseveraciones, y por ello arreciaban sus golpes, pues pensaban que el poder público se pondría de su lado para evitar tamaño peligro. El poder público, a su vez temía que cediendo a las exigencias de la violencia, probaría su debilidad, e incapacidad, y la del País, para el gobierno propio, provocando y justificando así la Intervención prevista en la deletérea Enmienda Platt.

Días angustiosos fueron para todos. El General Máximo Gómez era nuestra gran fuerza de reserva; y los Veteranos, ya organizados, acudimos a él pidiéndole que resolviera aquella inesperada dificultad.

Un comité de Veteranos, presidido por el General se formó rápidamente. Intervine otra vez al lado de mi antiguo jefe. Gómez había nacido agricultor, conocía además la escasez y la explotación, sabía mucho de los sufrimientos humanos, y sentía verdadera ternura para los desheredados. Pero Máximo Gómez, por efecto de espejismos o porque tal era la realidad, creía como todos nosotros que estaba en juego la vida de la Patria, y aceptó intervenir para que, de un modo o de otro, terminara el conflicto. Cuba no debe perecer por una cuestión de salarios. Hoy a distancia de los hechos, no se comprende la parte patriótica de la cuestión, sobre todo, si se piensa que a los obreros en muchas ocasiones se les ha acallado en sus demandas con argumentos del género. Pero, entonces, con razón o sin ella, y me inclino a creer en el momento que escribo, sin razón, todos creíamos que la República estaba a dos pasos de su perdición.

Añádase a esto, que los obreros más preparados y que más discutían en las entrevistas que se celebraban, eran españoles con fuerte acento peninsular. La imaginación popular siempre dispuesta a encontrar aviesos motivos en los actos humanos, empezó a decir que los españoles querían perder la República.

En pocas palabras, la huelga fué considerada un acto antipatriótico, a pesar de la justa causa que defendía.

El General Máximo Gómez se entrevistó con los obreros y acudió a sus reuniones, y no siempre fué recibido con el respeto que merecía. En algunos centros, como en el Teatro Cuba, en una reunión obrera, fué objeto de airadas protestas. Elementos políticos que esperaban ardientemente su hora, y algunos demagogos, se habían infiltrado en las filas obreras y fomentaban el desorden. Las gestiones de los Veteranos y de su Jefe, fracasaron. La Policía en cambio triunfó imponiendo el orden *manu-militari*. Como siempre, los que habían hecho mayor resistencia a las proposiciones de arreglo pacífico, huyeron, y pagaron en sus personas, los transigentes de la víspera, que fueron resistentes y firmes, luego, ante la violencia.

¡La eterna historia! Los leales y dignos, consecuentes en todas las pruebas.

El General Máximo Gómez sufrió mucho por esta solución de fuerza. Hombre de tradición y procedimientos de fuerza, entendía que habían de ser reemplazados por los recursos del Derecho y la habilidad. Hablamos del conflicto. No recuerdo sus palabras precisas que surgieron espontáneas, incidentalmente. Sí, que lo ví el hombre conciliador, y justo, de ideas avanzadas, el hombre férreo pero compasivo, aunque parezca paradógico, que había conocido en la guerra. Hijo del pueblo sentía sus necesidades, y se identificaba con sus reivindicaciones lícitas. Máximo Gómez era un hombre excepcional; estaba como Garibaldi, con todas las nobles causas y los derechos del pueblo, y no dudo, que si hubiera vivido, hubiese calorizado las aspiraciones al mejoramiento colectivo, como un líder social.

Todos vimos en el intempestivo e infausto suceso, que la luna de miel del Pueblo con la República había terminado. Empezaba la época realista, en que el patriotismo abandona la tradición romántica, y sólo se mantiene en vista al buen gobierno, propulsor de la utilidad general.

Muy pronto después de la Huelga General, caímos en la lucha política, encarnizada y dura. Retirado el General Masó de la contienda electoral con las derivaciones que ya he apuntado, quedaron al lado del Presidente Estrada Palma solamente partidos gubernamentales. La pequeña oposición de los camagüeyanos, en la Cámara, no tenía más que una importancia coreográfica. En la realidad de los hechos, el Sr. Estrada Palma gobernaba sin oposición, ni *control*. Los Secretarios del Despacho fueron producto de su voluntad protectora; los altos funcionarios fueron nombrados por indicación de unos pocos, y la política general era monopolio de un grupo de "Notables" en quienes tenía confianza el Presidente. Indiscutiblemente, esta amplia facultad presidencial fué, en cierto modo, útil, permitiendo al Presidente Palma servirse de buenos elementos en su primer período. No obstante, aún el más perfecto de los regímenes personales, a la larga produce funestas consecuencias.

Los que afirman que el buen dictador es el mejor gobernante, yerran totalmente, porque en la gobernación no bastan las buenas intenciones, sino que son necesarias otras condiciones, o sea, el contacto directo con la masa y la identificación entre gobernantes y gobernados. Aún admitiendo el Dictador ocasional, que los acólitos llaman "El Hombre Providencial", de determinados momentos y circunstancias anormales, y que posea un conjunto de extraordinarias aptitudes y cualidades que le faculten para captar e imponer la orientación acertada, necesita, y si verdaderamente es superior y consciente de sus graves responsabilidades, lo desea y lo consulta, recibir las observaciones o consejos de bien inspirados y leales colaboradores, que sabrá seleccionar y renovar, sin caer en las odiosas Camarillas que lo secuestra, porque dejaría de ser Dictador; y ninguna voz por extraña que parezca o sea, debe ser desdeñada *a priori*, y por sistema, porque puede ser precisamente la voz sana de la colectividad, que para el éxito de la dirección, le importa sobremanera recoger. Es comunicación que hay que mantener, y no abandonar. Y no se diga, que con esto se mixtifica el concepto absoluto, y se desvanece la Dictadura, que no hay que confundir con tiranía, pues el mismo Dictador, justifica sus determinaciones, con el bien público, que desea conocer y quiere servir. Verdad es, que en el terreno de las invocaciones falaces, muchos déspotas se escudaron en la Razón de Estado, para sus desafueros. Estas dificultades y contradicciones revelan, que el régimen genuino y legítimo, de ancha base para todas las aspiraciones y la conformidad general, es la Democracia. Los mismos regímenes dictatoriales o totalitarios de la hora presente, buscan aquellas condiciones considerándolas esenciales, indispensables al buen gobierno; hacen esfuerzos para mantener la armonía necesaria entre el acto soberano y la voluntad popular; son precisamente ellos los que más empeño tienen en alcanzar el aplauso general, dando cuenta de sus acciones y de los resultados obtenidos al público, tan a menudo que parece exagerado, hasta a los mismos demócratas. La diferencia de los dos regímenes modernos, no hablemos del viejo sistema dictatorial o de camarillas latino-americano, con la secuela de la idea afortunada pero no brillante ni aguda del buen dictador, la diferencia, repito, entre los dos regímenes modernos, democrático-liberal y totalitario-cesáreo, está en que el primero, es un régimen jurídico y real, y el segundo, arbitrario y artificial.

Todo esto fué desconocido. El aislamiento, el divorcio fue completo, entre gobernantes y gobernados. En la malhadada época "moderada", ironías de las cosas este nombre, alrededor del Presidente Estrada Palma, a pesar de las buenas intenciones proclamadas, se formó un grupo, que, sin tener, como tal grupo, la confianza popular, sin representar a ningún órgano del Estado y sin tener responsabilidades, ni siquiera morales por el secreto de sus deliberaciones, gobernaba al País en contra de la voluntad del propio País, fuera de la voluntad del País, y sin que estas anormalidades le preocuparan. En pocas palabras, se formó la Camarilla, y, lo que es peor, se arraigó en la mente de sus miembros el principio, si es que tamizaban principios, que la voluntad y el criterio populares eran malos y erróneos, y los personales de ellos, era lo acertado y bueno. La Democracia debía quedar en las instituciones solamente. La Cámara y el Senado debían actuar sobre cuestiones generales o de poca monta; el Ejecutivo debía moverse libremente en todos los campos, independientes de las influencias generales y por encima de los otros poderes. Sólo así la República podría subsistir y encaminarse con seguridades.

El hombre providencial era Estrada Palma, o sea la bandera que cubría la mercancía; los otros se consideraban los superhombres, los nobles directores, de cuyos actos debía depender la felicidad de Cuba. Pero la Camarilla, que entraba en Palacio libremente y deliberaba en él, no tenía siquiera arraigo en los partidos existentes, aún cuando muchos de los que la formaban perteneciesen al Partido Republicano de la Habana, que a su vez, sólo representaba en tal provincia una ínfima minoría electoral. Ella cometió además el error de todas las Camarillas: cerró las puertas a personajes que le hubieran podido dar un poco de savia popular, como por ejemplo, el General José Miguel Gómez, el Dr. Zayas, el Senador Fortún, el General Castillo Duany, y el propio Juan Gualberto Gómez, que estaba en aquel período sin posición alguna en la República. Muy al contrario, declaró guerra a muerte a estas personalidades que el pueblo admiraba y que eran los héroes del momento. Con Máximo Gómez se hacían, y no siempre, excepciones formales. Se le llenaba de elogios, pero se le vigilaba. A sus amigos personales que todavía estaban al lado del Presidente Palma, no se les daba entrada en los consejos aúlicos que menudeaban en Palacio. Tamayo era excluído, Núñez tenido a distancia, La Torre... no digamos.

Al propio General en una ocasión se le trató rudamente. Estrada Palma lo invitó a ir un 7 de diciembre a la conmemoración del Cacahual en su coche presidencial. Gómez aceptó como jefe del Ejército Libertador y como doliente, pues al lado del inmortal Antonio Maceo yace su hijo Panchito. El pueblo oído los discursos, se puso a seguir a Máximo Gómez aplaudiéndole continua y delirantemente. Los amigos del Presidente dirigieron entonces a éste hacia su coche por otros senderos, y a pesar de que Estrada Palma preguntara por Gómez, lo hicieron partir dejando a éste sin advertirle siquiera. Gómez creyendo que sería avisado, rehusaba los ofrecimientos que se le hacían de llevarlo a la Habana. Luego supo lo que había pasado. Se sonrió, y dijo como para sus adentros:

—"Tomasito me ha dejado en tierra".

Este incidente fué muy comentado.

Hecho pequeño y vulgar a los ojos de la posteridad, que, sin embargo, en las contingencias de aquellas horas, asumía proporciones de tragedia.

El poder absoluto y omnímodo embriagó a los hombres de la Camarilla que, como siempre sucede, perdieron todo equilibrio, olvidaron que vivían en un régimen democrático, y vueltas las espaldas a las instituciones, y al pueblo, del que todo emana, se dedicaron a admirar y enaltecer al que, por la violación del régimen, les daba preponderancia en la vida pública: al Jefe del Estado, exclusivo dispensador de mercedes, a quien, como siempre sucede, a la postre perjudicaron, con sus ambiciosos consejos faltos de sinceridad y desinterés.

El sistema de privilegios y favores que a los usufructuarios les era tan ventajoso y grato, trajo, que apenas dos años después de la presidencia de Estrada Palma, hubo una reunión en Palacio en la que se anunció la necesidad de la reelección, con la cantinela, muy repetida después: "El actual Presidente no tiene sucesor". Surgió la frase: "De irse Don Tomás se llevaría la República en el bolsillo". En realidad, se hubiera llevado en el bolsillo a la Camarilla ensoberbecida.

La mente clara, liberal y democrática de Máximo Gómez, no podía armonizar con estos criterios. Y se le vió, poco a poco, acudir a reuniones públicas, y decir palabras que revelaban su inconformidad con los actos del Poder Ejecutivo. Entró en el edificio de la calle de Zulueta que luego fué la Casa Solariega del Partido Liberal, y un día lanzó la famosa frase que sacudió a todos:

—"Oigo latidos de Revolución".

En esta ocasión difícil me acerqué nuevamente a él. Fué la última vez. La muerte lo sorprendió al servicio del País. Los Republicanos de Las Villas y los Nacionales de la Habana no estábamos todavía unidos, pero íbamos platicando en vista de ello. Martín Morúa Delgado y yo, por los republicanos, estuvimos encargados especialmente de la labor de acercamiento, pues ambos creíamos que había que oponer a la Camarilla, una gran fuerza popular, y que esta fuerza popular sólo podían constituirla los republicanos de Las Villas y Matanzas, los partidarios de los Castillo y de Juan Gualberto Gómez de Oriente, y los nacionales de la Habana. No nos equivocamos, porque en efecto, de esta unión surgió el Partido Liberal, que ha resistido al tiempo, ha vencido hasta sus errores gubernamentales, y ha pasado, victorioso, por los más duros embates de la adversa fortuna. Gran partido que es la gloria más legítima de nuestra primera época republicana, y que se ha mantenido mayoritario, y con su credo íntegro, en lo fundamental de su ideario, admitiendo los avances de la evolución de los nuevos tiempos y del progreso social, en mucho, previstos y contenidos en sus esencias primarias. Máximo Gómez fue miembro alto y protector, como lo podía ser él, de este Partido; pero no pudo ver el arraigo profundo que adquirió en el alma popular en los años posteriores. La historia de la constitución de este gran órgano de la voluntad nacional, es larga y no está muy relacionada con el General en Jefe del Ejército Libertador; por esto no creo que debo tratarla. Baste decir, que Gómez le dió su adhesión, y de no haber sobrevenido su muerte, lo hubiera dirigido con sus consejos y animado con sus alientos.

Una noche me pidió que lo acompañara a un acto público. No recuerdo de qué se trataba, pero, sí recuerdo que José Manuel Cortina, estudiante a la sazón, pronunció un gran discurso. El Viejo General normalmente casi indiferente a los meetings públicos, se puso excitadísimo. El discurso de aquel joven lo impresionó mucho y manifestó ruidosamente su admiración. Le oí decir:

—"No se puede perder la fe en un país que produce jóvenes de tanta inteligencia y de dones tan excepcionales".

"Me ha conmovido"... iba repitiendo. "Me he tenido que contener... ¡Vaya con el muchacho!"

Verdaderamente Cortina, desde sus mocedades fué orador admirable. Los compañeros lo seguían en estos actos públicos como a un Profeta bíblico. Lo acompañaban como *guardes-du-corps*, le abrían paso, lo ayudaban a subir a la tribuna, lo aplaudían frenéticamente, coreaban sus frases: nunca he visto mayor devoción a un compañero. Cortina era la gloria de la Universidad. ¡Tales son los efectos de la palabra! su hechizo, su magnetismo, que explica cómo se electriza el auditorio, y arrastra las muchedumbres.

En el discurso a que me he referido, Cortina estuvo elocuente. Gómez tenía razón. Había comprendido que la brillante oratoria de José Manuel Cortina, superaba por su fuerza imaginativa y la abundancia del léxico, a las otras de los propagandistas jóvenes de la época.

Aquella misma noche, después de una larga conversación, comprendí que Zayas no era santo de la devoción del General; y que todas sus simpatías iban dirigidas a Emilio Núñez.

—"¿Por qué no se unen ustedes con estos nacionales?"—me dijo a quemarropa.

—"General, esto sucederá; pero es muy pronto. Si usted aceptara la presidencia del nuevo partido se podría llegar más rápidamente a ello".

—"Yo, no".

—"Entonces habrá que esperar, porque nosotros tenemos un jefe y ellos tienen otro".

—"¿Quiénes son?"

—"Los verdaderos jefes son José Miguel y Zayas".

—"Ni uno, ni otro".

—"¿Quién, pues?"

—"Emilio Núñez. Emilio es el mejor".

—"La cuestión no estriba en quien sea el mejor o el peor, sino en quién se fijará la voluntad de la mayoría. ¿Qué grupo propondría al General Núñez?"

—"Lo propondría yo".

Por esta y otras conversaciones me formé la convicción que de no haber fallecido el General Máximo Gómez, el segundo presidente de la República lo hubiera sido el General Núñez.

En sus decisiones políticas, Gómez parecía espontáneo, como en todos sus otros actos; pero la impresión que recibía cada vez que con él me entretenía sobre asuntos públicos, era que había meditado mucho, y a veces cambiado de opinión. Por ejemplo, tuve entonces, y sigo teniéndola ahora, la creencia que él demoraba nuestra unión con los nacionales de la Habana, porque preveía la preponderancia de José Miguel Gómez en el nuevo partido. Sus relaciones con este subordinado suyo de la guerra, habían sido de mutuo respeto y aprecio, pero sus temperamentos eran tan opuestos que no podían identificarse en ninguna larga labor.

Zayas con su calma asfixiante y con su dialéctica cerrada, a su vez, lo irritaba. El viejo era pensamiento y acción; Zayas era pensamiento y más pensamiento. En una reunión pública que se prolongaba excesiva e inútilmente como todas las que presidía Zayas, ví levantarse a Máximo Gómez, mientras alguien estaba hablando y decir:

—"Este hombre, Dr. Zayas, no tiene reloj, ni cansancio. Vámonos".

Se levantó y todos con él. Alfredo Zayas siguió impertérrito presidiendo las sillas del gran salón vacío.

La agitación política creció mucho en aquel tiempo. A Máximo Gómez, que ya se le suponía *a caballo* en contra del Gobierno, se le aplaudía por las calles continuamente. Él alentaba esta actitud *frondista* y aumentaba su importancia, apareciendo más a menudo por el centro de la Habana, y saludando más marcadamente a los grupos que a su alrededor se formaban.

—"La reelección es un crimen, un crimen de lesa Patria", decía a menudo.

Estrada Palma ya se había dejado convencer por la Camarilla de ser, el único Hombre de la República, vana pretensión que los personajes de alta posición están siempre dispuestos a tener, cuando se trata de ellos mismos.

Una atmósfera pre-revolucionaria invadía el ambiente. Avanzaba el movimiento que estalló en 1906. Así como creo, pasados los años, que la revolución de 1917, aún cuando provocada por intimidaciones y gravísimas violaciones del sufragio, pudo evitarse; ésta de 1906 fué muy útil a la República y a nuestras Instituciones. Porque en 1917, la cuestión planteada era entre dos hombres y dos partidos. La historia no podrá negar que Zayas y el Partido Liberal ganaron las elecciones, y que los votos fueron cambiados en las Juntas Electorales y en el correo; pero fueron veinte o treinta mil votos, poca cosa, sin embargo, ante los peligros de una revolución, y una revolución bajo el imperio de la Enmienda Platt. En 1906, en cambio, la cuestión fue de instituciones. De no haber triunfado la revolución, hubiéramos caído en un régimen como el que tuvo Chile por largos años. Hubiéramos sido gobernados por unas clases o familias privilegiadas. Los puestos públicos se hubiesen trasmitido de padres a hijos. El Senado, la Cámara, los Tribunales, hubieran sido meros instrumentos de caciques intelectuales, pero caciques al fin. Hubiéramos caído aún más bajo. El dominio hubiera traspasado los límites del derecho público, cayendo en el de los intereses privados, como ya había empezado a suceder, y sólo unos cuantos afortunados hubieran absorbido, en una nueva o renovada Edad Media, como en tiempos de Porfirio Díaz en México, negocios públicos y privados a la vez: la riqueza y la autoridad.

Vivo Máximo Gómez todo esto era imposible. El pueblo cubano probó después, que aún faltando él, sabía defender sus derechos, si bien con mayores dificultades, peligros y dolores.

El General tuvo que salir para Oriente, y en consecuencia, se aplazó una gran manifestación que se proyectaba en la Capital, en su honor, y contra la Reelección. Desgraciadamente, en Oriente se le infectó una mano por haber estrechado las de miles de compañeros y amigos. Volvió a la Habana gravemente enfermo, y en ella murió entre la consternación general.

Una simple infección derribó fácilmente, lo que no había podido abatir el formidable Ejército español. Había dejado de existir el héroe que en cien combates aniquilara las columnas enemigas; ya dormía el descanso eterno aquella vida agitada y fecunda que llenó con sus proezas nuestras dos guerras; había expirado el vencedor de España, el admirable táctico de las Guásimas, Palo Seco, Naranjo, Mal Tiempo, Coliseo, Saratoga..., glorias que acaso besaran sus últimos pensamientos; ya no latía el corazón que tanto había amado a Cuba y tuvo la dicha inmensa de verla, por su titánico esfuerzo, Libre; ya cesaba para siempre aquel cerebro clarividente cuyas ideas generosas y profundas, amplias y rectas, debían ser normas para la ciudadanía; ya no hablaría, ni dirigiría más, con sus sanos y expertos consejos, el patriota, el Estadista. Acabábamos de perder el gran carácter que necesitábamos en aquellos difíciles comienzos. La conmoción fué indescriptible. Nos faltaba algo entrañable y esencial a la República, y el pueblo, estremecido y doliente, en masa jamás vista, tristemente lo escoltó hasta el Cementerio. Al desaparecer en la nada absoluta, se extinguía su ser; pero su personalidad quedaba, inmortal, en su historia, que es la historia de nuestra liberación, en su obra, eterna, que es la República, y la posteridad agradecida, mantendrá vivo su nombre amado, transmitiéndolo de una a otra generación.

Murió en una hora inoportuna.

De haber sobrevivido, creo firmemente, que no hubiéramos tenido el feo y fatal ejemplo de la primera reelección, y por lo tanto, de las posteriores; no hubiéramos sufrido en 1905 y 6 las terribles violencias, que fueron las mayores que ha padecido la República, exceptuando las de Agosto de 1933; no hubiéramos tenido tampoco las rebeldías consiguientes sucesivas que, justificadas o no, dejaron ejemplos deplorables nada útiles a la salud de nuestro pueblo. Y no hubiéramos estado bajo el yugo de la segunda intervención americana, más corruptora del espíritu público que la primera, por corrompida.

Solo el anuncio de una manifestación popular capitaneada por él, hubiera evitado, quizás, todos estos males. Desde luego, la reelección de Estrada Palma, se hubiera frustrado. Inmensa desgracia nacional la desaparición del gran Arbitro, que esto hubiera sido, al cabo. Faltó en la hora precisa, y los turiferarios malditos y la propia obstinación, perdieron al incapaz Presidente, que desató la protesta armada.

Máximo Gómez fue un gran caudillo y un ciudadano perfecto. Sus virtudes cívicas rivalizaron triunfalmente con sus virtudes militares. Aquellos que están familiarizados con la historia de los pueblos jóvenes, comprenden que fue único, por desprendimiento y por modestia, sin que lo uno se codeara con la apatía, ni lo otro con la hipocresía. Fue único en saber cambiar su psicología violenta de los días de la acción, por la serena transigencia de la vida normal. Fue único también, en comprender que el sacrificio personal es siempre un bien para la República.

La emancipación de Cuba estaba en el camino de los acontecimientos; con Gómez o sin él hubiera triunfado; pero nuestro General en Jefe, ciertamente hizo más breve el camino. Este perdurable recuerdo y esta firme convicción nos deja.

A la entrada del puerto, recibiendo el saludo de los que arríban, la estatua ecuestre que desafía, frente al Océano, las tempestades tropicales, como él desafió la furia del enemigo, y las embestidas de la suerte, y tanta ofensa, y tanto dolor, aferrado a su ideal de libertador de un Pueblo, lo presenta tal cual fue; erguido de alma y de cuerpo; conquistador de nuestra Independencia; arrogante como un Dios Popular; dominador de horizontes sin límites.

El augurio de sus familiares dándole al nacer el nombre de Máximo, fué cumplido. Su Historia se mueve sobre las cumbres del espíritu humano.

FIN

APÉNDICE

MÁXIMO GÓMEZ Y LA CAMPAÑA DEL 97

Por LORENZO DESPRADEL

La guerra que sostuvo Cuba contra España del año 1895 al 98, puede dividirse en tres períodos que corresponden a otras tantas etapas, desde el 24 de Febrero, el día glorioso de Baire en que se inició, hasta el 21 de Abril, en que los Estados Unidos puso en el platillo de los derechos de la Isla insurrecta, su espada que pudo ser la de Lafayette, si intereses bastardos no hubieran sugerido al gobierno del Presidente Mc. Kinley la Enmienda Platt, que vino a empequeñecer el noble gesto del Congreso que acababa de declarar "que Cuba era y de derecho debía ser libre e independiente". Esos tres períodos pueden dividirse de la manera siguiente:

1º Levantamiento en Baire; desembarco de Gómez, Maceo y Martí; paso del Jobabo por el General Máximo Gómez, y marcha de éste hasta Iguará (en Las Villas).

2º Unión de Maceo y Máximo Gómez e inicio de la Invasión de las Provincias de Occidente, hasta la entrada de las fuerzas cubanas en Mantua (extremo occidental de la provincia de Pinar del Río). Retorno del General Gómez a Oriente, y campaña de Maceo en Pinar del Río hasta su muerte, acaecida después de pasar la Trocha de Mariel a Majana, en el lugar nombrado "San Pedro", de la provincia de la Habana, y

3º Paso de la "Trocha del Júcaro a Morón" por el General Gómez; campaña de "La Reforma", "Santa Teresa", "Los Hoyos" y "La Demajagua", hasta la toma de "Arroyo Blanco", que se efectuó después del bloqueo que establecieron los barcos de Estados Unidos en las costas cubanas.

Cada uno de esos períodos señala un aspecto interesante de la guerra que fué gradualmente desenvolviéndose, hasta que se convirtió en una verdadera conflagración que hizo vacilar los cimientos del sistema colonial a que estaba sujeta aquella tierra heroica. Al finalizar el año 1895, toda la Isla desde la Punta de Maisí hasta el Cabo de San Antonio, estaba dominada por la revolución. Los españoles solamente eran dueños de las ciudades y pueblos fortificados, en tanto que los insurrectos dictaban la ley en todo el campo, en la vasta manigua, que se extendía desde la Punta de Maisí hasta el Cabo de San Antonio, que casi se entra en el Golfo de México. Al promediar el año 96, los españoles concibieron la idea de reconstruir la Trocha del Júcaro a Morón, línea militar de once leguas de extensión que separaba las provincias de Santiago de Cuba y Camagüey de las demás de la isla, por medio de fuertes, fortines, zanjas, alambradas y un ferrocarril que ponía en comunicación las dos poblaciones mencionadas. Esa Trocha ya había sido utilizada con iguales propósitos en la guerra del 68, aunque sin resultados prácticos, puesto que entonces, al igual que últimamente en la del 95, fué pasada y repasada por el General Máximo Gómez y por otros generales, jefes y oficiales del Ejército Libertador.

En ese mismo año 96, se empeñaron los españoles en la construcción de la Trocha de Mariel que está en la costa Norte, a Majana que está en la del Sur, con una extensión de siete a ocho leguas y dotada de mayores elementos de defensa que la del Júcaro a Morón. Era una formidable línea militar que aislaba la provincia de Pinar del Río, en donde se batía denodadamente el General Maceo, de las demás de la República en armas. De ese modo se dividía militarmente en tres porciones el territorio de Cuba: Santiago de Cuba y Camagüey; Las Villas, Matanzas y La Habana; y Pinar del Río, de la que quisieron hacer una jaula para encerrar en la Cordillera de los Organos, al León de "Los Palacios", "Ceja del Negro", "El Rubí", "Paso Real", "Las Taironas" y "Cacarajícara", al Aquiles de la epopeya libertadora, el inmortal Antonio Maceo.

Concentrada toda la atención del Gobierno español en Máximo Gómez y en Maceo, sobre ambos lanzaba sus más poderosos contingentes, permaneciendo a la defensiva en las provincias orientales, en las cuales las fuerzas insurrectas sitiaban las poblaciones, capturando unas, provocando el abandono de otras, tales como Guáimaro, Cascorro, Victoria de las Tunas, y atacando a las columnas que periódicamente salían de los pueblos de la costa conduciendo convoyes para los del interior. La ofensiva del ejército español se hacía sentir al iniciarse el año 97 en la región comprendida entre Placetas, Camajuaní, Remedios y Caibarién, hasta Pinar del Río.

Cuando cayó en los campos de San Pedro el General Maceo, en diciembre del año 96, el General Máximo Gómez, que había reconcentrado la mayor parte de las fuerzas de Oriente al mando del General Calixto García, en la provincia de Camagüey, obligó a los españoles a salir para socorrer a Cascorro, después de haberse rendido Guáimaro con toda su guarnición ante el empuje de las fuerzas orientales. En esos días se dieron los combates, de "El Desmayo" y "Saratoga" y el de "Lugones" y "La Conchita", librado con fuerzas numerosas mandadas por el General español Jiménez Castellanos, que salió expresamente para recoger la guarnición de Cascorro y destruir ese pueblo amenazado por la revolución, que ya estaba a punto de rendirlo.

Después de esas operaciones los españoles se circunscribieron en aquella provincia a defender los puestos militares siguientes: la capital y Nuevitas, en la costa Norte; Santa Cruz del Sur y las poblaciones de la Trocha del Júcaro y Morón. Todo el vasto territorio camagüeyano quedó a merced de la Revolución, que pudo organizarse de una manera perfecta, para evitar el desarrollo de actividades peligrosas por parte del enemigo que daba señales evidentes de desaliento ante el entusiasmo y el valor desplegados por las fuerzas insurrectas. El día 24 de diciembre, ya con conocimiento de la muerte del General Antonio Maceo, pasó el General Gómez la Trocha del Júcaro a Morón cerca de este último punto, asaltando en la quietud de la noche, la famosa línea militar que no opuso gran resistencia al empuje de la intrépida caballería que mandaba el glorioso guerrero. Esa misma noche acampamos en "El Barro", a una legua escasa de la Trocha, y al otro día marchamos hacia el "Laurel", y luego emprendimos marcha hacia "Santa Teresa", que fué en la guerra de los diez años campamento habitual del General Gómez, así como "La Reforma", tan caro a su corazón, puesto que en sus proximidades, en el centro de un bosque que luego visitábamos con recogimiento, vió la luz primera su hijo Panchito que rindió la vida queriendo apoderarse del cadáver del General Antonio Maceo en el día trágico de "San Pedro". Acampados estábamos en "Santa Teresa" cuando se presentó al General Gómez la comisión que traía el encargo de comunicarle oficialmente la muerte del Lugarteniente General del Ejército y de su heroico ayudante el Capitán Francisco Gómez Toro.

Aún me conmueve el recuerdo de ese día en que todas las fuerzas acampadas en aquel sitio, invadidas por el dolor que les causaba la desaparición del glorioso caudillo, guardaban un silencio que era la más fiel expresión de su hondo duelo. Los soldados andaban taciturnos, disipada ya la esperanza que hasta entonces abrigaban, de que fuese incierta la muerte del guerrero invicto, y por todas partes, hasta en la escasa luz de aquel día de invierno se advertía la tristeza que invadía todos los corazones.

Al tercer día, al romper el alba, la voz vibrante del General Gómez se dejó oír en el campamento. "¿Qué silencio es ese?" dijo por tres veces, agregando luego con el mismo acento: "¿Es acaso porque han caído bañados en su sangre el General Maceo y mi hijo, su ayudante?... ¡Han muerto cumpliendo con su deber, y ahora nos toca a nosotros! Aquí no debe haber sido alegría, conformidad y decisión, cada vez que cae uno abrazado a la bandera de Cuba..."

Esas palabras galvanizaron a los soldados, y al salir el sol, ya resonaban por el potrero y por los lindes del monte décimas jocundas y bullicio que le devolvieron su aspecto habitual al campamento. Permanecimos varios días en el potrero "Santa Teresa", y desde él divisábamos hacia el Norte y a una distancia de legua y media el destacamento que habían colocado los españoles en la loma llamada "Marroquín" en el camino que va de "Ciego de Avila" a "Arroyo Blanco". Allí habían establecido un heliógrafo que se comunicaba con otro situado en este último punto; lo que quiere decir, que desde el mismo momento en que habíamos acampado en aquel sitio, ya sabían las autoridades militares españolas que el General Gómez se encontraba acampado allí con fuerzas numerosas.

A los seis días de permanencia en aquel campamento tuvimos noticias de que una fuerte columna de las tres armas que había salido de la Trocha del Júcaro, se encaminaba a "Arroyo Blanco", debiendo pasar forzosamente por el camino quebrado que orilla en gran parte el potrero que ocupábamos.

El General Gómez envió fuerzas de infantería y de caballería al encuentro de la columna española, librándose un combate tenacísimo que impidió por más de una hora el avance del enemigo, que quería ganar el monte internándose en él por el camino que ocupaba nuestra infantería. El General Máximo Gómez contemplaba la batalla en compañía de su Estado Mayor y de los miembros del Gobierno presidido por el gran patricio Salvador Cisneros Betancourt, desde unas colinas que se alzan en medio del potrero. Los españoles, superiores en número asordaban los ecos con sus nutridas descargas de fusilería y de cañón, hasta que por fin el General Gómez le envió un ayudante al General José Miguel Gómez, que mandaba nuestras tropas, en su calidad de Jefe de la División en que operábamos, ordenándole que se retirara. Este último se presentó ante el General en Jefe, le dió cuenta de los incidentes del combate que acababa de librar y luego con gran asombro de los que estábamos presentes, le oímos decir estas palabras: "¿Puedo retirarme, General? Tengo necesidad de irme a curar pues he recibido una herida en una pierna". Efectivamente, una bala se la había atravesado. Allí mismo fué curado y al cabo de algunos días de ausencia en un rancho amigo, volvió a ocupar su puesto en el ejército.

Todo el mes de enero lo pasamos dentro de una relativa tranquilidad, cambiando de campamento cada dos o tres días, haciendo jornadas cortas dentro del pequeño territorio en que el General Máximo Gómez se disponía a resistir la formidable ofensiva que contra él se preparaba como lo demostraban las noticias que nos enviaban los "comunicantes", relativas a las grandes masas de soldados que metódicamente iban acumulando los españoles en "Ciego de Avila", en "Morón", y en otros lugares de la "Trocha", y en la ciudad de "Sancti Spíritus", que se había convertido en un gran foco de actividad militar. Durante esa tregua acampábamos en "Santa Teresa" en "La Reforma", en "Los Hoyos", en "La Demajagua", y algunas veces, en los potreros llamados "La Crisis", "Trilladeras" y "Trilladeritas". No podría expresar con exactitud la extensión del territorio comprendido entre los cuatro primeros sitios, que señalo más arriba, pero sí puedo asegurar que era un área relativamente pequeña para tratar de burlar una ofensiva que se preparaba con toda lentitud, y tan metódicamente y tan fuertes elementos, que nos hacía adivinar el deseo que animaba a los defensores de España, de obtener un resultado satisfactorio ya que, muerto el General Maceo, hacían depender el éxito de su empresa, de la caída del viejo caudillo dominicano.

Este se mostraba erguido, lleno el corazón de optimismo emulador, y dando siempre el más alto ejemplo de abnegación y de constancia, entre las penalidades que teníamos que sufrir en el seno de aquella naturaleza salvaje, bajo la inclemencia del frío, del sol y de la lluvia.

Después de haber hecho una excursión provechosa por la comarca, le oímos decir una tarde al General Gómez que hablaba con el capitán Francisco Cervantes, uno de sus prácticos, y con el Coronel Velozo, las siguientes palabras: "Todo está igual a como yo lo dejé al abandonar esta región cuando volví para Camagüey, en la otra guerra. Ni una sola vereda ha desaparecido... Ustedes han cumplido su palabra..."

Queriendo el General en Jefe distraer sus fuerzas con operaciones que rompiesen la monotonía que implicaba moverse de un potrero para otro en espera de que los españoles comenzasen su tan decantada ofensiva, resolvió ponerle sitio al pueblo de "Arroyo Blanco", con las fuerzas de "Sancti-Spíritus", que mandaba el General González Planas y el Regimiento Expedicionario, que tenía por jefe al Brigadier Armando Sánchez Agramonte, que tan heroicamente peleó durante toda la campaña junto con la Escolta del General Máximo Gómez, a las órdenes directas de éste.

Por breves días nuestras tropas mantuvieron el asedio del expresado pueblo, que estaba defendido por una serie de fortines levantados en las colinas que lo rodean por el Sur y por el Oeste, y por un fuerte colocado en lo alto de una montaña que mira hacia el Norte, en el que había un aparato heliográfico, que se comunicaba con Marroquín y con otros puestos iguales situados en las inmediaciones de "Sancti-Spíritus" y de "Remedios".

No entraba en los cálculos del General en Jefe tomar ese pueblo, dotado de magníficas defensas, sino obligar a los españoles que se reconcentraban desde el mes de Enero del 96, y ya promediaba Febrero del año 97, en las poblaciones de la Trocha del Júcaro a Morón y en Sancti Spíritus, a que fueran en su defensa, precipitando de esa manera los acontecimientos, ya que las tropas insurrectas no escondían la impaciencia que las dominaba, de empeñarse en una campaña que habría de ser violenta, si se tenía en cuenta los preparativos que hacían los españoles, para comenzarla.

El General Máximo Gómez por su lado, se ocupaba durante esa tregua precursora del huracán, de organizar sus fuerzas. Efectuaba la remonta de su escolta y del Regimiento Expedicionario, proveyendo a los soldados de ambos cuerpos de caballos sanos y resistentes; se ocupaba de dotar de buen armamento y parque suficiente a la Infantería que mandaba el Coronel Strampes, que operaba siempre a sus inmediatas órdenes, y por último, ponía todo su empeño en organizar la vida civil de la manigua, dando órdenes a los Prefectos y Subprefectos de aquella región para que obligaran a los "pacíficos" que se guarecían en los montes a que sembraran maíz, boniato, yuca, plátano, etc., ya que el ganado se iba extinguiendo de una manera rápida, no solamente por la cantidad de carne que consumía nuestra gente, sino por el empeño que ponían los españoles en matar a balazos las reses que no podían llevarse para los pueblos, obedeciendo al propósito de privarnos lo más pronto posible de ese elemento, el más valioso y casi indispensable para resolver el problema de nuestra alimentación. Los "pacíficos" hacían sus siembras en lo más intrincado de los bosques, y las fuerzas armadas en los primeros meses de aquella campaña tenían "víveres", con que acompañar la ración de carne de res de que hasta entonces podía disfrutar cada soldado.

El sitio que se le puso a Arroyo Blanco, que como ya hemos dicho no tenía otro objeto que obligar a los españoles a correr en auxilio de aquella plaza, dió los resultados apetecidos. El día 1º de Febrero anunciaron nuestros exploradores la proximidad de una columna numerosa que había salido de Ciego de Avila para proteger al pueblo sitiado. El General Gómez, a la cabeza de la Escolta, del Regimiento "Expedicionario", del Regimiento "Victoria" y de otros escuadrones villareños, esperó al enemigo en el potrero "Juan Criollo", a muy pocos kilómetros de Arroyo Blanco, y al asomar la vanguardia por el camino que desemboca en el expresado sitio, inició una carga de caballería que fracasó, porque la infantería española se desplegó en toda la orilla del monte haciendo un fuego que nos causó bastante daño. El General Máximo Gómez llamó a ese combate "la carga de los doctores", porque en la embestida, el doctor Freyre de Andrade, el doctor Valdés Domínguez, el doctor Moreno de la Torre y otros que no recuerdo, se quedaron desmontados, por haberles matado sus cabalgaduras respectivas.

La columna española después de haber sido hostilizada durante algún tiempo penetró en Arroyo Blanco, que había vivido días angustiosos esperando el auxilio que por fin le vino, librándolo del asedio peligroso de nuestras fuerzas.

Con el combate de "Juan Criollo", quedó abierta francamente la ofensiva preparada por los españoles contra el General Máximo Gómez. Arroyo Blanco fué convertido en centro de operaciones, y desde el día 4 de Febrero comenzaron a afluir numerosas columnas provenientes de la Trocha y de Sancti-Spíritus, en tanto que nosotros permanecíamos acampados en uno de los extremos de la vasta llanura, contemplando el desfile de esas fuerzas que iba acumulando la obstinada metrópoli, con el propósito de abatir al más formidable defensor de la independencia de Cuba.

Constantemente se oía el fuego de nuestros exploradores con las columnas que se dirigían a Arroyo Blanco; y desde las colinas que limitan el valle que ocupábamos, divisábamos las tiendas de los campamentos que habían levantado en las afueras del pueblo, estrecho para contener los contingentes numerosos que reunía allí el gobierno español para dar comienzo a su ofensiva.

Por fin ésta se desencadenó, y ya aquella comarca no fué sino el teatro de una lucha encarnizada en que entraban en juego estos dos factores antitéticos: España queriendo aplastar con el número al caudillo en quien se encarnaba la rebeldía cubana, y éste resistiendo con su táctica especialísima el empuje de los defensores de la monarquía, siempre frente a ellos, escurriéndose por sus flancos, picándoles la retaguardia y manteniéndolos, de día y de noche, bajo el fuego de las guerrillas en que dividió sus fuerzas para acelerar los movimientos, y abarcar un radio mayor en el campo a que él deliberadamente había circunscrito las operaciones.

El día 7 tuvimos noticias de que dos columnas de las tres armas venían hacia nosotros por el camino de Iguará. El General determinó salirles al encuentro, para tirotearlas e inducirlas a que iniciaran su persecusión a través de veredas pedregosas y soleadas. Por largas horas estuvimos provocando el ardor del enemigo, que avanzaba entre descargas cerradas de fusilería y de cañón, hasta que por último, nuestras fuerzas hicieron una pequeña resistencia, retirándonos luego con rumbo al potrero "La Herradura". Cuando ya estábamos muy retirados de la columna española, y contemplábamos desde un alto el fuego que sostenía con ella nuestra retaguardia, vimos caer muerto de un balazo el caballo que montaba el General, y al mismo tiempo, caer con una seria contusión en la cabeza al Coronel Moreno de la Torre, del Cuerpo Jurídico Militar.

Sin embargo, las operaciones tan activamente iniciadas desde el 1º de Febrero hasta el día 8, fueron repentinamente suspendidas, sin que nos pudiéramos explicar la causa de esa actitud, tan contraria al espíritu de agresividad que habíamos advertido en el enemigo desde el día en que se libró el combate de "Juan Criollo".

Hacía 5 días que estábamos acampados en "La Herradura", cuando con gran sorpresa vimos aproximarse al campamento a un hombre bien vestido, con un jipijapa flamante, montado en un caballo cuyos arneses brillaban y con todas las trazas de haber salido recientemente del pueblo. Yo estaba ese día de servicio en mi calidad de Ayudante de Campo del General, y corrí a la tienda de éste en compañía del Coronel Marcos del Rosario, a advertirle la llegada de huésped tan interesante. El General Máximo Gómez estaba en su tienda de campaña sentado en su hamaca escribiendo en una libreta, y al recibir mi aviso me dijo tranquilamente: "Yo sé quien es... llama a los otros Ayudantes y esperen".

No había acabado de dar esa orden, cuando el jinete ya frente a la tienda había echado pie a tierra, y señalándola, me preguntaba con amable solicitud: "¿Esta es la tienda del General Máximo Gómez?" No tuve tiempo de contestarle, porque al instante se inclinó ante el viejo caudillo, saludándolo con estas palabras: "¿Tengo el honor de estrechar la mano gloriosa del General Máximo Gómez?"

El General fingiendo no haberle oído bien, le clavó los ojos en la cara y le dijo con aparente calma: "¿Quién es Ud....?"

—"Yo soy Luis Morote, corresponsal de *El Liberal*, de Madrid".

Al oir estas palabras, el General se puso de un salto fuera de la tienda, y nos ordenó que detuviéramos a "ese espía que se nos había metido dentro del campamento". La actitud del jefe insurrecto puso ante los ojos del periodista español, la magnitud de su imprudencia; y mientras el General lo increpaba, advirtiéndole que sería sometido a un Consejo de Guerra, y que estaba dispuesto a ahorcarlo para castigar su osadía, Morote se defendía diciéndole, que él no era enemigo de la independencia de Cuba, y que siempre había defendido la de todos los pueblos.

El entonces Coronel Bernabé Boza, noble y valiente camagüeyano, jefe de la Escolta y hombre en quien el General tenía una absoluta confianza, puso bajo la más estricta vigilancia al detenido, e inmediatamente fué nombrado el Consejo de Guerra que debía juzgarlo. Este se reunió el día 14, y después de brillantes discusiones en que terciaron los doctores Freyre de Andrade, José B. Alemán, Eusebio Hernández y otros no menos cultos, que formaban parte de ese Tribunal Militar y que tenían altos grados dentro del Ejército, se dictó un fallo absolutorio, ordenándose que el exculpado fuera enviado bajo escolta hasta los alrededores del pueblo más cercano.

El General Gómez le dirigió una carta enérgica al periodista español, en el momento en que éste era conducido por un piquete de caballería al mando del Comandante Calixto Sánchez Agramonte, Ayudante de Campo del General en Jefe, hasta las orillas de Sancti-Spíritus. El mismo General sacó una copia de su puño y letra de la expresada carta, y me la ofreció con la nota siguiente al pie: "A mi compatriota Despradel; Conserve esta copia de una carta que puse en manos del osado Corresponsal, que de intruso, sin autorización competente, se atrevió a penetrar hasta los umbrales sagrados de nuestro templo, pensando saciarse de su profanación impunemente. Su General, etc., etc.".

Cuando Morote llegó a la Habana, y después de su retorno a Madrid, publicó infinidad de artículos que contribuyeron a la destitución de Weyler y a una mejor comprensión, por parte del Gobierno español, del verdadero estado de la guerra, que él pudo apreciar al pasar por los campamentos del General José Miguel Gómez y del General en Jefe. No pudo esconder el asombro que le produjo la reunión de aquel grupo de hombres cultísimos que formaban el Consejo de Guerra que lo juzgó.

Tuvo la ingenuidad de confesar que en medio de aquella pléyade de hombres valientes y cultos, "el único que no tenía prestigio era el General Gómez, puesto que había querido fusilarlo y la sentencia de un Consejo de Guerra dictada en sus mismas barbas, lo había librado de sus garras".

Cuando el General leyó aquella diatriba exclamó lleno de contento: "¡Qué cándido! Si precisamente eso era lo que yo quería que dijera! Una revolución en donde la ley puede más que la voluntad del jefe que la dirige, debe contar con las simpatías de todo el mundo..."

Después de haber sido absuelto Morote y conducido a Sancti-Spíritus, esperábamos que las operaciones militares de los españoles se reanudarían inmediatamente, pues teníamos la absoluta seguridad de que la tregua que habíamos advertido desde su salida a la manigua no obedecía, sino al propósito de no entorpecer la gestión que se le había encomendado.

¿Qué cuál era ésta? Pues sencillamente explorar el ánimo de los principales jefes de la revolución; conocer el estado de nuestros soldados, y averiguar si teníamos elementos de guerra bastantes para proseguir la guerra con el mismo ardor y entusiasmo.

No pudo cumplir su misión sino en parte; pero lo que él vió fué suficiente para edificarlo en la convicción de que la revolución era invencible, a pesar de las frecuentes promesas de pacificación que le hacía a su gobierno el General Valeriano Weyler, que ya era rudamente combatido por los periódicos más serios de la Península.

El día 16 de Febrero, al otro precisamente de haber abandonado el periodista Morote nuestro campamento, tuvimos noticias de que tres columnas formidables marchaban, en combinación, hacia nosotros. Se comprobó que la calma de los días anteriores no había obedecido sino a la presencia del ilustre escritor en la manigua. Ido éste, comenzaba de nuevo la campaña contra aquel hombre de quien dijo en esos mismos días un periodista norteamericano, "que era capaz de realizar lo humano y lo sobrenatural".

Y así era, en efecto. Los cincuenta mil soldados que había lanzado sobre él el jefe de las tropas españolas, no pudieron hacerle abandonar el pequeño territorio en que se revolvía con sus escasas fuerzas. Dirigía las operaciones personalmente, y su sistema de exploración, piedra angular de su táctica, le permitía conocer en todo momento, la situación de las diferentes columnas que habían sido lanzadas en su persecución.

Cuando acampábamos en la noche, rendidos por el ajetreo del día que pasábamos a caballo, escurriéndonos por entre las fuerzas enemigas, el General desmontaba los valientes soldados de su Escolta y del Expedicionario, organizaba guerrillas que debían ocuparse de tirotear toda la noche las columnas que vivaqueaban cerca de nosotros, convirtiendo toda aquella región en un infierno espantoso, ya que los españoles por su lado, no dormían contestando al fuego de los nuestros, con descargas cerradas de fusilería.

El General Gómez a pesar de su carácter naturalmente fuerte, impetuoso, daba muestras en aquellos días de un buen humor que todos nos explicábamos en virtud del éxito que iba alcanzando con su táctica de permanecer siempre en contacto con el enemigo, hacerle notar constantemente su presencia y burlar sus combinaciones, teniéndolo de día y de noche bajo el fuego mortífero de sus guerrillas volantes, pequeños cuerpos compuestos por soldados de caballería que se convertían en infantes cuantas veces lo requería la naturaleza del terreno o cualquiera exigencia de carácter táctico.

Todas las noches, invariablemente después de haber escrito en su diario, al acostarse en la hamaca que le servía de lecho y de apagar la vela a cuya luz escribía muchas veces hasta hora muy avanzada, le oíamos repetir estas palabras reveladoras de su constancia y de su fe: "Un día más: Una batalla ganada!"

Y se dormía arrullado por las descargas que hacían las columnas españolas acampadas en los alrededores, contra las fuerzas nuestras que las tiroteaban hasta que asomaba el alba.

Es bueno hacer notar aquí el hecho de que durante toda aquella campaña, el General Gómez no dejó de acampar sino con muy raras excepciones en uno de los potreros mencionados. Muchas veces oíamos los toques de corneta de las columnas españolas, y el General le ordenaba a los suyos que tocaran la retreta a todo pulmón para que el enemigo, que se agazapaba en algún repliegue del terreno se diera cuenta de nuestra presencia; aunque debía advertirla por el fuego que le hacían nuestros soldados, no bien se esparcían las sombras de la noche.

Ya desde el día 17 de Febrero, comenzó a hacerse más intenso el movimiento de las columnas españolas por todo el pequeño territorio en que el General se obstinaba en desafiar las embestidas del ejército, que lo perseguía con saña y encarnizamiento. A toda hora del día y de la noche, se escuchaba el fuego que nuestros exploradores les hacían a las columnas que pululaban por los caminos y veredas, en donde encontraban vestigios—sobres de cartas recién abiertas, fogones encendidos, huellas frescas, etc.,—de nuestra proximidad al terreno que ellas pisaban. La permanencia del General en aquella estrecha zona, obedecía al propósito de demostrarle a los españoles la inutilidad de su empeño en vencerlo y aniquilarlo, cuando no podían hacerle abandonar el pedazo de tierra que ocupaban material y temporalmente.

Y en efecto, bastaba una jornada de medio día hacia cualquier punto cardinal, para que nos encontráramos tranquilos y libres de la tenaz persecución que se nos hacía.

Cuantas veces el General Gómez creyó indispensable procurarle un pequeño descanso a sus soldados, y más que a éstos, que eran incansables, a las cabalgaduras, que sufrían las consecuencias de esa campaña violentísima, se encaminaba a la costa del Jíbaro, a "La Gloria"; al "Dagamal", etc., y allí permanecíamos hasta que, fiel a su táctica de cansar al enemigo retornaba a "La Reforma", a "Santa Teresa", a "Los Hoyos" y a "La Demajagua", sus campamentos habituales para comenzar de nuevo a "torearlo", diezmándolo con su habilísimo sistema de guerrillas.

El General Weyler mientras tanto, permanecía en Sancti-Spíritus dirigiendo unas operaciones que ya comenzaban a desacreditarlo ante los ojos de sus propios compatriotas. El 24 celebrábamos el segundo aniversario de la Revolución, y el cuadro que presentaba Cuba para los españoles no podía ser más triste y desconsolador. El General español había prometido la pacificación de la parte oriental de la isla, y sin embargo, en todas aquellas provincias se mantenía entero el espíritu de la guerra, peleándose constantemente. Se impedía que la mayor parte de los ingenios de caña de azúcar pudieran hacer la molienda, para cuyo efecto nuestros soldados cumplían la orden de incendiar los cañaverales y de destruir con dinamita las vías férreas. Aquella promesa del General en Jefe de las tropas españolas de "barrer la Revolución desde el cabo "San Antonio" hasta la "Punta de Maisí", fué una baladronada que le acarreó las más acerbas críticas de la prensa española, que estaba bien informada de todo cuanto ocurría en la rebelde Antilla. De Oriente y Camagüey no hablamos, porque en ambas provincias eran los cubanos quienes mantenían la ofensiva, yendo a los mismos pueblos a provocarlos para obligar a las columnas acuarteladas en los grandes centros, a salir para proteger las pequeñas guarniciones.

Ya en los últimos días de Febrero, comenzaron a ser menos activas las operaciones de los españoles, aunque, lejos de disminuir el número de sus tropas, aumentaban, reconcentrándose en los pueblos y puestos militares de aquella región, que debía estar sujeta a un encantamiento, para que el General Máximo Gómez pudiera permanecer en ella y burlar las combinaciones que hacían los jefes de las columnas enemigas, no ya para batirlo, pues sus intentos a ese objeto habían resultado vanos hasta entonces, sino para obligarlo a refugiarse en otra zona, a fin de evitar el ridículo que implicaba el hecho de que el perseguido permaneciera de día y de noche en contacto con los perseguidores, pisándole los talones y causándole constantemente bajas considerables.

Abonaba el éxito de esa rara campaña, el conocimiento que tenía el General del terreno en que estaba batiéndose. Lo conocía palmo a palmo, y muy raras veces consultaba los mapas magníficos que llevaba consigo ni a los prácticos que le rodeaban, para moverse en aquel terreno cruzado por infinidad de veredas y sendas, que desembocaban en los inmensos potreros en que nos debatíamos incesantemente, insurrectos y españoles.

Un día de los primeros del mes de Marzo estando acampados en "La Reforma", se obstinó una columna en hacernos una persecución tenaz. El General se movía a su vanguardia, tiroteándola ligeramente; poniéndole emboscadas en donde el terreno se prestaba para ello, y retirándose siempre con dirección al Sur, hasta que al medio día la columna acampó en "La Demajagua" y nosotros en "Las Casitas", que está a pocos kilómetros—dos a lo más—.

Después de haber almorzado, la columna se puso de nuevo en marcha, siguiéndonos el rastro con la misma tenacidad que en la mañana, y pocos momentos después sostenía un fuego nutrido con nuestros exploradores. Al montar a caballo el General le dijo con aire risueño al General Boza, cubano íntegro, valiente y leal que siempre le dió pruebas de sincera amistad: —"Puesto que esa columna lo quiere, me veré—si persiste en seguirme—en la ocasión de aniquilarla esta noche sin necesidad de dispararle un tiro".

Y seguimos la marcha; nosotros delante y el enemigo detrás, batiéndonos siempre en retirada, y dejando un rastro visible para estimularlo en su propósito de seguirnos a través de aquellas tierras áridas, desprovistas completamente de agua. La persecución duró muchas horas, y ya al caer la tarde penetrábamos en una región húmeda, cenagosa, cubierta de lagunatos de agua salobre e invadida por nubes de mosquitos y "jejenes". Hasta allí nos persiguió la columna, que se vió obligada a acampar en aquel sitio, puesto que la noche se le venía encima; en tanto que nosotros, que constituíamos un cuerpo de caballería ligera, tomamos una vereda y nos alejamos a paso vivo de aquel lugar, en donde se respiraba un ambiente envenenado.

Al otro día la columna tuvo que tomar el camino de la Trocha, urgida por la necesidad de encontrar hospitales en que alojar los centenares de soldados que se habían envenenado tomando el agua salobre de esa región pantanosa en que tuvo que acampar después de una persecución infructuosa.

El General Gómez no solamente tenía un conocimiento perfecto del territorio en que operaba, sino que conocía además los procedimientos, usos y costumbres del enemigo con quien se estaba batiendo. Muchas veces, estando acampados teníamos noticias de que se aproximaba una columna. Se oían los disparos de nuestros exploradores y las descargas de los españoles. Todo el campamento se ponía en guardia para ensillar y cargar, tan pronto como el General le diera órdenes a su corneta de que diera esos toques. Silbaban las balas enemigas más cerca, y con gran asombro nuestro oíamos la voz del viejo caudillo ordenándole a su asistente que le colgara la hamaca.

Cesaba el fuego, y a poco venían los exploradores a avisar que la columna había acampado en determinado sitio. "Ya lo sabía—decía el General—son las once y media. Salió esta mañana del pueblo, y la única aguada apropiada que tiene para descansar y hacer el rancho, es esa donde se ha quedado".

Cuando las descargas de fusilería nos indicaban que la columna de nuevo se había puesto en marcha, ya el General estaba a caballo con las fuerzas listas para comenzar a hostilizarla con la tenacidad en él acostumbrada.

El día 1o. de Marzo nos sorprendió acampados en "La Reforma". Desde el mes de Enero, desde que pasamos la Trocha, pocas habían sido las noches que no habíamos dormido en ese potrero o en cualquiera de los otros tres que formaban el campo que el General había escogido para desarrollar su táctica de cansar al enemigo, obligándole a hacer marchas y contramarchas y causándole al mismo tiempo todo el daño posible.

Los españoles, mientras tanto, no nos perdían de vista; sabían en todo momento el lugar en que nos encontrábamos, no solamente porque casi siempre estábamos frente a "Marroquín", cuyo heliógrafo funcionaba sin cesar, sino porque el propio General Gómez, tenía empeño en que supieran que estaba en aquella zona y que seguía escurriéndosele por entre sus columnas, que ya no tenían fe en atrapar al *chino viejo*, que para ellos adquiría proporciones sobrenaturales.

Ya por aquellos días comenzaba a sentirse la escasez de comida en la manigua. Era difícil encontrar una res en la comarca en que nos movíamos, viéndonos obligados por la necesidad, a sacrificar los primeros caballos para alimentarlos. La falta de carne aumentó el consumo de los víveres que sembraban los pacíficos, y poco tiempo después ya nos habíamos resignado a comer *jutía* con *palmito* hervido, y un caldo compuesto de retoños de calabaza, hojas de yerba mora y mangos tiernos, que no era por cierto, una alimentación adecuada al género de vida que hacíamos en aquellos meses de actividades sorprendentes.

Sin embargo, el entusiasmo de nuestros soldados no decaía ni un punto. La campaña arreciaba cada día, y el General Gómez que llevaba sobre sus hombros el peso de la dirección de la guerra, seguía batiéndose en aquel pedazo de tierra del que no podían arrancarlo las cincuenta mil bayonetas del ejército español.

Las columnas que nos perseguían no bajaban casi nunca de mil hombres. La experiencia le había enseñado al enemigo, que era peligroso aventurarse con pequeñas fuerzas en la persecución de un hombre que, aunque obligado a una defensiva que a la postre resultaba la más peligrosa y atrevida de las ofensivas, siempre estaba en acecho para aprovechar cualesquiera ventajas que pudiera ofrecerle la topografía del terreno, los descuidos de cualquier jefe de columna, o una proporción aproximada entre nuestras fuerzas y las que nos combatían.

Muchas veces el General reunía todas las guerrillas, todos los contingentes que se movían a sus órdenes directas, y sin respetar número le presentaba combate a los españoles, que se asombraban ante tamaña audacia. Los Generales Calixto Ruiz, López Amor y el Coronel Palanca, que eran el alma de aquella ofensiva, ya se rendían ante la evidencia de que eran inútiles cuantos esfuerzos hicieran para obligar al General Gómez a abandonar la zona en que se movía, que abarcaba como la tercera parte de la región comprendida entre la Trocha del Júcaro a Morón y los dos Jatibonicos, que marcan hoy el límite entre las provincias de Camagüey y Las Villas.

Llegó Abril, y las cosas no habían cambiado en lo que respecta a la situación en que nos habíamos colocado ambos contendientes. Permanecíamos arma al brazo desde que apuntara el alba hasta que el sol se ocultaba, brindándonos ocasión a unos y otros de tener un pequeño descanso. Todo el día lo pasábamos a caballo eludiendo las combinaciones de las columnas españolas, y en muchas ocasiones tuvimos necesidad de hacer lumbre en cuatro o cinco sitios diferentes, para poder asar un pedazo de carne de caballo o de jutía, que a la postre teníamos que comernos crudo por la imposibilidad de permanecer en un lugar sin que sintiéramos inmediatamente la proximidad del enemigo.

Ahora bien, la confianza, la fe, digamos, que todos teníamos en el genio y en la buena estrella del General Máximo Gómez, era ilimitada y ciega. Conscientes del peligro que implicaba revolverse día y noche entre columnas aguerridas, que no perseguían otro objetivo que exterminarlo para privar a la guerra de su más brioso sustentador, nadie pensaba en la posibilidad de que un día, por descuido, por imprevisión o por obra de la fatalidad, cayésemos en las redes que sin cesar nos tejían los defensores de España.

Esa confianza, esa fe que nos inspiraba el viejo caudillo, tenía un lógico fundamento. Veíamos minuto tras minuto la firmeza de sus decisiones; la amplitud y claridad de sus juicios sobre las cosas de la guerra, y sobre todo, la facultad casi intuitiva de que estaba dotado, para adivinar los más recónditos designios del enemigo que le perseguía. Quiero, entre muchos, citar este ejemplo que nos impresionó grandemente a todos los que lo presenciamos.

Debo decir antes que todo, que el General tenía absoluta confianza en los soldados de su Escolta, a quienes les estaba encomendado el servicio de exploración. Cuando él adelantaba una pareja o una sección por un camino, emprendía la marcha en la seguridad de que antes que chocar con su vanguardia, tenían que sonar los tiros con sus expertos y valientes exploradores. Sin embargo, un día salimos de "Santa Teresa" con rumbo a "La Reforma", por una de las muchas veredas que unen esos dos extensos potreros. No teníamos noticias de que por esos lugares hubiese aquella mañana ninguna columna. El General Gómez, a pesar de haber enviado en el momento de salir un pelotón para que explorara el camino, contra su costumbre, le ordenó al General Boza que destacase otra pareja sobre "La Reforma", en donde era lógico suponer que estarían los soldados que se nos adelantaron para hacer ese servicio.

El General redujo la marcha; íbamos muy al paso, cuando a los pocos minutos sonaron en dirección al potrero nutridas descargas, contestando el fuego que le hacía a una columna que había acampada en aquel momento la pareja que fué enviada sobre el rastro de los primeros exploradores, y que equivocando la orden, había tomado una senda contraria a la que les indicó el General que siguieran cuando él se puso en marcha.

Esa circunstancia evitó, que cayéramos en una emboscada que nos tenía preparado el enemigo en la misma boca de la vereda por donde debíamos penetrar en "La Reforma".

¿Tenía el General noticias de que esa columna estaba allí? No. Tenemos la absoluta seguridad de que si obró así, fué obedeciendo a esa fuerza que vulgarmente se conoce con el nombre de "corazonada", que no es el instinto, sino una voluntad misteriosa que preside las acciones de los hombres geniales. La vida de César, la de Napoleón, la de Bolívar, están entretejidas con hebras hiladas en la rueca de lo sobrenatural, y nadie osará negarle al intrépido dominicano el calificativo de "genio", que ya le ha discernido la historia. Como esa pudiéramos citar muchísimas anécdotas reveladoras de la psicología del último Libertador de América; uno de los primeros guerrilleros de la Historia, que triunfó en esta faja estrecha que es la Isla de Cuba, batiéndose y venciendo en aquel reducido territorio que he señalado, el 97, resistencia que decidió la campaña.

No es que yo haya sido, primero, su Ayudante de Campo, y más tarde su Jefe de Despacho, ni la circunstancia de haber nacido los dos en Santo Domingo, que me mueve a esta Crónica; es que, justamente, me llena de orgullo, porque, repito, su genio militar, su estrategia, para alcanzar las más altas categorías con los más grandes éxitos, los demostró en las dos guerras; pero en esta campaña del 97, estando en permanente peligro, acosado, y teniendo en jaque continuo a tantas columnas encima, sin querer dejar la zona en que se propuso, temeraria y sabiamente a la vez, vencer o morir, se superó a sí mismo, en agilidad, resistencia, astucia y arrojo; y por ello, he querido recogerlo y destacarlo en estas modestas Memorias; que hubo en otras partes, y tiempos, Capitanes hábiles, intrépidos y valientes, en territorios amplios de mayores defensas, ninguno en las situaciones en que se encontró el portento que comandaba a los cubanos.

Al partir el General Weyler de Sancti-Spíritus, en donde había permanecido varios días dirigiendo las operaciones sin moverse de esa ciudad, llevaba el pleno convencimiento de que no podía aplastar la revolución por medio de las armas, sino recurriendo a extremos que hicieran más que difícil, imposible nuestra vida en la manigua. En su sentir, lo que no había podido lograr por medio de las armas, creía poderlo alcanzar persiguiendo a los "pacíficos", a las innúmeras familias que por amor a la libertad moraban en lo más intrincado de los montes, dedicándose abnegadamente a curar nuestros heridos, y a sembrar para compartirlo con sus hermanos que estábamos arma al brazo en los campamentos.

En el mes de abril, comenzaron las tropas españolas en toda la comarca comprendida entre la Trocha del Júcaro a Morón y los dos Jatibonicos, la campaña más absurda y cruel que se le haya ocurrido jamás a ningún ejército, registrar los montes, perseguir a los pacíficos y arrancar las siembras de los conucos o predios para privarnos de los recursos que ellos nos brindaban. Comenzaron esa operación cuando se iniciaba la primavera, que fué más copiosa en aquél, que en todos los años anteriores. Arrasaron los montes; no dejaron una mata de plátano, de boniato ni de yuca en pie; pero bastaba que se trasladaran de un punto a otro prosiguiendo su campaña de destrucción, para que nuestros "pacíficos" salieran de sus escondrijos y resembraran lo que el enemigo había arrancado, sin que advirtiéramos el daño, puesto que la estación era propicia para la siembra de esos frutos que constituían nuestra única alimentación. Pero todavía hicieron más: comenzaron a derribar los palmares que se erguían en los potreros en que acampábamos generalmente, para completar su propósito de privarnos de todas las fuentes de donde pudiera manar cualquier recurso que sirviera para ahuyentar al hombre.

Se dieron cuenta de la inutilidad de su esfuerzo, y solamente el potrero "La Reforma" sufrió las consecuencias de tan descabalada previsión... ¡Derribar todas las palmas de Cuba es empresa igual o parecida, a querer secar un río sin más auxilio que un cántaro para sacar el agua!

Fué insensatez de Weyler, proseguir la campaña contra el General Gómez en aquella primavera torrencial, cuando durante el período de la seca y a pesar de sus desesperados esfuerzos, no había logrado ninguno de sus objetivos, determinados en las reiteradas promesas de pacificación que le hacía a su gobierno. Aquella campaña en plena estación lluviosa, por caminos primitivos llenos de lodo que hacían casi intransitables el pisoteo de sus columnas y el de nuestras fuerzas que siempre les iban a la zaga hostilizándolas, fué la tumba de aquel ejército que había traspuesto el mar lleno de entusiasmo, y que de repente se veía diezmado por las balas de los insurrectos, por el paludismo y por la fiebre amarilla.

Con mucha frecuencia traían los exploradores a nuestro campamento soldados rezagados, muertos de cansancio, que se tiraban al monte prefiriendo caer en manos de las fuerzas cubanas, que continuar esas marchas que tenían un trasunto dantesco, en que la muerte acechaba en cada recodo del camino, y en cada charca extendía la fiebre su mano descarnada, haciendo presa en la carne de esa juventud sacrificada por la ambición de políticos obcecados y malvados.

Contrastaban los procedimientos de guerra usados por la revolución, con los que implantó Weyler desde los días en que fué nombrado general en jefe del ejército español que operaba en la isla insurrecta. En nuestras marchas encontrábamos a cada momento cadáveres de pacíficos horriblemente mutilados, a los que dábamos cristiana sepultura; y los soldados de la revolución sabíamos que no había cuartel para nosotros, porque era incontenible la saña con que nos combatían los soldados que defendían el presunto honor de la Corona.

Sin embargo, esos horrores no movieron nunca ni al gobierno cubano, ni al general en Jefe del Ejército Libertador, a ejercer la represalia a que en casos tales han recurrido otros pueblos que han luchado por su independencia. El decreto de Trujillo, no fué sino el resultado de la indignación que le produjo a Bolívar, la carnicería que hacían entre los patriotas venezolanos, esos dos tigres que se llaman en la historia, Boves y Morillo.

Más todavía: las leyes de la República en armas prohibían bajo penas severas, matar a los prisioneros o someterlos a injustificadas torturas. Los prisioneros de Guáimaro, de Victoria de las Tunas, de Arroyo Blanco, del Jíbaro, etc., etc., fueron enviados bajo escolta a los pueblos o ciudades próximas, sin más requisito que la entrega de las armas que portaban en el momento de la rendición. Los que se atrevieron a infringir esas leyes, propias de un pueblo civilizado que quería alcanzar su independencia sin violar los fueros de la humanidad, fueron castigados severamente; y más de una sepultura fué abierta para los despojos de algunos de esos malhechores, a quienes el vapor de la sangre embriaga como un vino capitoso.

El nombre del General Máximo Gómez se levanta puro, sin mancilla en medio de aquella conflagración provocada por el anhelo de hombres que luchaban desesperadamente, aguijoneados por sentimientos antitéticos. No hay un ápice de crueldad, en aquella vida sellada por la austeridad! Ni un solo acto que revele el deseo de sobreponerse a las leyes para presionar con el peso de su autoridad la conciencia del pueblo a quien servía tan abnegadamente.

Por eso puso todo su empeño en organizar junto con el Ejército, la vida civil de la República. Antes de iniciar la campaña de la invasión de las provincias occidentales, quiso que se estableciera un Gobierno que representara a los cubanos que se habían lanzado a la manigua en busca de su independencia. Se dictaron leyes sabias y oportunas para evitar los abusos de los que ostentaban grados militares, así como los desmanes de los *pacíficos* que vivían en las montañas y en los bosques; y bien puede afirmarse, que ningún pueblo en la paz, por severos y eficaces que hayan sido sus medios de represión, ha disfrutado de un régimen de orden y de respeto más grande y mejor cimentado que el de aquel pueblo en armas, que andaba por los caminos sin más freno que la ley, cuya aplicación le estaba encomendada a los hombres que dirigían la revolución.

Máximo Gómez y Antonio Maceo cifraron todo su empeño, en prestigiar hasta un grado inconcebible la Revolución. El primero la llamaba 'mi novia", y era capaz de perdonar cualquier agravio que se le hiciera a su persona; pero se mostraba inexorable cuando alguien trataba de mancillarla con actos o con palabras, en que se revelara el designio de herir el buen nombre de los cubanos en armas.

A la anarquía de los primeros momentos, cuando los pueblos se echaban a los caminos para aumentar el caudal de las huestes invasoras, que lo arrasaban todo con la impetuosidad de ríos fuera de cauce, sucedió un estado de orden y disciplina, que moldeó definitivamente el espíritu de la Revolución. Los directores de ésta, se dieron cuenta de que estaban en el deber de ofrecerles protección a los millares de mujeres, que se habían salido para el campo guiadas por el noble propósito de compartir con sus padres, esposos, hijos o hermanos, las penalidades de aquella guerra tremenda; y debemos confesar que tal propósito se logró sin mayores esfuerzos, porque en el alma de cada soldado penetró de tal manera la prédica que anticipadamente había hecho el Apóstol Martí, y que reafirmaban con el ejemplo los directores de la guerra, que aquellos bosques, asilo de innumerables familias, tenían para esos guerreros que se le enfrentaban al valiente ejército español, el carácter misterioso y sagrado de las selvas en que los druidas celebraban sus extraños ritos.

Durante aquella primavera del año 97, las tropas españolas sufrieron los más grandes descalabros en la región de Sancti-Spíritus y Remedios. Perseguidos incesantemente por nuestras fuerzas, diezmados por la fiebre amarilla y castigados por los torrenciales aguaceros que convertían los caminos en arroyos, aquellos soldados presentaban el aspecto más doloroso. Se peleaba constantemente, y el General Gómez obstinado en su propósito de circunscribir la ofensiva que contra él dirigían los españoles, a un radio de cortísima extensión, se movía desde el alba hasta que se ponía el sol, dentro de aquel paralelógramo que formaban estos cuatro potreros: "Santa Teresa", "La Reforma", "Los Hoyos" y "La Demajagua". La proximidad entre uno y otro, puede estimarla el lector cuando le digamos que bastaba menos de dos horas para recorrer, al paso no muy vivo de nuestra caballería, por entre la red de veredas que surcaban los montes que formaban aquel cuadrilátero, la distancia que separaba los sitios respectivos. Muchas veces marchábamos llevando el enemigo a retaguardia; otras veces íbamos detrás de éste, sin que advirtiera nuestra presencia, hasta que por un movimiento rápido ordenado por el General, y aprovechando una de esas sendas por las cuales solamente podíamos escurrirnos los "mambises", nos colocábamos a su vanguardia, tiroteándolo de manera inssitente desde que salía a terreno en que nuestra caballería pudiera evolucionar.

Ya en el mes de Abril, según hemos dicho anteriormente, el General Weyler había fracasado completamente en su propósito de pacificar la región espirituana. La carencia casi absoluta de comida para la tropa, preocupaba con frecuencia al General en Jefe del Ejército Libertador; pero su proverbial sobriedad, la abnegación con que sufría las penalidades de aquella ruda campaña, servían de estímulo a nuestros soldados, que en esos extremos dejaron muy atrás a los héroes de Homero, cuya frugalidad después de haber sido pasada por el fino tamiz de la Ilíada, se ha hecho lugar común en el campo de la literatura. El hambre nos hizo omnífagos; comíamos caballo, mulo, jutía, majá, e hicimos ensayos con cuantas plantas suponíamos susceptibles de proporcionarnos algún alimento.

Un día reímos grandemente con un incidente que da la medida de las privaciones que pasábamos en aquellos días. El General había hecho una marcha hasta un sitio llamado "Nauyú', que está entre Morón y Chambas, con el solo propósito de que la tropa, que había ayunado el día anterior, pudiera reponerse comiendo mangos, que allí podían recogerse por carretadas.

Todos hicimos buena provisión de fruta tan apreciada, y estábamos saboreándola cuando se oyó la voz del General, que estaba disfrutando su ración, preguntándole al Coronel Marcos del Rosario, por quien siempre sintió una altísima estimación, que cuántos mangos podía comerse de "una sentada".

—"Yo"—dijo ingenuamente el valeroso Coronel—*en tiempo de comida* no me como ninguno, porque esa fruta no es muy de mi agrado... Por necesidad, como ahora, puedo comerme unas cuantas docenas".

Ciertamente, aquellos no eran "tiempos de comida", sino de verdadera hambre, y todos ante la realidad del momento, reímos por la justeza de una frase que le daba cariz cronológico a una función fisiológica tan natural e imperativa como la de respirar, comer.

"Yo recuerdo—nos decía el General Gómez—haber leído en las Tradiciones Peruanas de Palma, que Bolívar y Sucre en una de sus campañas se sintieron una vez consternados, porque sus asistentes ya al caer la tarde les sirvieron pan, queso y raspadura por único alimento. Hubiera querido verlos aquí en "Nauyú", comiendo mangos, y en "Santa Teresa", comiendo palmito crudo o hervido todos los días..."

Las escapatorias como esta que narramos, duraban uno o dos días a lo más, porque el General no podía avenirse a abandonar la zona de donde querían expulsarlo las columnas españolas, sin poder lograrlo. A fines de Marzo se aumentó considerablemente el número de las fuerzas españolas que lo perseguían, y tuvo que ampliar el radio de sus operaciones, que abarcaron entonces la región comprendida entre "Los Ramones", Jagüeycito" y "Las Delicias", a pocas leguas de nuestros campamentos habituales.

Por aquellos días se recrudeció la campaña y los encuentros entre nuestras fuerzas y la de los españoles se hicieron más frecuentes. El día 9 de Marzo, el General al frente de trescientos jinetes presentó combate, en el potrero "Santa Teresa", a una fuerte columna con la que habíamos peleado el día anterior, viéndonos ambos obligados a acampar en el mismo potrero, porque la noche se nos vino encima y no pudimos proseguir el combate. Dormimos con nuestras avanzadas sobre las de ellos, y al amanecer nos desplegamos para repeler el ataque de esa columna, fuerte de dos mil hombres de las tres armas, y que estaba mandada por jefe que daba señales evidentes de querer batirse.

Hacía dos días que se nos había incorporado un americano llamado Mr. Crosby, corresponsal de un importante periódico de los Estados Unidos y que le había sido muy recomendado al General Gómez. Al iniciarse el combate el General le ordenó a Mr. Crosby que se retirara para el sitio en que debía instalarse la sanidad, que fué colocada en lugar seguro para poder atender a los heridos; pero ansioso de poder anotar todos los incidentes de esa batalla comenzada el día anterior, fué a situarse en una colina próxima y al romperse el fuego una bala lo derribó del caballo privándole de la vida instantáneamente.

El Comandante Antonio Tavel Marcano, Ayudante de Campo del General recogió el cadáver y lo condujo hasta el monte vecino, en donde después de pasada la acción se le dió sepultura.

Ese infortunado corresponsal la noche anterior le expresaba al General Gómez, el asombro que le causaba ver que con solo trescientos jinetes le presentara combate a una columna tan numerosa.

—"Y ya Ud. ve—le contestó el General—estamos durmiendo en el mismo potrero, mañana seguiremos peleando, la castigaremos como siempre, y cuando me convenga me retiraré al paso, para esperarla en otro sitio, y seguir la función que comenzamos ayer".

En ese combate le mataron el caballo al General, lo que causó una pequeña confusión, porque su cuerpo quedó debajo del animal y todos creímos que había recibido alguna herida. El General Boza, los Coroneles Marcos del Rosario, Benjamín Molina, Tomás Olivera y otros más, lograron librarlo del peso del caballo que gravitaba sobre su pierna derecha, y los españoles aprovecharon aquel momento para hacernos algunas bajas e iniciar un avance, que tuvieron que parar por el fuego que les hacía una pequeña infantería que el General había colocado a la izquierda, a la orilla del monte.

Al General se le trajo un caballo que montó inmediatamente, y nos retiramos sin precipitación por una de las veredas que conducen de "La Reforma" hacia el sitio llamado "Melones", distante, como media legua de aquel potrero.

En ese combate pelearon bizarramente los regimientos "Expedicionario" y "Victoria" mandados por los Coroneles Armando Sánchez Agramonte y Nicasio Mirabal, respectivamente, lo mismo que la "Escolta", que hizo aquel día prodigios de valor durante las dos horas que duró el combate. La columna española, según parte que nos envió a media noche el Comandante Amador Cervantes, a quien se le ordenó que siguiera su rastro, tomó hacia Arroyo Blanco, cayendo en su camino en varias emboscadas que le causaron numerosas bajas.

El día siguiente (día 10) como a las tres de la tarde marchamos de nuevo hacia "La Reforma", en donde habíamos peleado el día 8 con la columna que atacamos el día 9 en "Santa Teresa". Al explorar el potrero encontramos sepulturas recién cavadas, cananas repletas de cápsulas y otras señales evidentes del daño que le habíamos causado.

Los días posteriores los pasamos entre ligeras escaramuzas, moviéndonos dentro del "cuadrilátero infernal", sin que el General procurara empeñarse en ninguna acción seria, que comprometiera el éxito de su original campaña defensiva, que como ya hemos dicho, era la más audaz y atrevida de las ofensivas.

Lo que daba una idea clara, de la poca fe que tenían los españoles de reducir a la impotencia al General Gómez, era la lentitud con que se movían sus columnas por aquellos parajes, en que no había un árbol que no presentara numerosas cicatrices, causadas por las balas que en nutridas descargas habían cruzado por aquellos campos, desde el mes de Febrero en que se había comenzado la campaña. Ya a mediados de Abril, advertimos la presencia de numerosos contingentes que venían a reanudar la persecución del General en Jefe el Ejército Libertador, que seguía con pequeños grupos burlándose de los geniales generales que planeaban allí, sobre el terreno, la captura o la muerte de ese digno émulo de Fabio Méximo; ante quien se estrellaba toda la táctica y la tradición guerrera del pueblo más valiente de Europa.

La situación era verdaderamente satisfactoria para nosotros, de un extremo a otro de la isla. El General Gómez tenía entre sus manos todos los hilos de la revolución, acatando el ejército la autoridad de que lo había investido desde antes de que pusiera el pie en aquellos campos abrasados por álito de la guerra. Al mismo tiempo que se batía denodadamente en la a vecina a la Trocha, se ocupaba de la organización del ejército, y de r la marcha de la Revolución de un extremo a otro de la isla. Para él bía tregua ni descanso. Cuando no estaba a caballo al frente de sus los, se le veía en el campamento de día o de noche—ocupado en el des o de la correspondencia, y en la redacción de su Diario, labor con que cu iba las operaciones del día.

ra minucioso en todo, y no concebía que a nadie se le olvidara el cum ento del más trivial de los deberes.

Para que se vea a que extremos llegaba en la apreciación de ese con cepto, mantenido simpre con inflexible rigidez, insertaremos la siguiente a écdota. Un día que habíamos abandonado muy temprano el potrero "La Demajagua", con motivo de la proximidad de dos columnas que desde el día anterior nos perseguían con tenacidad, nos encaminamos hacia el Sur, por la vereda del lugar llamado "Las Casitas". El General estaba aquella mañana muy alegre; conversaba durante la marcha con los generales y oficiales que iban a su lado, cuando de repente arrugó el ceño, brilló en sus ojos un relámpago de contrariedad, e hizo alto un momento, para darle una orden a uno de sus asistentes que partió al galope hacia el lugar que habíamos abandonado hacía un momento. Pocos minutos después volvió el asistente; puso en sus manos un pequeño paquete, atado con un hilo y que contenía algunos papeles y prosiguió la marcha; pero ya no habló más du rante ella, y se notó un cambio repentino en esa fisonomía, en que era fre cuente el tránsito del buen humor a la irascibilidad. No habíamos comido nada desde el día anterior; y cuando acampamos al medio día, Morón, el fiel Morón, le ofreció al General un par de huevos para que se los tomara con un poco de ron; pero el viejo caudillo sin deponer su gesto que no había dejado de ser agrio, le ofreció uno de esos huevos al Dr. Valdés Domínguez y otro a mí, que estábamos a su lado leyéndole algunos periódicos españoles; vertió sobre la jícara que cada uno de nosotros le presentó un poco de ron, y siguió oyendo impasible la lectura de las opiniones de esa prensa, que tuvo siempre del problema de Cuba una visión más clara que la misma de la tierra en que esos acontecimientos se desarrollaban.

El Dr. Valdés Domínguez y yo nos miramos sorprendidos, pues sabíamos que ese era el único alimento que tenía el General para pasar el día; no le dimos mayor importancia al caso y lo atribuímos a alguna contrariedad cuyo origen desconocíamos.

Algunos meses después obteníamos la clave del enigma. El General increpaba a un oficial que no había cumplido satisfactoriamente una orden que le había dado el día anterior, y le oímos decir con voz vibrante.

—"¡Aquí a nadie se le puede olvidar el cumplimiento de sus obligaciones! Yo llevo el peso de la guerra sobre mis hombros; tengo miles deberes que cumplir, y puedo jactarme de que nunca se me ha olvidado nada... ¡Miento!—agregó—un día dejé por olvido unos documentos que coloqué en el tronco de un árbol en "La Demajagua", y ese día me castigué no comiendo nada absolutamente, para guardar recuerdo de ese olvido!"

No había, sin embargo, exageración en la conducta de ese hombre excepcional, que lo ceñía todo a fórmulas cronométricas, y que tan severo se mostraba con su propia persona cuando juzgaba que había cometido alguna falta.

Durante las marchas, lo mismo que cuando estábamos acampados, a pesar de las múltiples labores que solicitaban su atención, no se le escapaba ni un solo detalle relativo a la buena organización del Ejército. No permitía que ningún soldado estropeara su cabalgadura, y se cuidaba de que los jinetes mantuvieran en buen estado las sillas de montar, frenos, espuelas, etc., como el mejor medio de conservar una caballería capaz de hacer marchas incesantes, sin que diera muestras de agotamiento o de cansancio. Un día lo vi, airado, ordenarle a un soldado que echara pies a tierra y luego enviarlo para la infantería por una semana, solamente porque el caballo que montaba tenía el correaje del freno demasiado corto, lo que obligaba al animal a mover constantemente la cabeza.

Esa conducta obedecía a la necesidad de inculcarle al soldado el hábito de cuidar su cabalgadura, único medio de disponer siempre de una caballería para proseguir la campaña en las mismas condiciones que la mantenía cuando Weyler hacía el último desesperado esfuerzo, para dar un golpe serio que le permitiera reconquistar la confianza que ya había perdido en el concepto del gobierno que representaba.

Por aquellos días estaban a disposición del Cuartel General varios regimientos, entre ellos "Victoria", mandado por el Coronel Mirabal; "Taguasco" mandado por el Coronel Legón, y "Martí", a cuyo frente se encontraba el Coronel Irene Cervantes. Esas fuerzas agregadas a la "Escolta" y al "Expedicionario", que operaban a las inmediatas órdenes del General Gómez, le permitieron activar las operaciones sobre el enemigo, que aunque siempre numerosos, se movía con visible lentitud debido a las lluvias incesantes de aquellos días, que como ya hemos dicho habían convertido los caminos en arroyos.

Las columnas que salían a campaña hacían un verdadero *via-crucis*, desde que abandonaban el puesto militar en que tenían su centro de operaciones hasta que retornaban, después de haber sufrido las más grandes e inenarrables penalidades. Un periódico español sintetizando la situación que confrontaba el ejército español en aquella época, decía que "éste se batía con sombras; pero que sus soldados eran blanco seguro para los disparos que hacían esas sombras desde la manigua en que se guarecían". No se puede decir que fuese exacta esa aseveración, porque constantemente nos batíamos en campo raso con las columnas perseguidoras; y a pesar de la desproporción que siempre se advertía entre nuestras fuerzas y las del enemigo, que nunca operó sino con fuertes contingentes, nos retirábamos al paso cuando el campo elegido por el General, no ofrecía las ventajas necesarias para compensar la superioridad numérica de los españoles.

Por aquellos días afluyeron a la manigua, además del infortunado Mr. Crosby, varios corresponsales de la prensa norteamericana, distinguiéndose entre ellos Silvester Scovel, audaz, inteligente y buen amigo de los cubanos, que supieron apreciar el interés que despertaba en el alma de ese joven aventurero, la causa que ellos defendían con tanto tesón como heroísmo. En una de sus excursiones, Scovel se atrevió a llevar a su joven esposa a los campos de la revolución hospedándola en el mismo Cuartel General, que se movía constantemente, obligado por el empeño que ponían las columnas enemigas en extremar sus combinaciones para *copar* al General Gómez. Las operaciones de aquellos meses, tenían el mismo interés que ofrece una partida de damas cuando uno de los jugadores con tres de éstas y el otro con una sola, se empeñan en lances que determinan al primero a recoger las fichas, convencido de la esterilidad de su esfuerzo para *estirar* la dama siempre esquiva de su contrincante.

Mrs. Scovel, que vestía pantalón bombacho y una chaquetilla floja en forma de caftán, le expresaba al General su deseo de asistir a un combate; y su esposo, riendo, asentía a ese deseo peligroso de aquella frágil muñeca que encerraba dentro del pecho un corazón varonil, lleno de peligrosas curiosidades. El viejo caudillo obró de manera muy contraria, y en el curso de los tres días que permanecieron junto a nosotros los esposos Scovel y el señor Madrigal, Cónsul de Colombia, que los acompañaba, hacía tirotear las columnas que lo perseguían, pero eludió todo encuentro, temeroso de un lance tan desgraciado como el en que perdió la vida el Corresponsal Crosby.

Además de Scovel nos acompañaban algunas veces, y escribían interesantes crónicas para los periódicos que representaban, los corresponsales

Bronson Read, autor de un libro lleno de inexactitudes titulado "Marching With Gómez", y Sommerford, joven simpático cuya amistad hacia los cubanos lo llevó a fijar su residencia en cuanto se creó la República, en un pueblo de la provincia de la Habana en donde estableció un apiario magnífico, que visité varias veces junto con otros compañeros de la guerra que apreciaban como yo al antiguo corresponsal.

Los españoles habían realizado grandes trabajos para hacer infranqueable la Trocha del Júcaro a Morón. A los pocos meses de haberla pasado el General Gómez, ya se hacía muy difícil atravesar esa línea que nos aislaba de las provincias orientales, que en nuestra imaginación adquirían las proporciones de vastos y lejanos continentes en donde se luchaba ventajosamente por la independencia de aquella tierra, tan digna de ella, ya que sus hijos lo habían ofrendado todo para conseguirla.

Recibíamos comisiones de Santiago de Cuba y Camagüey que llegaban hasta nosotros después de las penalidades que implicaba atravesar extensos cenagales y franquear por la isla de Turiguanó—que hacen inhabitable nubes de mosquitos y jejenes—el territorio villareño que era entonces escenario de la más cruenta lucha. A pesar del celo desplegado por las fuerzas militares que custodiaban la Trocha, en grandes esfuerzos por hacerla inexpugnable, no pudieron impedir que el General Quintín Banderas se nos juntara con un fuerte contingente de infantería que había organizado en Santiago de Cuba, con el propósito de vigorizar las operaciones en Occidente.

Hubo un momento, sin embargo, en que nuestra incomunicación con Camagüey y Santiago de Cuba, era un hecho fácil de comprobar por haber pasado tanto tiempo sin que las fuerzas de ninguno de los dos lados de la Trocha se arriesgaran a salvar el obstáculo que impedía nuestro contacto con Oriente.

En uno de aquellos días supimos de la heroica aventura de dos hombres, que habían saltado sobre la complicada cerca erizada de púas que constituía la Trocha divisoria de las Villas y Camagüey, para sin prácticos y desconocedores del lugar, perderse después en montes y potreros, y tras cruentas penalidades se incorporaron a fuerzas de Las Villas, y llegaron al Cuartel General.

Esos dos hombres eran el entonces Capitán Aurelio Sonville, Ayudante de Campo del General en Jefe que había quedado enfermo en Camagüey y el joven italiano Orestes Ferrara, que meses antes había llegado en una expedición que hizo su desembarco por las costas orientales. Ambos habían pasado varios días en el Camagüey, frente a la Trocha buscando en vano, prácticos que los guiaran a través de esa famosa línea, que entonces estaba custodiada por bayonetas. Cansados de esperar, y peregrinar, se aventuraron a cruzarla.

Al alborear, madrugador nuestro Jefe, pronto estuvieron en su presencia. El General Gómez después de saludado por los intrépidos jóvenes, le preguntó a Ferrara, que cómo se había atrevido a pasar esa Trocha tan llena de peligros. —"La vida, General,—le contestó—, es siempre larga y bien vale la pena exponerla un momento para tener la satisfacción, tanto tiempo deseada, de conocer al libertador de un pueblo".

—Ya Uds. han oído—dijo el General en tono risueño—lo que acaba de decir este joven que acaba de llegar de Europa. De fuera no han de venir a enseñarnos a pasar la Trocha. De ahora en adelante todo el mundo tiene la obligación de cruzarla".

Y así fué en efecto. A partir de ese día, las "comisiones", provistas de alicates para cortar los alambres cruzaban la referida línea; aunque debo confesar, que no fueron pocos los que perecieron o fueron heridos al trasponerla, queriendo burlar la vigilancia de las tropas que la guarecían.

Pronto me sentí unido por una buena y leal amistad con Ferrara, que me obsequió un día con una página que escribió para explicar los motivos que lo habían inducido a venir a Cuba. Aunque se me extravió ese documento ya al finalizar la guerra, recuerdo que en él decía el Comité Republicano de Italia lo había designado para que fuera a pelear al lado de los cretenses, que luchaban en aquellos días para liberarse de la dominación turca, al mismo tiempo que se hacía igual designación de otros jóvenes amigos y compañeros suyos que en nombre de aquel glorioso Comité debían prestarle a los cubanos servicios de la misma índole. Si la memoria no me es infiel, creo que la referida página terminaba de este modo: "Cuando me disponía a marchar para la isla del Mediterráneo que luchaba con tanto denuedo por su independencia, los candiotas cometieron la debilidad de pactar un armisticio con los turcos, y eso me contrarió; porque un pueblo que lucha por su libertad no tiene el derecho de firmar pactos de esa naturaleza con el tirano que lo llena de oprobios. Esa contrariedad me hizo fijar la vista en un horizonte más lejano, y pensé que Cuba peleando sin tregua y sin descanso era acreedora a cualquier género de sacrificio; y entonces pedí que se me permitiera venir a esta isla para ofrecerle mis servicios a los cubanos".

He querido referir esta anécdota, porque siendo tan bien conocido no solamente en Cuba sino en toda la América, el Dr. Orestes Ferrara, que ostenta con orgullo el grado de Coronel del Ejército Libertador, he pensado que quizás sean bien pocos los que estén enterados de la forma en que llegó hasta la presencia del General Máximo Gómez, y de los motivos que lo indujeron a cruzar el mar para contribuir con su esfuerzo a la independencia de la agradecida tierra de Martí y de Maceo. Ferrara partió a los pocos días para el Cuartel del General José Miguel Gómez, formó parte de su Estado Mayor, y allí permaneció hasta que terminó la guerra, volviendo varias veces a las llamadas del General Máximo Gómez, para determinados procesos.

Mientras tanto, las tropas españolas continuaban la campaña contra el General Máximo Gómez, sin que hubiese variado ni en un ápice el escenario, que era el mismo de los días en que había comenzado esa ofensiva, cuyo fracaso ya tocaba los límites del más extremado ridículo. Los potreros tantas veces mencionados en las páginas de este libro, seguían siendo nuestro domicilio habitual, nuestra casa, aunque su ocupación nos acarreaba la persecución tenaz de aquel ejército que se batía en las condiciones más penosas. Las columnas se componían de soldados comidos por la fiebre, anémicos; con los miembros mal cubiertos por una tela de algodón que no los defendía de los rayos del sol ni de la inclemencia de la lluvia; calzados con alpargatas que dejaban en los lodazales, teniendo que proseguir la marcha descalzos, con los pies destrozados, y por último, mal alimentados, puesto que únicamente se les daba por ración de etapa, galletas y sardinas en latas, en el curso de operaciones que duraban a veces cuatro o cinco días.

Indudablemente, la situación para nosotros había mejorado notablemente. Combatíamos a diario al enemigo que agobiado, rendido por las penosas marchas, ya no daba muestras de aquel entusiasmo de los primeros días de la campaña. Los pequeños predios que habían sido arrasados por las columnas que fueron lanzadas a la manigua con ese único propósito, ya nos proporcionaban algunos víveres, gracias al celo con que los Prefectos y demás autoridades civiles cumplían los deberes que nuestras leyes les imponían. Alternábamos el insípido palmito y las hojas hervidas sin más condimento que unas gotas de limón, con boniatos y maíz tierno que nuestros asistentes nos traían después de hacer grandes recorridos por los montes, en donde se escondían los infelices pacíficos para librarse de la crueldad de aquella soldadesca a la que se le había inculcado un odio feroz hacia los cubanos que estaban en el campo, sin excluir a las familias indefensas, a quienes hacían víctimas de inicuos ultrajes.

En los primeros días de Mayo el General, después de haber reconcentrado en el Cuartel General a los regimientos y guerrillas que operaban en las regiones próximas, dió algunos combates serios, entre ellos el que se efectuó en "La Reforma" el día 2 del expresado mes. Fué una lucha recia, que duró varias horas y en la que se demostró una vez más, que la fuerza numérica es muchas veces contenida por el valor, la pericia y la inteligencia, prendas que adornaban a ese noble dominicano que tan gallardamente supo ceñirse los arreos de Marte. Con cuatrocientos jinetes, peleando en campo raso, como siempre, contuvo los ímpetus de una columna de más de tres mil hombres, que tardó toda la mañana para penetrar en el referido potrero.

Ya hacia el medio día nos retiramos a "Trilladera", y la columna tuvo necesidad de dirigirse a Arroyo Blanco—hostilizada siempre por nuestras guerrillas—para desembarazarse de la gran cantidad de heridos que había tenido desde la salida de la Trocha.

Nuestras bajas fueron aquel día relativamente pocas si se tiene en cuenta la cantidad de soldados que se nos enfrentaba y el furor con que asordaban el campo con incesantes descargas de fusilería.

Hasta ahora no he hablado de los hombres que por el grado que ostentaban, por su cultura o su valor, contribuían a darle un aspecto interesante al Cuartel del General en Jefe del Ejército Libertador, cuya figura se destacaba magnífica, en medio de aquel centro en que florecía como una flor espontánea, el sacrificio. La tienda de aquel viejo, en cuyos ojos brillaba con intensidad la chispa del genio, hacía recordar la época remota del patriarcado; y en su alrededor, se movía una juventud que se nutría con los más elevados ideales, vinculando la independencia de su amada tierra, tanto como en el esfuerzo de su brazo incansable y vigoroso, en la sagacidad, en la pericia y en la energía incomparable, del caudillo que tenía todos los caracteres de un ser providencial.

En el campo de la revolución, era conocida la extrema rigidez de la disciplina que privaba en el seno del Cuartel del General Máximo Gómez. Reinaba allí una verdadera cordialidad, pero nadie, ni jefe, ni oficial, ni soldado, traspasaba los límites del respeto que inspiraba aquel hombre, que era el más alto ejemplo de austeridad y de abnegación.

Se ha dicho siempre, que no hay hombre grande para los íntimos que frecuentan su trato; y no recuerdo qué escritor decía, que los hombres notables se parecen a las montañas, a las que hay que ver de lejos, para deleitarse con la perspectiva que ellas presentan al recordar sus perfiles en el azul del cielo, y no advertir las asperezas, las hondonadas, las quiebras, que nos ofrecen cuando penetramos en ellas. Hay que exceptuar a Máximo Gómez de esa regla, porque los que estuvimos a su lado, al amparo de esa promiscuidad a que nos obligaba la vida a la intemperie dentro de la manigua, jamás pudimos advertir en él, ni un solo detalle que nos revelara, la posibilidad de que en aquella alma pudiera anidarse ningún sentimiento pequeño, ninguna pasión mezquina.

Se le veía grande en todos los instantes, y no se apeaba de su alto pedestal, ni aún cuando recibía los más rudos golpes de la adversidad. Aquel era campo propicio para que florecieran los egoísmos, ya que las privaciones que sufríamos nos inducían a aferrarnos instintivamente, a los más vulgares y mezquinos elementos que de algún modo pudieran aliviar la miseria que nos cercaba por todas partes. El General Máximo Gómez, sin embargo, nunca tuvo más de lo que tenía cada soldado en su exigua porción, y muchas veces sus ayudantes al darnos cuenta de que sus asistentes no tenían nada que ofrecerle, le brindábamos algún pedazo de carne asada de jutía o de caballo, admirando la sobriedad de un hombre a quien nunca oímos increpar al cocinero, o a esos mismos asistentes por la pobreza de los alimentos que les ofrecían. Su tienda de campaña era un pedazo de lona rectangular, que tendida en dos alas, apenas si bastaba para cubrir la hamaca que le servía de lecho, los arneses de su caballo y un pequeño serón que contenía documentos, enseres de escritorio, y algunas baratijas indispensables para repasar los frecuentes desperfectos de los arneses y guarniciones de las cabalgaduras.

Cuando acampábamos, casi siempre de noche, después de haber pasado todo el día tiroteando las columnas españolas, y escurriéndonos por entre ellas dentro de la zona en que combatíamos desde el mes de Febrero, nos reuníamos alrededor de esa tienda sus ayudantes y los jefes y oficiales de "La Escolta" y del "Regimiento Expedicionario", fuerzas que como ya he dicho, siempre operaban a sus inmediatas órdenes.

Desde que pasamos la Trocha de Júcaro hasta el día 7 de Abril, estuvo desempeñando el puesto de Jefe de Estado Mayor el Cuartel General del Ejército, el General José Rogelio Castillo, colombiano, hombre culto y distinguido que había peleado bravamente en la guerra de los diez años, y que volvió a Cuba no bien repercutió en el exterior el famoso grito de Baire, que venía a plantear en los mismos términos imperativos que el de Yara del año 68, el derecho que tenían los cubanos a gozar de la libertad.

El General Castillo disfrutó siempre de la estimación del General Gómez, que lo trataba como un viejo camarada y con quien se complacía en rememorar las gloriosas andanzas de la década, en que se exaltó de manera sublime el heroísmo de este pueblo cubano, uno de los más gloriosos de la América.

Comisionado en la fecha que expresamos más arriba, por el General Gómez para desempeñar una delicada misión en la parte central y occidental de la provincia de Santa Clara, fué nombrado Jefe de Estado Mayor, el Brigadier Bernabé Boza, hijo de Camagüey que había hecho su rápida y gloriosa carrera militar al lado del General Máximo Gómez, que vislumbró desde que lo conoció, las dotes de un hombre de mando y el patriotismo necesario para secundar sus planes, y morir si era necesario en defensa de los ideales que sustentaba la revolución.

La devoción del General Boza hacia el viejo guerrero estaba compensada por el cariño paternal que éste le demostraba en todos los instantes. Desde Camagüey, después que el General Gómez había pasado el Jobabo en el año 95, lo había acompañado en esa marcha prodigiosa que se conoce con el nombre de "La Invasión"; hasta la provincia de la Habana; desde allí, hasta Santiago de Cuba y luego, cuando el caudillo retornó hacia Occidente, después de un paseo que pudiéramos llamar triunfal, hasta Sancti-Spíritus, en donde nos batíamos desde los primeros días del año 97.

El General Boza era entonces un hombre joven, robusto, de inteligencia clara y penetrante y de una apreciable cultura. Pertenecía a una familia distinguida, de abolengo revolucionario y tuvo la abnegación de lanzar a su esposa y a sus hijos aún en la infancia, a los azares de aquella guerra cruenta e implacable. Fué este joven bizarro, un auxiliar poderoso del General Máximo Gómez, y en aquella campaña dió muestras constantes de valor y de patriotismo que le captaron el respeto y la admiración de sus compañeros de armas.

Formaba parte también del Estado Mayor, el Coronel Fermín Valdés Domínguez, bien conocido por su patriotismo de que dió muestras ostensibles desde la adolescencia, figurando en el grupo de aquella juventud que se hizo notar por la valentía con que elevó la protesta más altiva cuando se realizó el fusilamiento de los estudiantes de la Universidad de la Habana, borrón indeleble en la historia colonial de España. Envuelto junto con el gran José Martí en el proceso que culminó en la muerte de esos jóvenes desventurados, Valdés Domínguez sufrió prisión y torturas incalificables, habiendo llegado la saña de los "voluntarios" perpetradores de aquel horrendo crimen, a los extremos de extraerle con tenazas las uñas de los pies, después de haberlo cargado de cadenas como a su hermano de ideales y de esperanzas, que más luego debía caer gloriosamente en ese Thabor que se conoce en la historia de Cuba con el nombre de "Dos Ríos".

Fermín Valdés Domínguez fué el hombre a quien más estrechamente vivió unido Martí. Crecieron juntos, estudiaron juntos en el colegio del poeta y educacionista Rafael Mª Mendive, y luego en la Universidad de Zaragoza, y por último conspiraron juntos, siempre unidos por fraternal afecto hasta que llegó el día glorioso de Baire, que les abrió la puerta por donde debían penetrar al seno de la patria dignificada por la protesta armada.

El Doctor Valdés Domínguez desempeñaba el puesto de Coronel Jefe del Despacho del General en Jefe, y en él permaneció hasta las postrimerías de la guerra, en que por renuncia que presentara de ese cargo, fuí designado por el General Gómez para que lo substituyera.

En las noches reparadoras de los campamentos, ensordecidas por las descargas que hacían las columnas que acampaban en nuestro rededor, contestando el fuego que les hacían las guerrillas encargadas de hostilizarlas en sus vivaques, nos congregábamos al pie de un árbol para oír la plática siempre interesante del Dr. Valdés Domínguez, que nos hablaba de sus íntimas relaciones con Martí, salpicando sus relatos con anécdotas en que se advertía la abnegada devoción con que se consagró desde niño a la causa de la independencia de su patria, el que más luego fué el más vehemente e irreductible de los agitadores de la América.

El Coronel Fernando Freyre de Andrade, habanero distinguido, que abandonó posiciones envidiables en la magistratura para servir con toda dignidad la causa de la independencia de su patria; se unió al General Máximo Gómez en los días en que éste iniciaba la campaña en los extensos y desolados campos comprendidos entre la Trocha y los dos Jatibonicos. Joven, con un alma noble y grande, empacada en un cuerpo pequeño pero robusto, se hizo querer de todos sus compañeros por su cultura, por su valor y por la fe exaltada conque siempre anunciaba la proximidad del triunfo que le abriría a su pueblo las puertas de la libertad. Durante el tiempo que permaneció en el alto puesto de Auditor del Cuartel General del Ejército en el que rindió grandísimos servicios a la Revolución, el General

Gómez en todos los momentos exteriorizaba el afecto que sentía por ese buen cubano.

Antes de referirme a otros no menos notables entre aquel cuadro de hombres que se consideraban más fuertes que la adversidad, y que la vencían con las armas del valor y la constancia, permítaseme hacer mención del poeta borinqueño Francisco Gonzalo Marín, espíritu atormentado en quien se encarnó el ansia de libertad de su tierra, cuya suerte quiso él enlazar, al igual que Hostos y que Batences, a la que se procuraba Cuba lanzándose al campo de la lucha, como una Euménide furiosa. Su pluma viril de periodista, en los días penosos de la propaganda revolucionaria, no tuvo descanso para inculcar en el alma de sus compatriotas la necesidad, o más bien la obligación en que estaban de inscribirse en las filas del Partido Revolucionario Cubano.

Una tarde paseando por los alrededores de la pintoresca ciudad de Monte Cristy, dos o tres días después de haberse dado el grito de Baire, nos refería Martí a Panchito Gómez y a mí, la forma original conque se le había presentado Marín en Nueva York.

—"Yo estaba en la oficina, (nos decía Martí) cuando se me presentó un joven para pedirme que le inscribiera en el Partido Revolucionario. Le pregunté su nombre y me contestó:

—"Francisco Gonzalo Marín".

—"¿Es Ud. cubano...?"

—"Sí, Señor".

—"¿De qué Provincia?"

—"De Puerto Rico".

Fué él, nos decía con ojos encendidos el que días después debía caer gloriosamente en los campos de "Dos Ríos", el que más fielmente expresó la idea de la solidaridad existente entre las dos únicas colonias que conserva España en América.

Marín se unió al General Máximo Gómez en Camagüey, formó parte del contingente que pasó la Trocha en Diciembre del año 96, y permaneció varios días con nosotros en el potrero "Santa Teresa", hasta que seducido por la perspectiva de una campaña en Occidente, se incorporó en calidad de jefe de despacho a las fuerzas del General Avelino Rosas, colombiano, que había sido nombrado por el General Gómez Jefe de la División de Matanzas.

El paludismo, el hambre, la rudeza de la campaña lo obligaron a irse a un rancho escondido entre las montañas de Trinidad, y desde allí me escribió a los pocos meses dos líneas en una hoja de "copey" exponiéndome su triste situación. Le enseñé la original misiva al General; éste hizo llamar al oficial que me la había traído para inquirir noticias ciertas del lugar en que se encontraba, y al otro día envió al práctico Venegas con una pareja de la Brigada de Trinidad que estaba en el Cuartel General, encargándoles que condujeran al Sub-Teniente Marín al Cuartel General.

El retorno del poeta a nuestro campamento, que tenía un sello de amable austeridad, fué celebrado con muestras de alegría por todos sus compañeros. Venía enfermo, aniquilado por el paludismo, pero su buen humor renació al verse rodeado por los amigos que se desvivían por hacerle olvidar las miserias y penalidades pasadas en la soledad de las montañas trinitarias. Su libro "En la Arena" se enriqueció con nuevas poesías, muchas de las cuales se encontrarán junto con sus huesos en la isla dantesca de Turiguanó; y en las noches claras del campamento, en torno de su rancho, al pie de algún árbol o en la tienda del propio General, que tanto amaba las cosas del espíritu, se improvisaban veladas en que brillaba el talento del bardo borinqueño que fué, sin disputa, el más amable de los bohemios hispanoamericanos.

Un día me llamó el General para hablarme del propósito que tenía de enviar a Marín a los Estados Unidos, para que de acuerdo con los delegados de la Revolución en Nueva York, fundara un periódico de propaganda cubana.

—"Ya ha vivido la vida del campamento (me decía el General) ha asistido a combates, ha visto nuestros triunfos y nadie podría como él dirigir un periódico de esa naturaleza en el extranjero. Por otro lado, (agregó) su organismo está muy minado y temo que se nos muera aquí en la manigua... ¡Hay que sacarlo!"

Le dí la grata noticia a Marín, callándome los temores que abrigaba el General con respecto a su salud, y desde ese día, sintiéndose nuevo y con mayor intensidad quemado por la fiebre, no pensaba sino en su salida para el exterior "para sanarse y volver luego, con mayores bríos a nuestro lado", según nos decía a los que estábamos constantemente a su lado.

La guerra era realmente un campo de selección, en lo que respecta a la lucha cruenta que librábamos contra la Naturaleza. Los que no pudieron adaptarse al medio físico de la manigua, incubadora de epidemias y de las enfermedades producidas por el hambre y la intemperie, perecieron víctimas de la debilidad irremediable de sus defensas orgánicas. En Marín se cumplió esa ley fatal, y al dolor de su muerte, debe agregarse la visión trágica de su abandono en medio de una isla rodeada de extensos cenagales, poblada por nubes de mosquitos que la hacen virtualmente inhabitable. Lo sorprendió la muerte cuando se encaminaba, lleno de esperanzas al extranjero después de haber permanecido cerca de dos años en el seno de la Revolución, que era la concreción de sus sueños de libertad y de justicia.

El General Máximo Gómez expresó en diferentes ocasiones la pena que le produjo la desaparición del poeta Marín, que recibió durante el tiempo que estuvo en el Cuartel General muestras inequívocas de su aprecio.

Otros hombres de acción, de patriotismo probado, acompañaron durante toda la campaña al General en Jefe, y muy especialmente en la del 97, que fué en la que desplegó toda su actividad y todo su genio el ilustre Guerrero dominicano, que siempre tuvo gran fe en el triunfo de la causa que defendía con tanto ardimiento. No se podría hacer una relación exacta y desapasionada de esa etapa gloriosa de la guerra de independencia, callando los nombres de los Armando Sánchez Agramonte, Benjamín Molina, Melchor Loret de Mola, Antonio Arredondo, Marcos del Rosario, León Primelles, Tomás Olivera, Pedro Zayas, Luis Felipe de la Torre, Miguel Varona, Segundo Corvisón, Alfredo Pie, José Cruz Pérez, Rafael de Armas, Antonio Tavel Marcano, Ricardo Grás, Augusto Feria, Francisco Aristy, Pedro Iglesias, Manuel Pinto, Juan Barreras y otros muchos que sería prolijo enumerar, pero cuyos nombres ha de conservar Cuba en su libro de oro. No se podría hacer omisión de ninguno de los valientes soldados que en "La Escolta" y en el regimiento "Expedicionario", dieron tantas muestras de valor, de disciplina y de patriotismo, durante esa campaña que fué una de las más gloriosas de Cuba en la guerra del año 95.

Hay una circunstancia que honra altamente a los cubanos que peleaban por su independencia, y es la que se refiere al acatamiento que siempre le rindieron a la jefatura del General Máximo Gómez, considerándolo como el más indicado, el de mayores aptitudes para dirigir los destinos de la revolución. El valor, la pericia y el amor insospechable que siempre sintió el guerrero dominicano por Cuba, movieron a Martí que fué el organizador de la nueva cruzada libertadora, a ofrecerle en nombre de los veteranos de la guerra del año 68, muchos de los cuales vagaban por playas extranjeras, el puesto de General en Jefe, que conservó hasta que finalizó la campaña en el año 98.

Los guerreros del año 95 tenían la experiencia de la guerra de los diez años, fracasada por la anarquía que sembró la indisciplina en los momentos en que había mayor necesidad de conservar la cohesión del ejército, y de mantener un acuerdo perfecto de ideales y de sentimientos entre los encargados de dirigir la marcha de la revolución, y se abstuvieron de crear dificultades a las gestiones del gran caudillo, que no podía ser desmontado de su corcel guerrero, sino por la muerte arrebatándoselo a la libertad, o por la libertad ofreciéndoselo a la gloria.

Su carácter impetuoso, intransigente a veces, sobre todo cuando creía advertir cualquier brote de indisciplina, le acarreó no pocas enemistades en el seno del ejército; pero los mismos que censuraban la dureza de sus procedimientos, para contrarrestar los que él juzgaba pródromos de anarquía, acataban su jefatura, y se sintieron siempre bien lejos de confabularse para crearle a la revolución el conflicto de un cambio en la dirección de la guerra, que hubiera planteado quién sabe qué funestos y peligrosos problemas. El propio General Antonio Maceo, la cumbre más alta del patriotismo cubano, que por sus gloriosas ejecutorias tenía derecho a ocupar el puesto más elevado de la revolución, fué el primero en aconsejarle a sus compatriotas y compañeros de armas, el respeto a la autoridad del General Máximo Gómez, a quien admiraba como guerrero, y a quien le agradecía como cubano la consagración de su vida durante largos años de dura brega en pro de la independencia de la patria.

Quizás una sola vez sintió el viejo veterano la mordedura en su alma noble y abnegada, de la víbora negra de la ingratitud. Estábamos en el Camagüey en los últimos meses del año 96, y por cuestiones de jurisdicción había surgido un mal entendido entre el gobierno y el General en Jefe, lo que llegó a enardecer el ánimo del Secretario de la Guerra de manera tal, que situó impremeditadamente el asunto en el plano resbaladizo del amor propio, considerándose ofendido por ciertas frases vertidas por el General Gómez. Aquella tarde celebraba sesión la Cámara de Representantes, y varios ayudantes del General en Jefe, fuímos por espíritu de curiosidad a oir los discursos que se pronunciarían en aquella asamblea compuesta por hombres distinguidos, de cultura reconocida. Cuando se trató del asunto a que hacemos referencia, el Secretario de la Guerra con voz vibrante atacó al General en Jefe, y en el enardecimiento de su oración, pronunció estas palabras que causaron un murmullo de desaprobación entre el auditorio: ''El General Gómez se olvida de que él no es más que un extranjero, a quien hemos distinguido ofreciéndole el mando del Ejército, y nada más''.

Muchos Representantes desaprobaron la conducta del Secretario de la Guerra, y los jefes, oficiales y soldados que presenciábamos la sesión, no escondimos la triste impresión que nos causaron esas frases dictadas, más por el despecho que se incubaba en aquel corazón impetuoso e irreflexivo, que por una convicción serena de un espíritu que supo cultivar con tanta constancia y devoción la flor del patriotismo. Entre los Ayudantes de Campo que fuímos a presenciar la sesión, se encontraba el poeta Gonzalo Marín, quien pocos minutos después me leía este soneto que escribió bajo la sombra de un árbol, frente al mismo lugar en que un cubano se había expresado en términos tan poco generosos, para ese mismo hombre que había puesto en tan elevada cumbre la bandera de la Estrella Solitaria, en los combates del ''Desmayo'', de ''Saratoga'', de ''La Conchita'' y de ''Lugones'', que hicieron trepidar los ámbitos de la región camagüeyana.

He aquí el soneto:

MAXIMO GOMEZ

I

Tiene de Hidalgo, el ímpetu divino;
Del noble Sucre, el idealismo ciego;
La egregia estirpe del titán andino
Y la serena intrepidez de Riego.

II

De su vida en el épico destino
Belona misma con buril de fuego
Le marcó con la fe un girondino
Y la bruvura heráldica de un griego.

III

La gloria es un poema de dolores
En que la ingratitud, genio atrevido,
Escupe manchas y se lleva flores...

IV

Nada le importe a quien la gloria ha ungido,
Que siempre a los que fueron redentores
Les escupió la frente un redimido.

Fuera de ese incidente que tuvo un carácter casi personal, nadie como ya he dicho, se permitió discutir la jefatura del glorioso banilejo, que contó siempre con el respeto y la admiración de todos los cubanos en armas, y de aquel otro ejército que en el extranjero se sometía a todo género de privaciones, para que sus hermanos que peleaban en la manigua no carecieran de lo indispensable para alcanzar el triunfo de la causa que defendían con tanto denuedo y resolución.

En ese acatamiento se aunaban, el reconocimiento de los méritos del guerrero que tan diestramente sorteaba todos los escollos de la guerra, y la bizarra expresión de esa espontánea gratitud que nace del hecho de verse amado y servido, por quien sin cometer otro pecado que el del egoísmo, puede muy bien dolerse de nuestros dolores sin sentirse obligado a compartirlos. Solamente esas dos circunstancias pudieron hacer de Máximo Gómez un ídolo de los soldados de la Revolución, porque la dureza de su carácter, la férrea disciplina a que ceñía los actos más triviales del servicio, tendían más bien a alejarle toda simpatía, que a captarle la estimación de sus subordinados.

"No quiero saber—decía frecuentemente—de las personas que llegan a las más odiosas transigencias, para granjearse el calificativo de amables, o para subir". En esa aversión no había ningún vislumbre de "pose", sino que era la consecuencia natural, no del temperamento brusco, ni del criterio inflexible que tenía en cuanto a la lealtad y seriedad de las personas, sino a su sinceridad extrema, que veía con repugnancia abdicaciones y dobleces..
....
....

Despradel no pudo escribir más a causa de la enfermedad que le llevó a la tumba.

ÍNDICE

Pág.

Dedicatoria 7
Al Lector y el Crítico 9
Carta de Villuendas. 20
Capítulo I.—Hacia Máximo Gómez 23
Id. II.—Mi primera sentencia de muerte 61
Id. III.—Principios filosóficos y morales del General en Jefe. 85
Id. IV.—Operaciones militares continuas 111
Id. V.—El fusilamiento del General Bermúdez 143
Id. VI.—La toma de Arroyo Blanco. 179
Id. VII.—Gómez en Yaguajay. 207
Id. VIII.—Máximo Gómez en la Paz 235
Apéndice.—Máximo Gómez y la campaña del 97. 281

Otros libros publicados en la
COLECCION CUBA Y SUS JUECES
de *Ediciones Universal*

0-6   MÁXIMO GÓMEZ, ¿CAUDILLO O DICTADOR?
García Cisneros, Florencio

0359-6 CUBA EN 1830
Beato, Jorge J. y Garrido, Miguel F.

044-5 LA AGRICULTURA CUBANA (1934-1966)
Echevarría Salvat, Oscar A.

045-3 LA AYUDA CUBANA A LA LUCHA POR LA INDEPENDENCIA NORTEAMERICANA
Tejera, Eduardo J.

046-1 CUBA Y LA CASA DE AUSTRIA
Silverio Sainz, Nicasio

047-X CUBA, UNA ISLA QUE CUBRIERON DE SANGRE
Cazade, Enrique

048-8 CUBA, CONCIENCIA Y REVOLUCION
Aguilar León, Luis

049-6 TRES VIDAS PARALELAS
Silverio Sainz, Nicasio

050-X HISTORIA DE CUBA
Masó, Calixto C.

051-8 RAICES DEL ALMA CUBANA
Alzaga, Florinda

118-2 EL ARTE EN CUBA
Castro, Martha de

119-0 JALONES DE GLORIA MAMBISA
Casasús, Juan J. E.

123-9 HISTORIA DEL PARTIDO COMUNISTA DE CUBA
García Montes, Jorge y Alonso Avila, Antonio

131-X EN LA CUBA DE CASTRO
(APUNTES DE UN TESTIGO)
Silverio Sainz, Nicasio

1336-2 ANTECEDENTES DESCONOCIDOS DEL 9 DE ABRIL Y LOS PROFETAS DE LA MENTIRA
Aparicio Laurencio, Angel

136-0 EL CASO PADILLA:
LITERATURA Y REVOLUCION EN CUBA
Casal, Lourdes

139-5 JOAQUIN ALBARRAN, ENSAYO BIOGRAFICO
García, Raoul

311-8	HISTORIA DE LA ODONTOLOGIA EN CUBA VOL. III: PERIODO REPUBLICANO (1940-1958) Mena, César A.
3122-0	RELIGION Y POLITICA EN LA CUBA DEL SIGLO XIX (EL OBISPO ESPADA) Figueroa y Miranda, Miguel
313-4	EL MANIFIESTO DEMOCRATA Méndez, Carlos M.
314-2	UNA NOTA DE DERECHO PENAL Acha, Eduardo de
319-3	MARTI EN LOS CAMPOS DE CUBA LIBRE Lubián y Arias, Rafael
320-7	LA HABANA Santa Cruz, Mercedes (Condesa de Merlín)
328-2	OCHO AÑOS DE LUCHA — MEMORIAS Machado y Morales, Gerardo
334-7	JARUCO, UN APORTE PARA SU HISTORIA Ortiz-Bello, Ignacio
340-1	PESIMISMO Acha, Eduardo de
344-4	HISTORIA DE LA ODONTOLOGIA EN CUBA VOL. IV: CUBA COMUNISTA Y EXILIO (1959-1983) Mena, César A.
347-9	EL PADRE VARELA. BIOGRAFIA DEL FORJADOR DE LA CONCIENCIA CUBANA Hernández-Travieso, Antonio
353-3	LA GUERRA DE MARTI (LA LUCHA DE LOS CUBANOS POR LA INDEPENDENCIA) Roig, Pedro
354-1	EN LA REVOLUCION DE MARTI Lubián y Arias, Rafael
358-4	EPISODIOS DE LAS GUERRAS POR LA INDEPENDENCIA DE CUBA Lubián y Arias, Rafael
364-9	MARXISMO Y DERECHO Acha, Eduardo de
367-3	¿HACIA DONDE VAMOS? (RADIOGRAFIA DEL PRESENTE CUBANO) Díaz Rivera, Tulio
368-1	LAS PALMAS YA NO SON VERDES (ANALISIS Y TESTIMONIOS DE LA TRAGEDIA CUBANA) Noya, Juan Efe
374-6	GRAU: ESTADISTA Y POLITICO (CINCUENTA AÑOS DE LA HISTORIA DE CUBA) Lancís, Antonio

376-2 CINCUENTA AÑOS DE PERIODISMO
       Meluzá Otero, Francisco

379-7 HISTORIA DE FAMILIAS CUBANAS (VOLS. 1 AL 6)
       Santa Cruz y Mallen, Francisco

380-0 HISTORIA DE FAMILIAS CUBANAS. VOL. VII
       Santa Cruz y Mallen, Francisco

387-8 UN AZUL DESESPERADO
       Martí, Tula

392-4 CALENDARIO MANUAL Y GUIA DE FORASTEROS
       DE LA ISLA DE CUBA PARA EL AÑO DE 1795

393-2 LA GRAN MENTIRA
       Adam y Silva, Ricardo

403-3 APUNTES PARA LA HISTORIA. RADIO, TELE-
       VISION Y FARANDULA DE LA CUBA DE AYER...
       Betancourt, Enrique C.

408-4 HISTORIA DE FAMILIAS CUBANAS. VOL. VIII
       Santa Cruz y Mallen, Francisco

409-2 HISTORIA DE FAMILIAS CUBANAS. VOL. IX
       Santa Cruz y Mallen, Francisco

410-6 HISTORIA DE FAMILIAS CUBANAS. VOL. X
       Santa Cruz y Mallen, Francisco

411-4 LOS ABUELOS: HISTORIA ORAL CUBANA
       Fernández, José B.

413-0 ELEMENTOS DE HISTORIA DE CUBA
       Espinosa, Rolando

414-9 SIMBOLOS — FECHAS — BIOGRAFIAS
       Espinosa, Rolando

418-1 HECHOS Y LEGITIMIDADES CUBANAS.
       UN PLANTEAMIENTO
       Díaz Rivera, Tulio

425-4 A LA INGERENCIA EXTRAÑA,
       LA VIRTUD DOMESTICA.
       (BIOGRAFIA DE MANUEL MARQUEZ STERLING)
       Márquez Sterling, Carlos

426-2 BIOGRAFIA DE UNA EMOCION POPULAR:
       EL DR. GRAU
       Hernández-Bauza, Miguel

428-9 THE EVOLUTION OF THE CUBAN MILITARY
       (1492-1986)
       Fermoselle, Rafael

7886-3 MEMORIAS DE CUBA
       San Emilio, Oscar de

157-3 VIAJANDO POR LA CUBA QUE FUE LIBRE
       Inclán, Josefina
201-4 SER ALGO: E.U.-CUBA-PUERTO RICO
       (FEDERALISMO: UNION PARA LA DEFENSA...)
       Goldarás, José R.
205-7 VIGENCIA POLITICA Y LITERARIA
       DE MARTIN MORUA DELGADO
       Portuondo, Aleyda T.
205-7 CUBA, TODOS CULPABLES
       Acosta Rubio, Raúl
207-3 MEMORIAS DE UN DESMEMORIADO —
       LEÑA PARA EL FUEGO DE LA HISTORIA DE CUBA
       García Pedrosa, José R.
211-1 HOMENAJE A FELIX VARELA
       Sociedad Cubana de Filosofía
212-X EL OJO DEL CICLON
       Montaner, Carlos Alberto
220-0 INDICE DE LOS DOCUMENTOS Y MANUSCRITOS
       DELMONTINOS
       García, Enildo A.
240-5 AMERICA EN EL HORIZONTE.
       UNA PERSPECTIVA CULTURAL
       Ardura, Ernesto
243-X LOS ESCLAVOS Y LA VIRGEN DEL COBRE
       Marrero, Leví
2580-8 HISTORIOLOGIA CUBANA, (1898-1944)
       Duarte Oropesa, José
2582-4 HISTORIOLOGIA CUBANA, (1944-1959)
       Duarte Oropesa, José
262-6 NOBLES MEMORIAS
       Sanguily, Manuel
274-X JACQUES MARITAIN
       Y LA DEMOCRACIA CRISTIANA
       Rasco, José Ignacio
283-9 CUBA ENTRE DOS EXTREMOS
       Muller, Alberto
293-6 HISTORIA DE LA ODONTOLOGIA EN CUBA
       VOL. I: PERIODO COLONIAL (1492-1898)
       Mena, César A.
298-7 CRITICA AL PODER POLITICO
       Carlos M. Méndez
310-X HISTORIA DE LA ODONTOLOGIA EN CUBA
       VOL. II: 1899-1940
       Mena, César A.

www.ingramcontent.com/pod-product-compliance
Lightning Source LLC
Chambersburg PA
CBHW050621300426
44112CB00012B/1603